KB165680

도넛을 구멍만
남기고 먹는 방법

CAN YOU EAT A DOUGHNUT WHILE KEEPING THE HOLE?
by Osaka University Shosekika Project
Copyright © 2014 Shosekika Project, Osaka University
All rights reserved.
Original Japanese edition published by Osaka University Press
Korean translation copyright © 2016 by Geulhangari Publishers
This korean edition published by arrangement with Osaka University Press, through HonnoKizuna,
Inc., Tokyo, and BC Agency

이 책의 한국어판 저작권은 BC 에이전시를 통한
저작권자와의 독점 계약으로 글항아리에 있습니다. 저작권법에 의해
한국 내에서 보호를 받는 저작물이므로 무단전재와 복제를 금합니다.

도넛을 구멍만 남기고 먹는 방법

오사카대학 쇼세기키카 프로젝트 지음 | 김소연 옮김

Doubt everything

I'm here

글항아리

세상의 모든 상식에 의문을 품다

'도넛을 구멍만 남기고 먹으려면?'

어쩐지 당황스러운 질문입니다. 도넛 하나를 통째로 먹어버리면 구멍이 남을 리가 없지요. 그런데도 구멍만 남기고 먹겠다니, 도대체 무슨 소리일까요? 이 질문에 대한 일반적인 반응은 아마 다음과 같을 겁니다.

"도넛을 구멍만 남기고 먹는다니 애초에 말이 안 돼. 도넛을 먹어버리면 흔적도 남지 않는다고. 멍청하긴. 구멍만 남기고 먹는다는 게 가능할 리도 없고, 질문 자체가 처음부터 말도 안 되잖아!"

아마 이게 가장 상식적인 대답일 겁니다. 그렇지만 정말 그럴까요? 도넛을 구멍만 남기고 먹는 것은 정말로 불가능한 일일까요?

'도넛을 구멍만 남기고 먹는 것은 불가능하다.'

이런 상식을 의심해볼 순 없을까요? 방법에 따라서는 도넛을 구멍만 남기고 먹을 수 있을지도 모릅니다. 시작도 하기 전에 무리라고 포기하지만 않는다면, 어떻게 하면 구멍만 남기고 먹을 수 있을지에 대해 조금이라도 생각해볼 수 있지 않을까요?

이런 생각에서 오사카대학 교수들이 '도넛의 구멍'에 대해 진지하게 파헤쳐보았습니다. 그 성과가 여러분의 손에 들려 있는 바로 이 책입니다.

'당연함'에 의문을 품으며

'상식을 의심하다.' 이는 학문을 대할 때 대학교수가 연구자로서 갖는 가장 기본적인 자세입니다. 모든 사람이 천동설을 믿으며 지구 주변을 태양이나 다른 천체들이 돌고 있다고 믿었던 시대, 그런 시대에 코페르니쿠스는 지동설을 주창하면서 지구나 다른 천체가 태양을 중심으로 회전하고 있다고 말했습니다. 지금은 지동설이 당연하기 그지없는 사실이지만, 당시 사람들은 그저 어리석은 생각으로만 여겼습니다. 생각해보세요. 여러분은 평소에 지구가 엄청난 속도로 자전하면서 태양 주위를 공전하고 있다는 걸 실감하나요? 만약 학교에서 지동설을 배우지 않았다면 여러분의 발아래 있는 대지가 엄청난 속도(자전만 생각해도 시속 1700킬로미터)로 이동하고 있다는 것을 과연 믿을 수 있었을까요? 말도 안 된다고 생각하지 않았을까요? 이런 당연한 생각에 의구심을 품으면서 지동설은 태어났습니다.

20세기 물리학자 아인슈타인이 주창한 '상대성 이론'에서는 시간이나 공간이 뒤틀립니다. 광속에 가까운 속도로 움직이는 물체에서는 시간의 흐름이 느려집니다. 가령 스무 살인 쌍둥이 형제 중 형이 광속으로 움직이는 우주선을 타고 우주여행을 떠났다고 생각해봅시다. 지구 시간으로 60년이 흐른 후 형이 돌아왔을 때, 지구에 남아 있던 동생은 여든 살의 노인이 되어버렸지만 형은 아직도 쉰 살에 머물러 있는 신기한 일이 일어날 수도 있

습니다. 시간은 누구에게나 똑같이 흐른다는 상식이 상대성 이론에서는
붕괴되고 맙니다.

　상식을 의심하는 일. 누구나 당연하게 생각하는 것에 대해 정말로 그런
지 파고들어 생각해보는 일. 이것이 학문을 대하는 사람들의 기본자세입
니다. 지금까지 모두가 당연하게 생각해온 것을 무너뜨리는 데에 학문의
참맛이 있습니다. 학문은 그런 식으로 발전해왔습니다.

　그렇게 생각해보면 '도넛을 구멍만 남기고 먹는 방법'이라는, 상식 밖의
일처럼 보이는 문제도 '어리석다'고 일축해버릴 수 없습니다. 누군가에게는
바보 같은 물음으로 들리겠지만, 그렇기 때문에 굉장히 중요한 질문일 수
있습니다.

　사실 이 질문은 학문의 힘을 보여주기 위한 것이 아닐까요? '도넛을 구
멍만 남기고 먹으려면?'이라는 물음을 학문적 관점에서 파헤쳐보면 어떻
게 될까요? '도넛의 구멍'에 대해 생각해봄으로써 새로운 가능성이 생겨나
거나 지금까지 보이지 않았던 세계가 보이게 되지는 않을까요?

　이 책은 절반은 장난으로, 나머지 절반은 이런 진지한 동기에서 기획되
었습니다.

'도넛의 구멍'으로 들여다보는 학문의 세계

그러나 이 책이 다루고 있는 것은 '도넛을 구멍만 남기고 먹는 방법'만이
아닙니다.

　구멍만 남긴다는 문제를 떠나서, '도넛의 구멍'이나 '도넛' 그 자체를 학
문의 세계에서 바라보면 무엇이 보일까 하는 의문의 답을 찾아보는 것입
니다. 여러분은 이 책을 통해 이런 의문에 도전하는 오사카대학 교수들의

진지한 탐구 과정을 보실 수 있을 겁니다.

어떤 독자는 학문에 대해 딱딱하고 어렵다는 이미지를 갖고 있을지도 모르겠습니다. '도넛을 구멍만 남기고 먹는 방법에 대해 진지하게 파헤쳐본다니, 어딘가 이상한 사람들일지도 몰라.' 이렇게 생각하는 독자들도 적지 않을 겁니다.

책을 읽어나가다 보면 '도넛의 구멍'을 눈앞에 둔 연구자들이 '애초에 도넛에 구멍이 있었나?' 하는 의문을 품기도 하고, '도넛은 근대국가 그 자체가 아닌가?'라고 생각하는 모습을 목격하게 될 것입니다. 또 '도넛'에 대해 탐구하면서 일반인이 도넛에 대해 갖고 있는 생각과는 전혀 다른 것을 이야기하는 모습도 보게 될 것입니다. 그래서 처음에는 무척이나 당황스러울지도 모릅니다.

그렇지만 책에서 '도넛의 구멍'과 씨름하는 교수들은 자신의 지식을 자랑하려고 탐구를 시작한 것이 아닙니다. '학문의 세계에서 도넛을 바라보면 어떻게 보일까'라는 질문과 진지하게 마주한 결과입니다. 동시에 '도넛의 구멍'을 둘러싸고 씨름하는 모습을 통해, 학문이 어떤 것인지 전하고 싶다는 것이 필자들의 공통된 바람입니다. '도넛의 구멍'으로 들여다보는 학문의 세계, 부디 독자 여러분도 마음껏 즐겨주셨으면 좋겠습니다.

쇼세키카(서적화) **프로젝트**

이 책의 제1부에서는 '도넛을 구멍만 남기고 먹는 방법'에 대해서, 제2부에서는 여러 분야의 교수들이 좀 더 폭넓게 '도넛의 구멍'에 대해 탐구한 결과에 대해 다룹니다. 덧붙여 세계 각국의 도넛에 대해 알아보기 위해 오사카대 외국어학부 교수들을 인터뷰한 칼럼 기사도 곳곳에 삽입되어 있습니다. 이런 다양한 내용을 책으로 정리한 사람들이 오사카대 학생들을 중심으로 한 '쇼세키카 프로젝트'입니다.

쇼세키카 프로젝트는 2012년 봄에 시작되었습니다. 오사카대 교수와 출판부, 그리고 학생이 하나가 되어 '오사카대의 매력적인 지식을 세계에 알리는 책을 만들어보자'는 취지 아래 결성되었지요. 처음 뜻을 모은 건 학생들이었습니다. 그리고 학생들의 열정과 노력에 감동한 교수와 출판부가 힘을 보태게 되었습니다. 쇼세키카 프로젝트의 기본 콘셉트는 오사카대의 지식을 학생들이 중심이 되어 서적화書籍化하는 것입니다. 따라서 책의 기획에서부터 편집, 장정 결정, 광고, 판매의 전 과정에 학생들이 전면적으로 참여합니다. 많은 프로젝트의 주체가 교수나 학교 측이 된다는 걸 생각해보면, 꽤나 보기 드문 프로젝트임이 확실합니다.

프로젝트가 결성된 그해 가을에 '책을 만들다'라는 수업을 시작했고, 약 30명의 학생이 수업에 참여했습니다. 매주 화요일에 열리는 수업에서는 저녁 6시에 시작해 8시, 혹은 9시를 넘길 정도로 뜨거운 강의가 이어졌습니다. 11월에는 책으로 출간할 기획 아이디어를 결정하기 위해 출판기획 공모를 실시했습니다. 여기서 추린 4개의 기획 아이디어 중에서 최종 선정된 주제가 바로 '도넛을 구멍만 남기고 먹는 방법'이었습니다. 담당 교수로서 처음에 이 주제를 받고 '다소 엉뚱하게 보일 수도 있지만 학문적으로 진지하게 논의해보면 굉장히 재미있을 것 같다'고 생각했던 것이 어제 일처럼 선명하게 떠오르네요.

그 후 오사카대 출판부 출판위원회에서 이 주제에 관한 프레젠테이션을 진행했고, 2013년 3월에 최종적으로 출간이 결정되었습니다. 수업이 끝난 후에도 프로젝트를 향한 학생들의 의지는 꺾이지 않아서, 활동에 뜻을 같이하는 신규 학생들을 더해 프로젝트를 계속 진행해왔습니다. 그리고 드디어 이 책으로 결실을 맺게 되었습니다.

'도넛을 구멍만 남기고 먹는 방법'이라는 어려운 질문에 오사카대가 자랑하는 각 분야 석학들은 과연 어떤 대답을 들려줄까? '도넛의 구멍'을 탐구하면 어떻게 될까? 이런 질문이 막 떠오르시나요? 그렇다면 이 책에서 여러 가지 대답과 만날 수 있을 것입니다.

책을 읽어보면 알 수 있겠지만, '도넛을 구멍만 남기고 먹는 방법'에는 한 가지 정답만 있는 것이 아닙니다. 책을 읽으면서 부디 여러분 나름의 '구멍만 남기고 먹는 방법'에 대해 생각해주시길 바랍니다. 자 그럼 '도넛 구멍'의 세계로 어서 오세요.

오사카대학 쇼세키카 프로젝트
오사카대학 전학교육추진기구 준교수
나카무라 마사키中村征樹

차 례

도넛 구멍 담론의
인터넷 생태학적 고찰

마쓰무라 나오히로 松村眞宏
오사카대 대학원 경제학연구과 준교수

1975년 가와우치 태생으로 1993년 오사카부립 야오고등학교를 졸업한 후 1998년 오사카대 기초공학부를 졸업했다. 2000년 오사카대 대학원 기초공학연구과 석사과정을 마쳤으며, 2003년 도쿄대 대학원 공학계연구과에서 공학박사 학위를 받았다. 2004년에 미국 일리노이대 어배너−샘페인 캠퍼스에서 수학하고, 2012~2013년에는 스탠퍼드대에서 객원연구원으로 재직했다.

사람의 언행이나 사회현상을 분석하고 모델화함으로써 '영향력'의 메커니즘을 명확히 밝히는 일에 몰두하고 있다. 계산기를 이용해서 사회현상의 인과관계를 모델화하고 미래 동향을 예측하거나 여러 문제를 과학적으로 해결하는 일뿐만 아니라, 사람의 의식이나 행동을 변화시키는 '장치 메커니즘'을 체계화하고 장치를 디자인하는 프로세스를 연구 중이다. 가장 좋아하는 말은 "여유를 가지고 인생을 즐겨라Stop and smell the roses"다.

도넛 구멍 담론이라는 붐 ○

처음에 학생들로부터 '도넛을 구멍만 남기고 먹는 방법'에 대해 전공 분야의 관점에서 설명해달라는 요청을 받았을 때, 가장 먼저 들었던 생각은 어디선가 들어본 적이 있는 듯한 화제라는 것이었다. 아니나 다를까 구글 (www.google.com)에서 "도넛을 구멍만 남기고 먹는 방법"[1]을 검색했더니 약 7440건이나 되는 웹페이지가 검색되었고(2013년 2월 9일 기준), 그제야 나는 이 주제가 인터넷상에서 꽤나 인지도가 있는 일종의 '스테디셀러' 같은 화제임을 깨닫게 되었다. 학생들이 "이 화제는 한때 인터넷상에서 크게 유행했고 유명한 카피페[2]도 있어요. 그래도 괜찮을까요?"라며 조심스럽게 다시 한번 집필 의향을 물어왔다. 당시 학생들이 보내온 카피페는 제법 쓸 만했다. 그래서 내 이야기를 시작하기 전에 먼저 소개하고자 한다.

물리파: 거대한 도넛을 광속으로 회전시키면 구멍이 공간적으로 닫힘 (ry[3]).

---

1 큰따옴표를 붙인 것은 구문 검색을 하기 위해서다.
2 문장이나 데이터 등을 복사copy하여 별개의 장소에 붙여 넣어paste 만들어진 것으로, 2채널(니찬넬) 등의 전자게시판에 올라온 문서를 말한다.
3 '이하 생략'을 의미하는 일본 인터넷상의 은어.

화학파: 구멍에 공기가 아닌 기체를 채우면?

수학파: 비非유클리드기하학적으로는 가능함.

통계파: 100만 번 먹으면 1번 정도는 구멍이 남을지도 모름.

지학파: 반감기를 조사하여 구멍의 존재를 증명할 수 있을지도 모름.

합리파: 도넛을 다 먹은 후에 구멍의 존재를 증명하면 됨.

예술파: 내가 존재하지 않는 구멍을 묘사하면 어떻게 안 될까?

언어파: 질문이 막연하므로 엄밀한 대책이 불가능.

철학파: 구멍은 형이상학적 존재의 상정 밖에 있으며 초공간적임(이하 생략).

회의파: 애당초 도넛의 시점부터 수상했음.

보도파: 먼저 도넛의 구멍이 비어 있는지를 여론조사해봐야 함.

정부파: 실로 유감이며 향후 이러한 사태가 발생하지 않도록 최대한의 노력을(이하 생략).

외교파: 먹는 것은 좋으나 대신 원조기금을 증설하라.

한숨돌림파: 그렇다면 구멍만 남길 테니, 먼저 구멍의 존재를 증명해주세요.

('도넛을 구멍만 남기고 먹는 방법: 2채널 카피페 보존도장'[4]에서 발췌)

솔직히 이 카피페가 꽤나 우수해서 이것보다 더 재치 있는 대답을 떠올릴 수가 없었다. 그래서 위의 발췌 내용을 돌려보내는 것으로 거절을 대신하려 했으나, **학생들로부터 "인터넷에서 왜 유행했는지가 흥미로우니 그**

---

4 http://2chcopipe.com/archieves/51438064.html

부분에 대해 답변해주시길 부탁드립니다"라는 말과 함께 돌려받았다. 꽤나 영리한 학생들이 아닐 수 없다. 더 이상 학생들의 부탁을 거절할 수 없어서 '이런 관점이라도 괜찮다면'이라는 전제를 달고, 집필을 수락했다.

먼저 '도넛을 구멍만 남기고 먹는 방법'이라는 검색 문구가 인터넷에서 유행한 계기를 알아보기 위해, 각 뉴스 사이트에서 화제가 된 적이 있는지를 찾아보았다. 구글에서 검색 대상을 신문사나 방송사 같은 언론 매체의 웹사이트로 한정시켜 검색[5]해보았더니 한 건도 검색되지 않았다. 그렇다면 언론 매체에서 다룬 적은 없는 문구였다. 따라서 이 문구는 개인 웹사이트나 소셜미디어를 통해서 유행하기 시작했을 것이라는 생각이 들었다.

그다음 언제부터 유행했는지를 알아보기 위해 구글 트렌드Google Trends[6]를 사용해보기로 했다. 구글 트렌드에서 '도넛을 구멍만 남기고 먹는 방법'을 검색하자 "검색량이 충분하지 않아 그래프가 표시되지 않았습니다"라는 메시지가 떴다. 검색어를 바꿔 '도넛의 구멍'으로 검색했더니 〈그림 1〉의 결과를 얻을 수 있었다. 이를 보면 2009년 이전에는 검색된 적이 없지만 **2009년에 처음으로 검색 결과가 나타나기 시작했고 이 원고를 쓰고 있는 2013년 2월까지 크게 세 번의 붐이 있었다는 것을 알 수 있었다.** 조금 더 자세히 살펴보면 첫 번째 붐은 2009년 9월이었으며, 두 번째 붐은 2010년 3~10월이고, 세 번째 붐은 2011년 10월~2013년 1월(2012년 10월이 최고로 높았다)로 이어진다. 이것을 각각 제1기 붐, 제2기 붐, 제3기 붐으로 구분하고 각 붐의 기점이 된 웹페이지를 살펴보기로 했다.

---

5 검색 키워드란의 아래에 있는 '모든 카테고리'에서 '뉴스'를 고르면 된다.
6 http://www.google.com/trends/

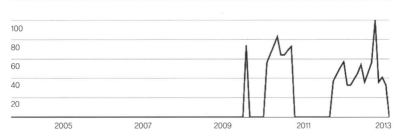

Interest over time ⑦
The number 100 represents the peak search volume
☐ News headlines⑦ ☐ Forecast⑦

〈그림 1〉 '도넛의 구멍'에 대한 구글 트렌드의 검색 결과(2013년 2월 9일 시점)

제1기 붐(2009년 9월)

구글의 검색 대상 기간[7]을 2009년 9월로 설정하고 '도넛을 구멍만 남기고 먹는 방법'으로 검색해봐도 그럴듯한 웹사이트는 나타나지 않는다. 대신 '도넛의 구멍'으로 검색해보면 인기 사이트인 '데일리포털Z'에서 2009년 9월 28일자로 '도넛에 구멍이 있는 이유는 이게 틀림없다'[8]라는 웹페이지가 뜬다. 제1기 붐은 아마 이 웹사이트가 다른 웹사이트와 연동되면서 활성화되었을 것이다.[9] 하지만 이 웹페이지에는 도넛을 구멍만 남기고 먹는 방법에 대한 언급이 없다. 따라서 이때는 아직 붐이 일어나지 않았을 것이라 생각된다. 이렇게 **검색 키워드는 다른 문맥으로도 많이 쓰이기 때문에 검색엔진을 이용할 때에는 주의해야 한다.**

---

7 검색 키워드란의 아래에 있는 '검색 툴'을 눌러서 메뉴 창에서 '기간 지정 없음'을 고르고, 그 하위 메뉴에 있는 '기간 추가'에서 설정할 수 있다.
8 http://portal.nifty.com/2009/09/b
9 공개 당일에 '북마크'가 22건 등록되었다.

제2기 붐(2010년 3~10월)

구글의 검색 대상 기간을 2010년 3~10월로 설정하여 '도넛을 구멍만 남기고 먹는 방법'으로 찾아보면 복수의 웹페이지가 검색된다. 이 웹페이지 중 2010년 3월 24일 '2채널'에 게시된 웹페이지에 이번 장의 서두에서 인용한 카피페가 실려 있었다. 이 게시물은 복수의 사이트에 올라와 있다. 예컨대 인기 사이트인 '로켓뉴스24'(2010년 3월 25일)의 '도넛의 구멍만 남기고 먹는 방법'[10]에서는 "인터넷상에 떠도는 '도넛을 구멍만 남기고 먹는 방법'이 재미있다고 한다"라고 쓰여 있는데, 이 단계에서 바로 화제가 되었음을 알 수 있다. 당시 이 사이트의 영향력이 어느 정도인지는 알 수 없으나 2013년 6월 5일 현재의 페이지뷰(읽힌 횟수)는 한 달간 약 2100만 회, 트위터의 팔로워 수가 10만5000명, 페이스북의 '좋아요' 수가 3만1631건이나 되기 때문에, 2010년 3월 25일 당시에도 많은 이목을 끌었을 것이다. '2채널'에 게시된 카피페는 '로켓뉴스24' 이외의 웹사이트에도 인용되어 퍼져나갔으며 여기에서 제2기 붐(실제로는 이것이 제1기 붐)이 일어난 것으로 보인다.

제3기 붐(2011년 10월~2013년 1월)

마지막으로 기간을 2011년 10월~2013년 1월로 하여 찾아보면 더 많은 웹페이지가 검색된다. 따라서 이 주제가 지속적으로 화제에 올라 있었음을 알 수 있다. 또 **2012년 6월 22일, 23일에 방송된 NHK의 드라마 「우메짱 선생」에서 도넛을 구멍만 남기고 먹는 방법에 대해 다음과 같은 대사가 반**

---

10   http://rocketnews24.com/2010/03/25/ドーナツを穴だけ残して食べる方法/

복된 것도 찾을 수 있다.

"지금은 도넛의 구멍을 어떻게 먹을 수 있을지에 대해서 생각하고 있어."
"무슨 소리를 하는 거야? 구멍을 먹는다고? 그게 가능할 리가 없잖아?"
"그럼 거꾸로 도넛의 구멍을 남기고 먹을 순 있을까?"
"마찬가지야. 도넛의 구멍은 단순한 구멍이야. 튀길 때 열이 쉽게 전달되라고 만든 거라고."
"그거랑 지금 명제는 관계가 없어. 존재와 의미에 대한 철학적 사고라고."
"마쓰오카 씨도 참, 언제나 이런 이야기만 한다니까."
('우메짱 선생 정리 wiki'[11]에서 인용)

평균 20.7퍼센트라는 높은 시청률을 기록한 이 드라마에서 도넛의 구멍을 먹는 방법이 언급된 것이 화제의 인지도를 높이고 친숙한 소재로 정착시키는 데 크게 공헌했다고 볼 수 있다.

카피페의 기원 ○

지금까지 2009년 9월 이후의 붐에 한정해서 고찰해보았다. 그런데 그전에는 과연 이 화제가 등장한 적이 한 번도 없었는지, 또 카피페는 언제 어떻게 생겨났는지에 대한 새로운 의문이 떠올랐다. 실제로 일정 정도 이상의

---

11 http://w.livedoor.jp/umechan/

검색 건수가 없으면 구글 트렌드에 반영되지 않는다. 필자가 발견한 2009년 이전 웹페이지를 오래된 것부터 차례로 소개해보겠다.

"도넛의 구멍이 도넛의 '구멍 이외'의 부분을 다 먹은 순간 사라지는 것처럼 「블레어위치 프로젝트」 촬영 프로젝트의 '주체'는 「블레어위치 프로젝트」라는 작품의 완성과 동시에 사라진다."

(2000년 10월 10일 '얼렁뚱땅 영화비평 그'[12])

"그러자 곤조는, '도넛의 구멍을 먹어본 적이 있나?'라고 나쓰미에게 물어보았다."

(2002년 8월 5일 '후지TV 「런치의 여왕」 제6회 방송'[13])

"그러나 그것은 확실히 있지만 막연합니다. 즉 도넛의 구멍과 같은 것입니다. 구멍만 남기고 도넛을 먹을 수는 없습니다. 도넛을 먹으면 동시에 구멍도 사라지게 되니까요. 그렇지만 도넛을 도넛답게 하는 것은 구멍이기에 구멍 없이 도넛은 성립하지 않습니다. 노자는 이를 '도는 텅 비어 있으나 그 쓰임에는 끝이 없고, 깊어서 만물의 근원과 같다'(『노자』 제4장)고 말하고 있습니다."

(2003년 8월 10일 노장사상 입문 편: 제4강 '텅 빈 움직임'[14])

---

12 http://www.geocities.co.jp/CollegeLife/3949/movie/otoboke5.html
13 http://www.fujitv.co.jp/b_hp/lunch/story4_6.html
14 http://www.geocities.co.jp/HeartLand-Tachibana/8318/roushi_4.html

"너무 배가 고파서 도넛을 구멍까지 먹어버렸어요."

(2004년 8월 14일 '미국 유머'**15**)

이렇게 **2000년 10월 10일 이후에는 인터넷상에 '도넛의 구멍'과 관련된 웹페이지가 최소한 몇 개 이상 존재했음을 확인할 수 있었다.** 그러나 '도넛을 구멍만 남기고 먹는 방법'이라는 형태의 문장은 나타나지 않았으며 관련된 카피페도 만들어지지 않았다.

지금까지 언급한 조사는 개인 혹은 특정 관리인이 작성한 웹페이지에 대해 실시한 것이었다. 그래서 2005년 이후의 검색 결과를 살펴보았더니 일본 최대 익명 게시판인 '2채널(2ch, 니찬넬)'**16**의 게시글 가운데 '도넛을 구멍만 남기고 먹는 방법'과 비슷한 제목의 게시물이 올라온 것이 눈에 들어왔다. 참고를 위해 날짜가 오래된 순으로 게시물 제목만 일부 나열해보면 다음과 같다. '2채널' 이외의 웹페이지는 이 주제와 크게 관련이 없기에 생략했다.

도넛의 구멍만 남기고 먹는 방법을 생각한다. (2005년 4월 10일)

분명히 말하지만, 도넛에 구멍 같은 건 없다니까. (2005년 4월 11일)

도넛을 구멍만 남기고 먹는 방법. (2005년 8월 9일)

도넛의 구멍을 먹는 방법. (2005년 12월 27일)

도넛의 가운데 구멍은 어떻게 만들어지는 거야? (2006년 3월 20일)

---

15 http://yellow.ribbon.to/~joke/0001.html

16 http://2ch.net

◎도넛의 구멍만 남기고 먹는 방법을 생각한다○ (2006년 4월 3일)

◎도넛의 구멍만 남기고 먹는 방법을 생각한다○ (2006년 4월 5일)

◎도넛의 구멍만 남기고 먹는 방법을 생각한다○ (2006년 4월 9일)

도넛의 구멍만 남기고 먹고 싶어. (2006년 5월 27일)

도넛의 구멍만 남기고 먹고 싶어. (2006년 5월 30일)

도넛의 구멍만 먹는 방법. (2006년 5월 31일)

드디어 발견! 도넛을 구멍만 남기고 먹는 방법. (2006년 6월 29일)

도넛을 구멍만 남기고 먹는 방법을 알려줘. (2006년 7월 26일)

도넛을 구멍만 남기고 먹는 방법을 알려줘. (2006년 10월 9일)

도넛을 가운데만 남기고 먹는 데 성공했다. (2006년 10월 13일)

도넛을 구멍만 남기고 먹는 방법이 생각났다. (2006년 11월 21일)

도넛의 구멍만을 남기고 먹는 방법을 알아냈다. (2006년 12월 1일)

도넛의 구멍은 공동空洞인가 존재인가? (2007년 2월 3일)

도넛이 아니라 '도너츠'겠지. (2007년 2월 6일)

도넛을 구멍만 남기고 먹는 방법. (2007년 10월 13일)

도넛의 구멍을 남기고 먹는 방법을 결정하자. (2008년 6월 2일)

도넛을 구멍만 남기고 먹는 방법. (2008년 10월 1일)

이처럼 2005년 이후에는 '2채널'의 고정된 화제로 도넛을 구멍만 남기고 먹는 방법이 반복해서 등장했다는 것을 알 수 있었다. 재미있는 점은 처음에는 '도넛'과 '구멍'이 반복해서 쓰였으나 2006년 6월 29일에 **도넛을 구멍만 남기고 먹는 방법**이라는 제목이 등장한 후 이것이 고정된 문장으로 정착되었고, 적어도 '2채널'에서는 이것이 일정한 인지도를 가진 표현으로 계속해서 사용되었다는 것이다.

  필자가 조사한 바에 따르면[17] 서두에서 소개한 카피페가 처음 등장한 것은 '5:캡틴(도쿄도):2007/05/20(일)15:19:09 ID:n5+kcj5S0'이 쓴 게시글[18]이었으며, 이후 고정된 문장과 카피페라는 스타일이 반복되었다. '2채널'의 과거 게시글 중 일부만을 조사했기 때문에 어디까지나 추측에 불과하지만, 앞서 말한 것처럼 '2채널' 내에서 수많은 사람이 이 주제를 두고 소통하는 과정에서 특정 표현이나 말투가 반복된 결과로 위와 같은 카피페가 등장한 것으로 보인다.

생태계로서의 인터넷 ○

인터넷은 정보의 진화와 도태가 일어나는 일종의 생태계이며, 인간 또한 그 속에서 살아가고 있다. **옥석이 혼재된 정보로 넘쳐나는 인터넷에서 유용한 정보를 찾아내고자 하는 인간의 욕망이 인터넷 생태계의 원동력이 된다.** 특히 많은 사람이 온라인을 통해 교류하는 소셜미디어가 등장하면서 인터넷 생태계에 혁신적인 변화가 일어났고, 정보의 진화와 도태 또한 빠르게 진행되었다. 이것은 기록해둘 만한 사건이다.

  따라서 필자는 **다수의 사람이 글을 올릴 수 있는 온라인 커뮤니티인 '2채널'에서 고정된 문장이나 카피페가 생겨난 것은 우연이 아닌 필연이라**

---

17 2채널의 과거 로그 검색을 위해 '로그속'(http://www.logsoku.com), '미미준검색'(http://mimizun.com), unkar(http://unkar.org)을 이용했다.
18 http://mimizun.com/log/2ch/news/1179640948

고 생각한다. 온라인 커뮤니티에서 유저user의 흥미를 끄는 주제는 반복적으로 언급되는 과정에서 표현이 다듬어지고 좀 더 좋은 표현(다수가 즐겨 사용하는 표현)으로 변화하면서 계승된다. 따라서 2007년 5월[19]에 '도넛 구멍'에 대한 카피페가 완성되고 인용이 편리해지자, 이 화제를 쉽게 갈무리할 수 있게 되면서 널리 확산되었다고 볼 수 있다. 앞서 언급한 도넛 구멍 담론의 제2기 붐, 제3기 붐이 발생하게 된 주요 요인은 2005년 이후 '2채널'에서 이루어진 고정된 문장과 카피페로의 정리라 할 수 있다.

소셜미디어는 각 개인이 인터넷으로 상호 연결된 세계로, 우리의 의사결정은 상호 간에 영향을 끼친다. 쇼세키카 프로젝트가 첫 책의 주제로 '도넛을 구멍만 남기고 먹는 방법'을 고른 것은 절차적으로 이 책의 편집자(쇼세키카 프로젝트)와 오사카대 출판부가 이것을 재미있는 주제로 생각했기 때문일 것이다. 하지만 실제로는 **인터넷을 통해 연결된 인류의 총의**總意**에 이끌린 결과로 당연히 선택해야 할 주제였을지도 모른다.**

밈과 모드와 입소문 ○

문화를 구성하는 요소이며 사람으로부터 사람에게 물려내려오는 정보를 '밈meme'이라고 한다.[20] '도넛을 구멍만 남기고 먹는 방법'이라는 고정된 문장이나, 서두에서 소개한 카피페도 진화 및 도태 과정 중에 태어난 일종의

---

19 이 시기는 앞서 언급한 것처럼 필자의 조사에 근거한 추정치다.
20 리처드 도킨스, 『이기적 유전자』, 기노쿠니야쇼텐, 1991.

밈으로 볼 수 있다. **밈이 만들어졌다는 것은 우리가 공유해야 할 새로운 가치관이 출현했다는 뜻이기도 하다.** 고정된 문장이나 카피페처럼 말로 표출되는 밈은 관측할 수 있기 때문에 좋은 연구 주제가 된다.

필자가 그동안 연구해온 사례를 간단히 소개해보겠다(마쓰무라, 2004). '2채널'에는 '2채널어語'[21]라 불리는 독자적 표현(은어)이나 아스키아트[22]를 사용해 소통하는 문화가 뿌리내려져 있다. '2채널'만의 공통언어는 일종의 밈이며 '2채널'의 유저는 이 표현을 써서 커뮤니케이션 모드를 달리한다. 〈그림 2〉는 '2채널'에 있는 30개 게시판의 가장 첫 페이지에 나타난 5748개의 게시글에서 2채널어나 아스키아트, 메시지의 게시 간격이나 답변 비율 등을 계산하고 공분산구조분석을 통해 상관관계를 모델화한 것이다. 요점만 간단히 설명하면 '정형적 표현 경향'은 2채널어나 아스키아트를 사용하는 경향을 가리키며, 그 경향이 강하면 '논의 발산', 약하면 '논의 심화'와 상관관계가 있다.[23] '2채널'에서는 커뮤니케이션이 마구 뒤섞여 이루어지며, 여기에는 어떤 법칙도 존재하지 않는 것처럼 보인다. 그러나 실제로 '2채널'의

---

21 전자게시판 '2채널'에서 사용하는 독특한 표현. '망했다ｵﾜﾀ' '무리일 듯無理ｯﾎﾟ' 등.

22 인터넷 커뮤니티에서 문자 및 기호를 사용하여 일러스트처럼 그림으로 표현해 소통하는 도구. AA라고 줄여서 부르기도 한다. 이모티콘도 포함된다.

23 첨언하자면 그림 속의 사각 노드는 관측변수이며 '2채널'을 특징하는 C, A, I, S, V, AA, N, ABON의 8개 표로 이루어진다. 또 타원 노드는 산재변수, e1~e6의 원 노드는 관측변수의 오차항, d1~d2의 원 노드는 산재변수의 교란변수, 단방향 화살표는 변수 간의 인과관계, 쌍방향 화살표는 변수 간의 공변동을 나타낸다. 그림 속에서는 표준해(관측변수의 분산을 모두 1로 표준화시켰을 때의 추정 값)가 출력되어 있으므로, 단방향 화살표의 수치는 패스계수(표준화된 편회귀계수), 쌍방향 화살표의 수치는 상관계수를 나타낸다. 또 노드의 오른쪽 위의 숫자는 결정계수이며 오차에 의한 영향을 제거했을 때 1에 가까울수록 예측이 정확하다는 것을 보여준다. 이를 이해하기 위해서는 공분산구조분석, 산재인자, 상관계수, 회귀잔차에 대한 지식이 필요하다. 따라서 이 책의 취지를 크게 벗어나기에 여기에서는 따로 설명하지 않는다. 흥미가 있는 사람은 원논문(마쓰무라, 2004)이나 공분산구조분석에 관한 교재를 참고하기 바란다.

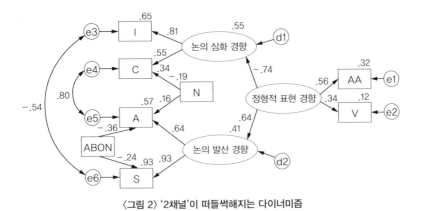

<그림 2> '2채널'이 떠들썩해지는 다이너미즘

참가자들은 능숙하게 표현을 구별해 사용하면서 커뮤니케이션 모드를 바꾸고 있다.

인터넷상에서 확산된 밈은 시각을 달리하면 추천에서 시작해서 퍼져나간 화제라고도 볼 수 있다. 앞서 언급한 것처럼 인터넷 생태계에서 자주 등장하는 화제는 대부분 잘 정제되어 추천되기 때문에, 상품이나 서비스에 대한 사람들의 평판이나 요청 혹은 불만을 알 수 있는 수단이 되기도 한다.

필자가 연구한 또 한 가지 사례를 살펴보자(마쓰무라, 2011). 〈그림 3〉은 소비자들이 '샴푸 T'의 특징 가운데 어떤 것을 좋아하는지 알아보기 위해 샴푸 T에 대해 언급한 반년 동안의 블로그 포스팅 1만864건을 모아 분석한 결과다. 분석 수단으로는 언어의 회귀적 전파량에 기초해 언어의 영향력을 계량하는 알고리즘을 사용했다. 〈그림 3〉을 보면 제품을 이용한 경험 없이는 쓸 수 없는 단어, 예컨대 '향기' '찰랑찰랑' '탄력'이라는 단어가 보인다. 또 광고에서 사용된 '여성'을 '응원'하고, 자신감을 가지라는 메시지도 포함되어 있다. '찰랑찰랑' '곱슬머리'를 없앤다, '코팅' 효과가 있다,

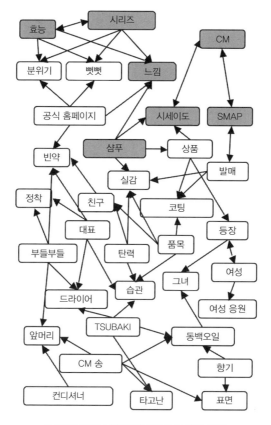

〈그림 3〉 '샴푸 T'에 관한 입소문의 전파 과정

'뻣뻣'함을 개선한다는 기능적 효과를 표현하는 단어도 눈에 띈다. 이것
은 제품의 특징이나 기능적 효과 같은 마케팅 요소가 타깃 고객에게 제대
로 전달되었고, 유저들의 추천을 통해 블로그 공간에서 확산되었다는 것
을 시사한다. 앞서 언급한 내용을 고찰해보면 이 제품이 샴푸 카테고리에
서 1위를 점하게 된 주된 요인은 마케팅 커뮤니케이션의 성공과 긍정적인

입소문에 있다는 사실을 알 수 있다. **이처럼 입소문의 전파 과정을 해석하는 것은 마케팅 효과를 측정하는 데에도 활용할 수 있다.**

정리 ○

이번 장에서는 인터넷에 남겨진 단서를 쫓아가면서 도넛의 구멍이라는 담화가 진화와 도태를 거쳐 어떻게 정착되었는지를 살펴보았다. 또 여기서 파생된 인터넷이라는 생태계의 동학dynamics과 밈, 커뮤니케이션 모드와 입소문 사례에 대해서도 소개했다. **이 책에서는 오사카대의 여러 연구자가 각자 전공 분야의 관점을 통해 '도넛 구멍' 담화의 본질을 탐구하고 있다. 그리고 이런 친근한 주제 뒤에 여러 분야의 연구 주제가 감춰져 있다는 것을 알아가는 데에 읽는 묘미가 있다. 이 책을 통해 여러 개의 답이 존재하는 '문제'와 진지하게 마주하는 학문적 재미가 독자들에게도 전해지기를 바란다.**

이에 더해 "eat a doughnut hole"로 검색하면 약 6만5100건의 결과가 나오는데 여기에는 또 다른 동학이 작동하고 있다. 영어권에서 확산되고 있는 도넛 구멍 담론에 대한 고찰은 독자들에게 숙제로 남긴다.[24]

---

24 혹시나 해서 말하지만, 정답은 준비되어 있지 않다.

참고문헌

■ 마쓰무라 나오히로·미우라 아사코·시바나이 야스후미·오사와 유키오·이시즈카 미쓰루, 「'2채널' 성행의 다이너미즘」, 『정보처리학회』 45권 3호, 2004, pp. 1053~1061.

■ 마쓰무라 나오히로·야마모토 히카루, 「블로그 공간에서의 공헌자 및 소비자 인사이트의 발견」, 『계간 마케팅저널 119』 Vol.30 No.3, 2011, pp. 82~94.

제1부

도넛을
구멍만 남기고 먹으려면

1

도넛을 지우다:
공학에서 '깎는다'는 것의 한계

다카다 다카시高田孝
오사카대 대학원 공학연구과 환경 및 에너지공학 전공 준교수

1994년 도쿄공업대 이공학연구과에서 생산기계공학 진공 박사전기과정을 졸업한 후, 같은 해 가와사키 중공업주식회사 원자력본부에 입사했다. 1999년 핵연료사이클개발기구(현 일본원자력연구개발기구) 오아라이 공학센터에서 근무하고, 2003년 프랑스 원자력청 그르노블 연구소에서 1년간 파견 근무를 하며 실무 경험을 쌓았다. 이후 2005년 가와사키 중공업주식회사 기술연구소를 거쳐 오사카대 대학원 공학연구과에서 환경 및 에너지공학을 전공했으며, 2007년 오사카대 대학원 공학연구과에서 공학박사 학위를 받았다.

전공 분야는 원자로 시스템의 전열유동과 안전공학이다. 특히 컴퓨터를 이용한 수치해석CFD에 관한 연구 및 확률론적 안전평가PRA에 관한 연구에 주력하고 있다.

시작하며 ○

언젠가 오후 실험을 시작하기 전에 학생들을 기다리고 있는데, 조금 일찍 온 학생 한 명이 이런 질문을 했다. "교수님께서는 도넛을 구멍만 남기고 먹는 방법에 대해 어떻게 생각하시나요?" 그 당시 유독 세상 돌아가는 일에 어두웠던 나는 솔직히 '이 학생 좀 이상한 거 아닌가?' 하고 생각했다. 그러고는 "이빨로? 손으로? 아니면 뭔가 도구를 사용해도 되는 건가?"라고 멍청하게 되물었다. 그날 이후 학생의 질문을 문자 그대로 받아들였다는 창피함이 도통 머릿속을 떠나지 않았고, 그 일을 계기로 나는 이 글을 쓰기로 마음먹었다. 하지만 전열유동과 안전공학을 전공한 나는 '자른다'거나 '깎는다'는 것에는 서툴다. 가능한 한 틀린 부분이 없게 글을 쓸 생각이지만, 이 분야에 흥미가 있는 독자라면 스스로 다시 한번 정확하게 공부해보기를 부탁한다.

사회에서 성공하는 사람은 발상의 전환에 능하다. 나에게 '잊히지 않는 창피함'을 안긴 질문을 던진 학생은 후에 '도넛을 구멍만 남기고 먹는 방법'이라는 주제를 여러 교수에게 질문한 이유는, 이 주제가 시발점이 되어 여러 가지 새로운 발상과 생각을 불러일으킬 수 있으리라는 기대가 있기 때문이라고 설명해주었다. 그러나 사회에서 살아가는 모든 사람이 여러 발상을 떠올린다는 게 어려운 일일뿐더러(시스템적으로 그런 사회가 성립되기는 힘

제1부 도넛을 구멍만 남기고 먹으려면

들 것이다), 대부분의 사람은 **문제를 있는 그대로 받아들이고 그에 대한 대답을 생각한다. 특히 공학에서는 더욱 그렇다. 그리고 이런 생각을 따라서 진행된 작업이 좀 더 나은 생활을 만드는 데 큰 공헌을 한다.** 따라서 나는 이번 장에서 그런 수많은 사람을 대표해 '착실하게' 도넛의 구멍을 남기는 방법을 찾는 데 노력을 기울이고자 한다.

공학적으로 도넛에 구멍을 남기려면 여러 가지 계산과 수단이 필요하다. 나는 단순히 교과서적으로 방법들을 나열하는 데 그치는 것이 아니라, 독자들 스스로 여러 측면을 생각해보도록 (계발)하기 위해 이번 장을 썼다. '좋아하는 일은 잘하기 마련'이라는 말이야말로 학문을 연구하는 강한 동기가 된다. 나는 글을 쓸 때 종종 문장을 "~것이다"라고 끝맺는 습관이 있는데, 다소 잘난 척하는 것처럼 보이더라도 양해해주길 바란다.

도넛을 '자른다'와 '깎는다'   O

도넛이라면 '먹는다'고 말하는 편이 타당할지도 모르겠다. 대부분의 경우 구멍 부분이 남도록 도넛을 '깎는' 마지막 작업은 입(치아)이나 손을 통해 이루어진다. 또는 처음에 케이크나이프 같은 도구를 이용해 어느 정도 '자르고' 난 나머지를 조절한다(이번 장에서는 이런 방법뿐만 아니라 기계 가공에 쓰는 기구를 사용해서 도넛을 '자르는' 방법에 대해서도 다룰 것이다). 사람은 상황에 따라 '자르다'와 '깎다'는 단어를 알맞게 구별해서 사용하지만, 물리적으로 볼 때 양자는 동일하다. 〈그림 1-1〉에는 '자르는' 메커니즘에 대한 개념이 나타나 있다.

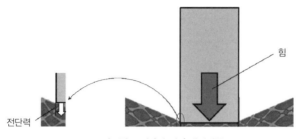

〈그림 1-1〉 '자르는' 메커니즘

그림을 보면 알 수 있듯이 날을 꽉 누르면 대상에 힘이 전달된다. 이때 그림 왼쪽처럼 날에 닿아 있는 부분에만 힘이 가해지고 닿지 않는 부분에는 힘이 가해지지 않기 때문에 **대상 내부에는 상하(그림의 경우)로 갈라놓는 힘(전단력이라 한다)이 작용한다. 이 힘이 대상을 유지하는 힘(예컨대 분자간력**分子間力 **등)보다 크면 대상이 갈라진다.** 이러한 과정이 날의 진행 방향에 연속적으로 발생하면서 대상이 '잘리게' 된다. 또 공학적으로는 힘 그 자체뿐만 아니라 단위면적당 걸리는 힘인 응력[1]이 중요하다. 같은 힘이라도 힘이 걸리는 면적이 작을 경우(날이 예리할 경우) 응력이 커지면서 좀 더 '쉽게 잘리게' 된다.

다음으로 '깎는' 메커니즘을 살펴보자. 〈그림 1-2〉에 나타나 있듯 '깎는' 경우 (일반적으로) 날은 대상의 표면과 수평 방향으로 이동한다. 이때 '자르는' 것과 동일하게 **날의 진행 방향(정확히는 날과 대상이 닿아 있는 면의 수직**

---

1 일반적으로 응력이란 단위면적당 대상 내부에 작용하는 힘이라 정의한다. 같은 단위의 압력은 대상의 표면에 수직적으로 작용하는 응력의 일종이다. 따라서 〈그림 1-1〉의 경우 엄밀하게 말하면 대상이 날의 압력을 수용한 결과로 대상 내부에 전단응력이 작용했다고 할 수 있다.

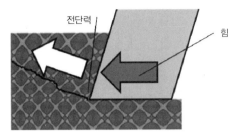

〈그림 1-2〉 '깎는' 메커니즘

방향이 된다. 또 진행 방향에 수직한 면과 날이 닿는 면과의 각도를 경사각이라고
한다)을 따라 전단력이 작용하여 대상이 갈라지면서 '깎이게' 된다.

조금 더 엄밀하게 설명해보면 〈그림 1-1〉 왼쪽처럼 힘이 작용할 경우 앞
서 설명한 전단력에 더해서 대상을 구부리려는 힘, 즉 굽힘 모멘트[2]가 작
용한다. 특히 대상의 성질이 무를 경우에는 전단력에 의해 갈라지기 전에
굽힘 모멘트 때문에 구부러진다. 가령 조각도로 나무를 얇게 깎을 때 부스
러기가 말리는 것을 본 적이 있을 것이다. 이 역시 '깎을' 때 발생하는 굽힘
모멘트 때문에 부스러기가 변형된 것이다(〈그림 1-2〉에서는 시계 반대 방향으
로 굽힘 모멘트가 발생한다).

지금까지 일반적인 '자르기'와 '깎기'의 메커니즘에 대해 설명했다. 이들
은 **대상에 힘을 가하는 방법**이며 레이저 가공처럼 열에너지를 가해 대상

---

2 모멘트는 능률이라고도 불린다. 단위는 '힘×길이'이며 회전 모멘트(힘의 모멘트라고도 불린다)는 말
그대로 힘이 걸려서 물체를 회전시키려는 크기를 나타낸다. 무거운 것(철판 등)을 어깨 가까이에 둘 때
와 어깨에서 멀리(팔을 뻗어서) 둘 때 어느 쪽이 더 힘들지는 상상해보면 분명히 알 수 있다. 철판이 지
면으로 떨어지려 하는 힘이 같아도 어깨(지점)에서 거리가 멀어질수록 회전시키려는 크기(회전 모멘트)
가 커지기 때문이다.

을 녹여서 분리하는 방법도 있다. 간단한 예로 니크롬선을 사용하여 발포 스티로폼을 '자르는' 것을 들 수 있다.

깎을 수 있는 '도넛'이란? ○

앞에서는 '자르기'와 '깎기'의 메커니즘에 대해 설명했다. 지금부터는 '잘리는' 그리고 '깎이는' 대상인 도넛이 (가공되는 재료로서) 어떤 것인가에 대해서 알아보려 한다. 공학과 크게 관련 있는 이야기는 아니지만 손자는 "적을 알고 나를 알면 백전불태百戰不殆"[3]라 말했다. 『일본식품표준성분표』에 따르면 도넛과 그 원재료인 밀의 성분표는 다음과 같다.

	수분	단백질	지방질	탄수화물	무기물
밀	12.5	10.6	3.1	72.2	1.6
이스트 도넛	27.5	7.1	20.4	43.8	1.2
케이크 도넛	20.0	7.0	11.8	60.3	0.9

〈표 1-1〉 도넛 성분표 (단위: g)

표를 보면 알 수 있듯 도넛은 과자빵의 한 종류이기 때문에 밀 그 자체에 비해 수분이나 지방질이 많고 기본적으로 탄수화물을 주성분으로 한

---

3 이 문장은 인터넷의 속담도서관(http://www.kokin.rr-livelife.net/koto.html)에서 발췌했다. 여기서 기억해야 할 점은 백전백승이 아니라 위태로운 실패를 하지 않는다는 것이다.

다. 또한 단단한 밀을 맛있게 먹기 위해 베이킹파우더나 이스트로 발효시켜서 내부에 많은 기포가 생겼기 때문에 **도넛 전체적으로는 부드러운(굽힘 모멘트의 영향을 받기 쉬운) 재료라고 할 수 있다.** 기계 가공의 측면에서 볼 때 부드러운 재료를 정밀하게 깎는 것은 결코 쉬운 일이 아니다.

탄수화물은 탄소와 산소와 수소로 이루어진 화합물이며 연소된다(체내 연소가 아니라 불이 붙는다는 뜻). 그렇기에 높은 온도에서 잘 버티지 못하고 물이 많은 환경에서는 현상에 변화가 생긴다. 이는 곧 기계 가공에 적합하지 않은 재료라는 의미다.

또 도넛의 구멍은 대부분 수작업으로 만들어지기 때문에 당연히 완벽한 원이 아니며 도넛의 표면도 매끄럽지 않다. 가능한 한 얇게 도넛의 구멍을 남기기 위해서는 **먼저 도넛의 내부에서 벌어지는 현상을 정확히 파악한 다음에 깎아야 한다. 이는 기계 가공의 측면에서 대단히 성가신 문제다.**

다음으로는 여러 방법으로 도넛을 '깎는' 시도를 해볼 것이다. 실제 도넛은 일반 공업에 쓰이는 기계 가공에는 그다지 적합하지 않은 재료이지만(애초에 도넛을 기계 가공하는 일 자체가 이상한 일이지만), 그래도 공학적인 관점에서 자르고 깎는 일을 논하기 위해 검토해보기로 한다.

도넛을 '깎는다'   ○

손이나 입을 사용한다

먼저 어떤 도구도 사용하지 않고 손이나 입으로 깎는 경우를 생각해보자. 약간 벗어난 이야기지만 정확하게 무엇인가를 '자르거나 깎기' 위해서는 도구(손이나 입을 포함한)와 대상의 성질 파악은 물론 **도구를 정확한 위치로 유도할 수단(위치 선정)이 중요하다.** 사람의 경우에는 구체적으로 눈(위치를 고른다)이나 손(위치를 정한다)을 가리킨다. 사람의 몸은 의외로 잘 만들어져 있다. 가령 손은 어깨에서 손끝까지 존재하는 복수의 관절 덕분에 대상을 (시선이 닿아서 작업 가능한 범위 내에서) 자유롭게 이동시킨다는 점에서 대단히 우수한 유도장치라 할 수 있다. 한편 위치를 재는 눈은 시력이 1.0일 때 5미터가량 떨어진 곳에 있는 약 1.5밀리미터의 틈도 판별할 수 있다(참고문헌 2). 이것을 단순하게 30센티미터 정도 떨어진 위치로 치환해보면 약 0.1밀리미터의 틈이 된다. 실제로 눈으로 식별할 수 있는 최소한의 크기는 대상의 밝기에 의해 달라지지만,[4] 여기에서는 눈의 정밀도가 0.1밀리미터라고 기준을 세워보자.

입을 사용할 경우 손과 혀를 이용해서 위치를 선정한다(혀가 얼마나 훌륭한 유도장치인지는 시험 삼아 혀를 움직이지 않고 음식을 먹어보면 알 수 있다). 단, 이때 직접 눈으로 얼마나 남았는지 확인하면서 '깎을' 수 없기 때문에 아마 몇 밀리미터 정도의 폭이 남을 것이다.

손을 사용하여 조금씩 '깎을' 경우에는 손가락과 손톱으로 꾹꾹 누르면서 도넛을 깎는다. 이때는 눈으로 직접 남은 폭을 재가면서 손가락 끝('깎는' 도구)을 유도할 수 있기 때문에 입에 비해서 더 정밀하게 깎이겠지만, 이 역시 1밀리미터 이하로는 어려울 것이다(애초에 대상이 미세한 기포가 있는 스펀지 같은 구조이기 때문에 1밀리미터 이하로 구멍의 구조를 유지할 수 있을

---

4 예컨대 먼지가 떠다니다 빛을 반사해서 눈에 보일 때 이 먼지의 폭은 최소 0.1밀리미터다. 하지만 대상이 눈과 가까울수록 눈의 초점을 맞추는 기능의 영향을 받기 때문에 반드시 이에 해당한다고는 할 수 없다.

지 또한 미묘한 문제이지만 여기에서는 굳이 언급하지 않겠다).

가위나 칼을 사용한다

손과 입 다음으로 좀 더 간단한 도구인 가위와 칼을 이용하는 방법을 생각해보자. 먼저 가위를 살펴보자. 위에서 설명한 것처럼 자르거나 깎기 위해서는 대상에 전단력을 가해야 하기 때문에, 전단력을 강하게 하면 좀 더 '쉽게 자를' 수 있다. 한편 전단력이 가해지는 동시에 굽힘 모멘트가 발생하기 때문에 대상이 쉽게 변형된다. **전단력은 '잘리는' 위치 앞뒤의 힘의 차이에, 굽힘 모멘트는 '잘리는' 위치에서 힘이 가해지는 거리에 비례해 감해진다. 따라서 가능한 한 '잘리는' 위치에 근접하게 해서 힘을 가하는 것이 좀 더 '쉽게 자르는' 방법이다.**

가위의 경우에는 대상에 가해지는 전단력을 좀 더 효과적으로 높이기 위해 〈그림 1-3〉과 같이 지렛대의 원리를 이용한다. 또 전단력을 효과적으로 가하기 위해서 날이 대상을 양측에서 압박하다가 교차하는 순간에

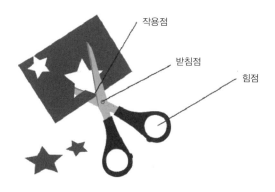

작용점
받침점
힘점

〈그림 1-3〉 가위의 지렛대 원리

접촉하도록(서로 스치도록) 설계되어 있다.[5]

한편 칼의 경우 〈그림 1-1〉과 같이 한 방향으로 누르기 때문에 대상의 변형(굽힘)을 억제하기 위해서는 좀 더 예리한 칼날을 이용하여 효과적으로 전단력을 가하고, 변형을 방지하기 위해 견고한 깔판을 사용해야 한다.

케이크나이프는 톱니 모양의 칼날로 되어 있다. 평범한 칼(이른바 직도)은 대상과 부분적으로만 접촉하고, 직도라서 힘이 같은 방향으로 걸리기 때문에 대상물이 구부러지는 것을 방지하기 어렵다. 반면 톱칼은 접촉하는 부분이 들쭉날쭉하기 때문에, 대상과 좀 더 많은 곳에서 접촉하면서 날의 형태가 수직인 방향으로 힘이 가해져 한 방향으로만 힘이 작용하지 않는다. 따라서 전체적으로 대상이 구부러지는 것을 방지할 수 있다(그대신 작은 부스러기가 직도보다 많이 나온다). 여담이지만, 케이크를 자르기 전에 케이크나이프를 불에 달구는 것도 케이크 속의 크림을 데우기 위해서라기보다 부드럽게 만들어서(혹은 녹여서) 크림이 구부러지는 힘을 약화시키고 전단력의 효과를 높이기('자르기 쉽게 만들기') 위해서다.

이제 실제로 도넛을 '깎는' 일을 생각해보자. 이때 도넛은 재료가 탄수화물로 이루어져 있기 때문에 속에 크림이 들어가 있지 않은 것이어야 한다. 정밀하게 자르기 위한 도구는 가위나 평범한 칼이면 충분하다. 개개인이 사용하는 방법에 따라 다르겠지만 좀 더 정확한 작업을 위해서는 가위처럼 '자르는' 순간에 재료가 고정되어 있는 편이 좋다. 어찌 됐건 손으로 하는 작업보다야 정밀도가 높겠지만, 이 역시 1밀리미터 정도가 한계일 것이다.

---

5 가위는 구조상 쥘(자를) 때 양쪽 날이 서로 누르는 방향으로 힘이 걸리게 되어 있다(오른손용 가위를 오른손으로 쥘 경우). 그러나 보통의 가위를 왼손으로 쥐면 역방향으로 힘이 걸려서 날과 날 사이에 틈이 생기기 때문에 잘 잘리지 않게 된다.

제1부 도넛을 구멍만 남기고 먹으려면

기계 가공을 이용하다

지금까지는 손이나 가위를 이용해 '도넛을 구멍만 남기고 먹는 방법'이라는 명제와 합치하는 방법을 알아보았다. 앞으로는 "먹는다"고 말하기는 어렵지만 기계 가공 방법을 사용해 얼마나 얇게 구멍 부분을 남기고 깎을 수 있는지에 대해 주의 깊게 살펴볼 것이다.

기계 가공은 크게 기계에너지(대상에 힘을 가함)를 이용하는 가공과 열에너지(대상을 녹임)를 이용하는 가공으로 나눌 수 있다. 대표적으로 전자로는 선반 가공을, 후자로는 레이저 가공을 들 수 있다. 아래 내용을 통해 각각의 특징과 '깎는다'는 행위의 한계에 대해 생각해보자.

(a)기계에너지를 이용한 가공

기계에너지를 이용한 가공은 일반 산업에서 널리 이용되는 방법으로 그 '깎는' 방법에 따라 대체로 다음과 같이 분류된다.[6]

- 선반: 대상물을 회전시켜 바이트라고 불리는 공구를 이동시켜 깎는다. 이때 가공품은 회전축에 대칭이 된다.
- 프레이즈반: 프레이즈라는 공구를 회전시키고 가공 대상을 이동시켜서 주로 평면을 가공한다.[7] 복잡한 형태의 가공도 가능하다.

---

6 필자의 기억과 웹페이지(http://ja.wikipedia.org)를 참고하여 정리한 내용이다.
7 대걸레가 회전하면서 마루를 청소하는 청소기를 떠올려보자. 대걸레는 마루에 비해 부드럽지만, 회전하면서 얼룩을 닦아내기에 충분한 힘이 발생하고 결과적으로 마루가 깨끗해진다. 그렇다면 대걸레가 마루보다 딱딱하다면 어떻게 될까? 당연히 청소기가 지나가면서 마루는 깎여버릴 것이다. 이것이 프레이즈 가공의 원리다. 여기에서 중요한 것은 깎으려는 물건을 똑바로 고정시켜야 잘 깎인다는 점이다.

- 드릴링머신: 주로 구멍을 뚫는 데 사용된다.
- 기계톱[8]: 톱이 돌아가는 곳으로 대상을 이동시켜서 절단한다. 목재나 돌을 가공하는 데 주로 이용된다.

도넛을 '깎는' 일을 생각해보자. 모양은 완벽한 원이 아니지만 대체로 회전축에 대해 대칭인 형태다. 따라서 선반 가공이나 도넛을 두고 평면상에서 가공하는 프레이즈반을 사용한 가공(프레이즈 가공)이 유용하다. 〈그림 1-4〉는 각각의 가공 방법을 이미지로 잘 나타내고 있다. 또 〈그림 1-4〉의 오른쪽을 보면 알 수 있듯이 프레이즈 가공에서는 회전부의 옆면에 날을 붙여서(엔드밀이라고 불림) 측면을 가공할 수도 있다.

도넛의 주성분은 탄수화물이고 스펀지와 같이 기포가 대단히 많은 구조를 갖고 있기 때문에 〈그림 1-4〉처럼 직접 가공하는 것은 매우 어렵다. 또 선반이나 프레이즈반은 대상물을 회전 상태에서 이동시키면서 가공하기 때문에 도넛을 잘 고정시켜야 한다. 다음은 필자가 생각해본 가공의 예시다.[9]

먼저 도넛을 고정시키는 일부터 시작해보자. 정밀하게 가공하기 위해서는 **수지**樹脂**에 침지시켜 고형화**固形化**하는** 편이 좋다. 이때 도넛 하나를 다 넣기는 아깝기도 하고 또 도넛 속으로 수지가 침투하기까지도 시간이 걸리기 때문에 일단 어느 정도 깎은(먹은) 것을 이용하기로 하자(이 시점에서 이미 음식이라 부르기는 어렵게 되었다).

다음으로 고형화시킨 도넛을 선반에 놓고 안쪽을 향해 '깎아나간다'. 깎

---

8 동력톱, 자동톱이라고도 부른다.
9 가공 예시는 어디까지나 하나의 예일 뿐 최선의 방법은 아니다. 또 실제로 해본 것이 아니기 때문에 실현 가능한지 여부도 명확하지 않다. 부디 독자 스스로 가공 방법을 생각해보시길 바란다.

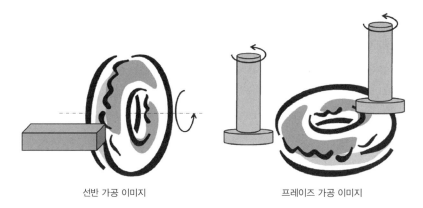

선반 가공 이미지   프레이즈 가공 이미지

〈그림 1-4〉 도넛의 가공(선반, 프레이즈반)

인 면이 정원형인 반면 도넛 구멍 부분은 정확한 원의 형태가 아니기 때문에 선반 가공으로는 그렇게 얇게 깎기 어렵다. 만약 도넛 내부의 정확한 형태의 데이터를 얻을 수 있다면 프레이즈 가공으로 내부 형태를 고려하면서 '깎을' 수 있을 것이다.

선반이나 프레이즈 가공의 정밀도는 가공하는 크기[10]에 따라서 달라지는데 이번에는 크게 기대하기 어렵다. 노력해봤자 100마이크로미터(0.1밀리미터) 정도의 크기일 것이다.[11]

공구를 사용하지 않고 가공하는 방법에는 워터젯 가공이 있다. 알기 쉽게 설명하자면 콜로라도 강이 지면을 깎아 그랜드캐니언을 만든 것과 같은 이치다(단, 가공할 때는 고압, 고속의 물이 사용된다). 워터젯 가공에는 물

---

10 '두께'에 좌우될 것 같지만 실제로 가공의 정밀도는 가공하는 물체의 크기에 따라 달라진다. 10센티미터 크기의 물체를 0.1밀리미터 단위로 가공하는 것과 10미터의 물체를 0.1밀리미터 단위로 가공하는 데에는 그야말로 상상 이상의 차이가 있다.
11 이는 어디까지나 필자의 예상으로, 좀 더 정밀한 가공도 가능할 것이다.

만 이용하는 것과, 물에 고형물(연마제)을 넣는 방법[12]이 있다. 가공에 따르는 마찰열이 없기 때문에 열에 약한 재료를 가공하는 데는 쓸모가 있지만 재료가 물에 젖기 때문에 이번 대상에서는 제외했다(가공 정밀도도 그다지 좋지 않다).

(b)열에너지를 이용한 가공(레이저 가공)

제목을 열에너지를 이용한 가공(여기에서는 자르고 깎는 일로 한정한다)이라 정했지만 이때 말하는 열에너지는 뜨거운 가스를 뿜는 게 아니라 레이저에너지를 집중시켜 대상을 녹이는 것을 말한다. 알기 쉽게 설명하자면 렌즈로 태양광을 모아서 불을 붙이는 것과 같은 원리다.

가시광선, 적외선, 자외선이나 레이저광(가시 영역도 포함)을 총칭하여 전자파라 부른다. 전자파는 파장에 대응하는 에너지를 가지고 있으며 전자파가 물질에 흡수되면 열을 발하거나(태양에너지도 이러한 작용, 즉 복사 혹은 방사를 통해 지구에 전달된다) 화학반응을 일으킨다.

레이저광에 대한 자세한 설명은 생략[13]하겠다. 레이저 가공은 (a)에서 소개한 기계에너지를 이용한 가공에 비해 대상에 쓸데없는 힘(굽힘 모멘트 등)을 가하지 않고 매우 좁은 영역으로 빛을 모을 수 있다. 그렇기 때문에 미세한 가공에 쓰이면서, 저가 레이저 발진기의 보급과 함께 자르고 깎는 가공에 널리 이용되었다.

레이저광을 이용한 가공은 크게 두 가지로 나뉜다. 하나는 레이저를 연

---

12 습식 워터젯waterjet 가공이라고도 한다.
13 레이저광의 가장 큰 특징으로는 파장과 위상이 모여 있으며, 직진성과 집광력이 높다는 점을 들 수 있다. 더 알고 싶은 독자는 레이저광학, 레이저공학 등을 다룬 입문서를 참고하길 바란다.

속적으로(혹은 비교적 긴 간격으로) 비추어 대상을 녹이면서 동시에 가스(어시스트 가스라 불림)를 뿜어 녹은 물질을 제거하는 것이다. 그러나 이 경우에는 잘리거나 깎인 장소 주변에 열로 인한 영향이 미칠 수 있다. (따라서 도넛을 깎기에는 부적합하다.)

또 하나는 레이저를 극히 짧은 시간 동안 집중적으로 비추어서 그 부분에서 다른 부분으로 열이 전달(열전도라 불림)되기 전에 융해, 증발, 비산을 행하는 방법으로, 비열 가공(어블레이션 가공)[14]이라 불린다. 어느 정도로 짧은 시간이냐 하면 피코초picosecond(10^{-12})나 펨토초femtosecond(10^{-15}) 정도다. 이 방법이라면 자르고 깎는 부분 외의 다른 부분에 열적 영향이나 굽힘 모멘트 등이 가해지지 않기 때문에 도넛 구멍의 형태를 망가뜨리지 않고 가공할 수 있다. 단 1회당 가공 가능한 양이 적고 장치 단가도 지금까지 설명한 것들에 비해 비싸다.

비열 가공으로 도넛을 깎는 공정은 그다지 복잡하지 않다. 어느 정도 깎은(먹은) 도넛을 간단히 고정하고 비열 가공으로 조금씩 바깥 부분부터 깎아나가면 된다(말로 하면 쉽지만 사실 가공이 끝나기까지 얼마만큼의 노력을 들여야 할지 알 수 없다). 가공 정도는 도넛 구멍의 형태 파악과 광학계의 위치를 결정하는 정밀도에 따르지만 프레이즈반을 이용한 가공보다는 정밀도가 높다(구멍을 유지할 수 있는 정도는 도넛 안쪽의 스펀지 형태가 어떻게 구성되었는지에 따라 다르겠지만 아마 수십 마이크로미터 정도까지 가능할 것이다).

---

14 보통 물질은 '고체→기체'로 변화하지만, 단시간에 강한 에너지를 가해 순식간에 '고체→기체'로 변화·증발시켜서 물질을 깎는 방법이 비열 가공이다. 레이저는 빛이기 때문에 초점(에너지를 가하는 영역에 해당)을 작게 만들 수 있으며 순식간에 물질이 증발하기 때문에, 가공된(깎인) 부분의 주변에 가해지는 열로 인한 영향이 적다는 것이 특징이다.

도넛 구멍을 보존하다 ○

지금까지 '도넛을 구멍만 남기고 먹는 방법'으로써 도넛의 성분을 유지하면서 구멍을 남기는 방법을 소개했다(도중에 이미 '먹는다'는 과정에서는 멀어졌지만). 사실 단순히 구멍을 남기려 한다면 구멍의 모양만 취해도 된다. 지금부터는 가능한 한 얇게 '도넛 구멍의 모양을 남기는 방법'[15]에 대해 예를 들어보려 한다.

도넛 구멍의 모양을 남기기 위해서는 어느 정도의 두께로 표면을 코팅한 후 도넛 본체를 제거하면 된다. 이렇게 얇은 코팅 막을 생성하는 방법은 공학에서도 널리 사용된다. 대표적으로 진공증착을 들 수 있다. 진공증착이란 피막을 형성하는 재료(일반적으로 금속을 많이 사용한다)와 피막을 형성하려는 대상을 진공으로 만든 용기에 넣고 특정한 방법으로 재료를 기화시켜 대상 표면에 부착하여 피막을 형성하는 방법이다. 그중 이온화된 가스를 재료에 충돌시켜서 기화시키는 방법을 스퍼터링[16]이라 부른다.

이번에는 어느 정도 깎은(먹은) 도넛과 백금을 진공 용기 속에 넣고 스퍼터링을 해보자(이 경우 도넛에서 수분이나 지방질을 어느 정도 증발시켜야 하지

---

15 여기에서는 유적이나 화석의 발굴 현장에서 석고를 흘려보내 형태를 보존하는 것처럼 문자 그대로 '모양을 남긴다'는 것에 대해 생각해보자. 석고 대신 매우 얇은 막으로 도넛의 구멍을 덮어씌우는 방법에 대해 생각해볼 것이다.

16 본문에서 언급한 것처럼 강제로 기체화시켰기 때문에 주변의 벽(보통 막을 생성하고자 하는 물체 근처에 둔다)과 충돌하면 원래 형태(고체)로 돌아가고 이런 과정을 반복하면서 막이 만들어진다. 날아드는 기체의 양을 컨트롤하면 간단하게 매우 얇은 막을 만들 수 있다. 붉은색으로 빛나는 스키나 스노보드용 고글(티타늄 코팅 등) 또한 이런 방법으로 만들어진다.

만 탄화수소인 구멍 표면의 구조를 덮는다는 의미에서는 문제가 없다[17]). 그 후 유기용제 등으로 도넛 성분을 녹이면 두께가 수십 나노미터[18] 정도인 피막만이 남게 된다.

끝으로

'도넛을 구멍만 남기고 먹는 방법'이라는 명제를 풀기 위해 도넛의 구멍을 남기기 위해서 착실히 노력해보았다. 도넛 자체를 남기면서 자르거나 깎는 방법 중 레이저를 이용한 열에너지 가공 이외에는 사람의 힘과 기계를 이용한 가공이 별로 다르지 않다는 결과가 도출되었다. 물론 여러 가지 노력을 더하면 이 같은 방법의 정밀도를 높일 수 있을 것이다. 그러나 실제 사회에서는 비용 대비 효과 또한 중요하기 때문에 사람의 힘만으로도 충분하다(사실 비용 대비 효과라는 점에서는 구멍의 모양을 보존하는 방법이 가장 적합할지도 모르겠다).

일상생활에서 '자르기'와 '깎기'는 단순한 작업이지만, 공학적으로는 여러 방법이 있다. 그리고 재료의 성질에 따라서 더욱 다양하게 생각해볼 수 있다. 다양한 아이디어를 떠올리는 것도 중요하지만 하나를 파고들어 연구하는 것 또한 공학에서는 중요한 일이다.

마지막으로 다시 한번 말해두겠다. 이번 장은 교과서가 아니고 독자들

---

17 백금이나 금으로 하는 진공 흡착은 전자현미경에도 사용되는 기술이기 때문에 아마 탄화수소에 흡착하는 것도 문제없을 것이다.
18 1나노미터는 10^{-9}미터다. 원자의 크기는 0.1~0.3나노미터 정도다.

에게 여러 가지를 생각해볼 수 있는 계기를 제공한다는 의도에서 쓰였다.
본문에 가능한 한 오류가 없도록 노력했지만 좀 더 정확한 내용에 대해서
는 독자 스스로가 공부하여 몸에 익히기를 부탁하고 싶다.

참고문헌

▪『일본식품표준성분표』, 문부과학성 과학기술·학술심의회 자원조사분과회 출판, 2010.

▪ '눈 이야기', http://www.nidek.co.jp/eye-story/eye_5.html

세 계 의 도 넛
몽골 편

버어브를 한 손에, '몽골의 자연'에 살다

언제까지나 계속될 듯 눈부시게 아름답고 깊은 푸름, 오랫동안 기다린 은혜로운 비를 마음껏 맛보며 자라나는 찬란한 녹음. 이런 티없이 맑은 대자연과 함께 살아가는 몽골 사람들이 사랑하는 도넛, '버어브'를 소개합니다.

버어브는 밀가루에 설탕과 버터를 넣어 반죽한 뒤 기름에 튀겨 만드는, 몽골을 대표하는 전통 과자입니다. 몽골에서는 아침 점심으로 차(몽골풍 밀크티로 달지 않은 차입니다. 간혹 소금을 넣어 마시기도 합니다)를 마시는 습관이 있어서 버어브를 주로 차와 함께 먹습니다. 유목 지역에서는 설탕이 귀하기 때문에 달콤한 과자는 버어브뿐이라고 합니다. 그래서 유목민 아이들에게 버어브는 아주 특별합니다. 다 만든 후 할머니께서 '먹어도 된단다' 하고 허락해주는 순간 눈 깜짝할 새에 그릇 위에 놓여 있던 버어브가 사라져버린다네요.

아이와 어른 모두에게 사랑받는 버어브는 단순히 맛있는 과자이기만 한 것이 아니라 결혼식이나 새해맞이에 빠질 수 없는 축하의 상징이기도 합니다. 몽골에서는 축하할 일이 생기면 전통 문양을 새긴 나무틀로 버어브에 모양을 찍어 탑처럼 쌓아 집 안에 장식해둡니다. 이렇게 버어브를 쌓아두었다가 잔치가 끝나면 무너뜨려 가족이 함께 나누어 먹는데, 그 사이 건조된 버어브를 따뜻한 차에 적셔 부드럽게 해서 먹는다고 합니다. 잔치의 여운에 빠져 가족들과 담소를 나누며 먹는 버어브는 아마 각별하겠지요.

몽골의 가장 대표적인 축제는 음력 5월 13일(지역에 따라 날짜가 다름)에 치르는 '오보 축제'입니다. 오보란 '돌을 쌓아 만든 제단'을 말하는데, 몽골 사람들은 하늘을 '텡게르'라고 부르며 신성시했고 하늘에 가까운 장소인 높은 산이나 언덕도 신앙의 대상으로 여겼습니다. 그래서 오보 축제 때는 신령이 묵는다고 여기는 오보를 산이나 언덕에 세우고, 지난 한 해가 별 탈 없이 지나갔음을 감사하며 다음 한 해가 무탈하기를 기도합니다. 오보를 기릴 때도 역시 버어브는 치즈와 버터, 그리고 술과 함께 제단을 장식하는 가장 중요한 공물로 등장합니다.

몽골은 건조한 지대인 동시에 내륙이기 때문에 계절풍의 영향을 받지 않아 비가 거의 내리지 않습니다. 비가 내리지 않으면 초원이 우거지지 못하며 가축들이 야위어버립니다. 그래서 몽골 사람들은 은혜로운 비를 내려주십사 하늘에 빌고, 비가 좀처럼 내리지 않으면 '무엇인가 나쁜 일을 했을 것'이라며 반성합니다. **푸른 하늘과 자연 그리고 그 뒤로 펼쳐지는 광활한 대지를 느끼면서 순박하고 꿋꿋하게 살아가는 자세는 지금의 몽골에도 여전히 숨 쉬고 있습니다.**

인터뷰이 시퀸푸 선생님
집필 소네 지사토

설날(춘절)용 버어브와 치즈로 만든 타부그(공물)

시퀀푸 선생님이 직접 전수하는
몽골 도넛 만드는 법

주재료 밀가루 200그램
부재료 식용유, 소금, 효모(적당량)

④ 반죽을 넓게 폅니다.

① 밀가루에 효모와 소금(혹은 설탕)을 약간 넣습니다.

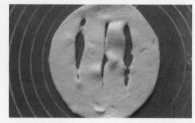

⑤ 편 반죽에 식칼이나 나이프로 틈을 만듭니다.

② 밀가루에 따뜻한 물을 넣고 반죽합니다.

⑥ 180℃ 정도의 식용유로 양면이 갈색이 될 때까지 튀깁니다.

③ 반죽이 뭉쳐질 때까지 반죽합니다. 그리고 1시간 정도 발효시킵니다.

⑦ 완성(보통 몽골식 밀크티와 함께 먹습니다).

2

도넛이란 집이다:
미학의 관점에서 '도넛의 구멍'을
들여다보려는 시도

다나카 히토시 田中均

오사카대 대학원 문학연구과 준교수

도쿄대 대학원 인문사회계연구과에서 미학예술학 전공으로 박사과정을 밟고 문학박사 학위를 취득했다. 일본학술부흥회 특별연구원과 야마구치대 인문학부 강사를 거쳐, 야마구치대 준교수로 재직하다가 오사카대로 부임했다. 저서로는 『독일·낭만주의 미학』(오차노미즈쇼보, 2010), 『'과거의 미래'와 '미래의 과거'』(공저, 오차노미즈쇼보, 2011) 등이, 번역서로는 크리스토프 멘케가 지은 『예술의 지고성』(공역, 오차노미즈쇼보, 2010) 등이 있다. 전공 분야는 미학이다.

"제 연구의 출발점은 18세기부터 19세기 초에 걸쳐 발전한 독일어권 미학에서 예술과 공동체의 관계가 어떠했는가를 알아보는 것입니다. 현재는 예술이론에서의 '참가'의 개념과 이와 관련된 문제들에 주목하고 있습니다."

이번 장에서는 '도넛을 구멍만 남기고 먹는 방법'이라는 질문에 대답하기 위해 플라톤, 하이데거, 프루스트 등의 철학자와 소설가의 글을 살펴보고, 여러 가지 도넛의 모습에 대해 생각해보고자 한다. 먼저 현실에는 존재하지 않는 그림으로 그린 도넛과, 마찬가지로 현실 세계에 없는 '도넛 그 자체'에 대해 고찰한 뒤, 마지막으로 도넛을 먹는 것과 기억의 관계에 대해 다룰 것이다. 결론을 미리 밝혀두자면, 이상의 논의에서 도넛의 구멍은 사라지지 않는다. 도넛은 먹어도 '없어지지 않기' 때문이다.

'도넛'에 대한 상식을 의심하다 ○

'도넛을 구멍만 남기고 먹는 방법'에 대해 생각해보라는 학생들의 부탁을 받았을 때, 가장 먼저 들었던 생각은 '**애초에 도넛을 먹으면 도넛 구멍이 없어진다는 전제 자체를 의심해볼 필요가 있지 않은가**' 하는 것이었다.

이는 도넛의 구멍에 대해 생각해보기 전에, 먼저 도넛 그 자체에 대해 의구심이 들었기 때문이다. 의심인즉슨 '**도넛을 먹으면 도넛이 없어진다**'는, **마치 누구도 반론을 제기할 수 없는 명제에도 실은 반박할 여지가 있지 않을까** 하는 것이었다. 먹으면 없어져버리는 덧없는 도넛을 진짜 도넛이라 부르기도 좀 그렇지 않을까? 물론 "그런 도넛은 도넛이라고 할 수 없어"라든가, "도넛이라고 부를 가치도 없는 녀석이야"라고 말하는 건 좀 너무한 것도 같다. 그렇지만 도넛이라기엔 아무래도 부족하기에 이 녀석을 도넛의 대표라고 부르거나 당당하게 '바로 이것이 도넛'이라고 주장하기도 어렵다.

이렇게 말하면 어떤 독자는 '먹어도 없어지지 않는 도넛이라니 뱃속에 거지가 들었나' 또는 '공상과학 소설을 너무 많이 읽었나?' 그도 아니면 '세계 식량 문제를 지나치게 생각하다가 머리가 돌아버린 건 아닐까?' 하고 생각할지도 모르겠다.

그러나 지금 나는 대단히 진지하게 말하고 있고, 이것은 내게 매우 당연한 생각이다. 하지만 이런 생각이 이른바 '세간의 상식'을 크게 벗어난다는 사실도 어렴풋이 알고는 있다. 무엇보다 나부터도 방금 전에 도넛을 먹어놓고 먹어버린 그 도넛을 다시 먹으려 하지는 않기 때문이다(물론 잔뜩 사다놓고서 무심코 먹다가 정신을 차려보니 이미 마지막까지 다 먹어버린 상황이 종종 생기지만).

미학에서 '본다'는 입장 ○

'도넛'이라는 단어를 듣고, 가장 먼저 사라지지 않는 도넛이 생각나는 사고 회로는 아마 내 전공이 미학이기 때문에 만들어졌을 것이다. 여기서 잠깐 곁길로 빠져(물론 이번 장을 이해하기 위해 반드시 걸어야 할 곁길이지만) 먼저 미학이라는 학문을 독자들에게 소개하고자 한다.[1]

'미학'이란 단어를 들으면 무엇이 떠오르는가? 아마 '남자의 미학'이라는 문구를 아는 독자는 타산적이지 않고 깨끗한 삶의 방식을 떠올릴 것이다.

'남자의 미학'이라는 표현은 일본에서 '초식남'(인간의 한 유형을 가리키는 일본 조어로, 주로 연애에 관심 없는 남자를 가리킨다― 옮긴이)이라는 표현이 자리 잡으면서 거의 사라졌다. 나 또한 미학이라는 학문에 대해 설명할 때를 제외하면 거의 쓰지 않는다.

'미학'[2]이라는 말은 영어로 aesthetics라고 쓴다. 일본어로 '에스테틱스'라 하면 많은 사람은 피부 관리와 관련된 전신 미용 관리실이나 미용 기술을 떠올릴 것이다. 그러나 아쉽게도(라고 해야 하나?), 학문으로서의 '미학'은 직접적으로는 깨끗한 삶의 방식도, 미용을 가리키지도 않는다. 단지 간접적으로 충분관계에 있을 뿐이다. **'미학'이라는 학문에서 중요한 것은 '무엇에 대해 연구할까'보다 오히려 '대상의 어떤 점에 주목하여' '어떻게 생각하는가' 하는 점에 있다.** 아래에서 설명하겠지만 어떠한 대상에 대해 '감성'이나 '미美' 또는 '예술'의 관점에서 '엄밀하게 철학'할 수 있다면 그 사고를 '미학'이라고 부를 수 있다.

학문으로서의 '미학'의 역사적 유래를 더듬어가다 보면 라틴어 '에스테티카aesthetica'라는 단어에 도달한다. 이는 18세기 독일의 철학자인 바움가르텐(1714~1762)이 철학의 새로운 분야에 이름을 붙이기 위해 고찰한 단어로, 그는 『에스테티카』라는 제목의 강의록을 남겼다. 바움가르텐은 '에스테티카'를 논리의 학문인 '로기카logica'와 대비되는 '감성의 학문'이라 정

---

1 '미학'이란 학문의 소개는 당연하게도 여러 입문서나 교과서(그중 일부를 참고문헌 및 북가이드에 밝혀두었다) 등에 실려 있다. 따라서 여기에서 소개하는 것은 그 설명의 반복에 불과하다. 그렇지만 미학이 고교 교육과정에 포함되어 있지 않아서인지, 대학생 가운데서도 미학을 단지 그림 그리는 방법을 배우는 학문이라고 생각하는 사람이 많다. 그래서 번거롭지만 다시 한번 본문에서 다루기로 했다.
2 aesthetics를 '미학'이라고 최초로 번역한 사람은 메이지 시대 사상가인 나카에 조민(1847~1901)이라고 한다.

의했다. 그리고 '감성의 학문'에서 가장 중요한 가치는 '미'라고 주장하면서 '미'가 가장 잘 나타난 대상으로 '예술'을 꼽았다(그러나 이 시대에는 미술이나 시와 음악 등을 포괄하는 현대의 '예술'과 같은 용어가 없었기 때문에 바움가르텐은 '자유학예'라는 단어를 사용했다).

학문으로서의 미학은 18세기 중반 철학의 한 분야인 '감성의 학문'으로 태어나서, '미'라는 가치에 대해 고찰하면서 예술의 주된(그러나 전체는 아닌) 연구 대상에 주목해왔다. 그 후 우여곡절을 겪으며 미학으로부터 새로운 학문 분야가 생겨났지만 넓은 의미에서 미학의 3대 주제가 감성과 미와 예술인 것은 변하지 않았다. 그러면 이야기를 원점으로 되돌려보자. 미학이라는 학문을 전제로 하는 것과 먹어서 없어지지 않는 도넛을 생각하는 것에는 도대체 어떤 관계가 있는 것일까?

'3개의 도넛' 비유   ○

미학에 대해 어느 정도 알고 있다면 반드시 읽어보았을 법한 문장 하나를 살펴보도록 하자. 여기에서는 고대 그리스의 철학자 플라톤(기원전 427~기원전 347)이 쓴 대화편『국가』속의 등장인물인 소크라테스가 글라우콘에게 화가의 기술에 대해 말하는 부분을 인용했다. '침대의 비유'로 잘 알려진 **이 구절 속의 '침대'를 '도넛'으로 바꿔서 읽어보길 바란다.**

소크라테스: "그러면 여기에는 세 종류의 침대가 있네. 하나는 이데아계[3]에 있는 침대이며 우리는 이것을 신이 만들었다고 주장할걸세. 아니

면 다른 누군가가 만들었겠는가?"

글라우콘: "다른 누구도 아니라고 생각합니다."

소크라테스: "다음으로는 목수가 만든 침대네."

글라우콘: "예." (…)

소크라테스: "다른 하나는 화가가 만든 침대일세, 그렇지?"

글라우콘: "그렇습니다."

소크라테스: "이렇게 해서 화가와 목수, 그리고 신. 이 셋이 세 종류의 침대를 주관하고 있네."

글라우콘: "예, 그 셋이 있습니다."

소크라테스: "그 가운데 신은 (…) '그야말로 침대라는 것' 자체를 단 하나만 만들었네. 그리고 신은 그러한 침대를 2개 혹은 그보다 많이 만들지 않았을 것이며 그 이후로도 만들지 않을 것이네.'

(…)

소크라테스: "그러면 우리는 신을 침대의 '이데아 제작자'나 혹은 무엇인가 이에 합당한 이름으로 불러야 하지 않겠는가?"

글라우콘: "적어도 적당한 호칭으로 불러야 하겠지요."

소크라테스: "그러면 목수는 어떻게 부르면 좋겠는가? 침대 제작자로 불러야 할까?"

글라우콘: "네."

소크라테스: "그렇다면 화가 역시 그처럼 사물의 제작자라고 부를 수 있

---

3 여기서 '이데아idea'라는 것은 '본성'의 세계를 말한다. '이데아'란 각각의 아름다운 것에 대한 '미 그 자체', 각각의 옳은 것에 대한 '정의 그 자체'와 같이, '각각이 그야말로 그 자체로 있는 공간의 그 것 자체'를 가리킨다(『이와나미 철학·사상 사전』, 이와나미쇼텐, 1998, p. 86 이하 참조).

제1부 도넛을 구멍만 남기고 먹으려면

을까?"

글라우콘: "아니요, 그렇지 않습니다."

소크라테스: "그러면 자네는 화가를 침대의 무엇이라고 부를 생각인가?"
그[글라우콘]가 말했다.

"저로서는 앞선 두 사람이 제작자로서 만든 것을 흉내내는(모사하는) 자
라고 부르는 것이 가장 타당할 것 같습니다."
내[소크라테스]가 말했다.

"그렇지. 그러면 자네는 본성으로부터 멀리 떨어진 세 번째 작품을 만들
어내는 자를 '흉내내는 자(모사가)'라고 부르겠군?"

"예, 그렇습니다"라고 그[글라우콘]가 말했다.[4]

위의 인용에서 우리는 소크라테스(라는 등장인물을 통해서 플라톤이)가 화
가를 물체의 겉모습을 모사하는 사람이라고 생각한다는 것을 알 수 있다.
다시 말해 플라톤은 화가가 어떤 물체의 본성에 대한 지식이나, 물체를 '어
떻게 만들 수 있을까'라는 제작법에 대한 지식을 가지고 있지 않다고 주장
한다. 이처럼 미학에서 '침대의 비유'는 화가뿐만 아니라 예술가 전반의 기
술을 저평가하고 있다는 이유로 평판이 좋지 않다. 하지만 이후의 서양 사
상에 대단히 큰 영향을 미쳤기 때문에 무시할 수는 없다.

그러면 '침대의 비유'를 '도넛의 비유'로 바꿔서 읽어보자. 그림으로 그려
진 도넛은 도넛의 겉모습을 흉내냈을 뿐이며 '본성에서 멀리 떨어진 세 번

---

4 플라톤, 『국가 下』, 후지사와 레이오 옮김, 이와나미쇼텐, 1979, p. 308 이하. 인용문 중 [ ] 안의 내용
은 인용자에 의한 보충이다. 인용문에는 약간의 수정을 가했다(이하 본문에서의 다른 인용도 마찬가지다).

째' 도넛에 불과하다. 그러나 플라톤의 주장에 따르면 우리가 매일 먹는, 도넛의 장인이 만든 도넛도 '도넛이 그야말로 도넛 그 자체로 있는 공간의 도넛 자체', 줄여 말하면 '도넛 그 자체'는 아니다. 즉 **현실에서 먹을 수 있는 도넛이란 '본성에서 유리된 두 번째'에 불과하다.** 플라톤에 따르면 '도넛 그 자체'는 현상계가 아닌 이데아계에 있으며 '신'이 만든 유일한 도넛을 가리킨다. 유일한 이 도넛은 2개로 늘어나지도 않고 거꾸로 0개로 줄어들지도 않는다. 먹어도 없어지지 않는 정도가 아니라 오히려 먹을 수 없는 도넛이다.

'침대의 비유'를 '도넛의 비유'로 바꿔서 읽어보면, 필자가 왜 서두에서 '먹으면 사라지는 도넛을 진짜 도넛이라 부를 수 없다'고 생각했는지 알 수 있다. 혹자는 이런 생각을 황당무계하게 여길 수도 있다. 그러나 먹으면 사라지는 현실의 도넛이 아무리 많이 있더라도 '도넛'이라는 개념은 하나뿐이며 결코 사라지지 않는다는 사실을 생각해보면, 근거 없는 상상 속의 이야기라고 할 수도 없다.

도넛의 '진리'를 작품화하다　　　　　　　　　　　○

'도넛의 비유'에 대해 생각해보면 또 하나 흥미로운 사실을 알 수 있다. 그림에 그려진 도넛은 본성에서 가장 멀리 떨어져 있고, '도넛 그 자체'는 본성에 가장 가깝거나 본성 그 자체이지만 둘 다 먹을 수 없다는 점에서 일치한다는 사실이다. 그렇다면 어쩌면 그림에 그려진 도넛은 '도넛 그 자체'와 닮아 있는 것은 아닐까? 또는 **현실에 있는 먹을 수 있는 도넛을 살펴보**

는 것보다 그림으로 그려진 도넛을 실마리로 하는 편이 '도넛 그 자체'에 대해 더 잘 알 수 있는 방법이 아닐까?

이 역시(아마 스스로 도넛을 그려보면 실감할 수 있을 것이다) 모델이 된 현실의 도넛과 가능한 한 닮게 그리려는 생각과 동시에, 다른 한편으로는 현실의 도넛과는 조금 다르더라도 '어쨌든 도넛은 도넛이니까' 하는 생각, 혹은 '도넛다운' 모습을 그리려는 생각이 작용했기 때문일 것이다(어느 쪽에 무게를 두고 있는지는 경우에 따라 다르겠지만).

이와 같은 발상은 미학에 관한 또 다른 중요한 문장에서도 확인할 수 있다. 독일의 철학자 마르틴 하이데거(1889~1976)가 쓴 『예술작품의 근원』이라는 책의 유명한 한 구절로 고흐(1853~1890)의 구두 그림을 주제로 하고 있다. 이번에도 고흐가 도넛 그림을 그렸다고 생각하고 **하이데거의 논의에서 '구두라는 도구'를 '도넛이라는 음식'으로 바꾸어 읽어보자.**

구두라는 도구가 가진 도구다움을 어떻게 알 수 있을까? 하이데거에 따르면 "눈앞의 현실에 존재하는 구두라는 도구에 대한 서술이나 설명을 보고 알 수 있는 것도 아니"며, "구두 제작 과정에 대한 설명을 봐도 알 수 없다". 또한 "여기저기에서 관찰되는, 실제로 구두를 사용하는 방법을 보고도 알 수 없다". 그렇다면 어떻게 알 수 있는가? "단지 우리가 직접 반 고흐의 그림 앞에 다가가면 알 수 있다. 고흐의 그림이 직접 이야기한다"라고 그는 말한다. "도구의 도구다움은 [예술]작품에서 시작되며 특히 작품에서 빛나고 드러난다."

이어 하이데거는 예술에 대한 유명한 정의를 내린다. 즉, "예술의 본질은 존재의 진리 그 자체가 작품—안으로—놓이는 것"을 말한다.[5]

하이데거가 고흐의 구두 그림에서 읽어낸 '도구다움'의 핵심은 '쓸모 있음'이며 도넛의 '음식다움'도 이와 닮아 있다. 도넛처럼 일상생활에 완전히 녹아든 친숙한 음식의 특징은 대상을 앞에 두고 "이게 뭐지?"나 "어떻게 먹어야 하지?" 하고 생각할 필요 없이 자연스럽게 안심하고 먹을 수 있다는 점이다. 따라서 '도구다움'에 있어 중요한 것은 현실에서 사용하는 구두는 도구로서 잘 기능하면 할수록, 즉 '쓸모가 있으면' 있을수록 눈에 띄지 않을뿐더러 특별히 구두로 의식되지 않는다는 점이다. 그러므로 도구로서의 구두가 무엇이고 어떻게 사용되는지 알기 위해서는 예술작품이라는 우회로를 택할 필요가 있다.

도넛 또한 마찬가지다. 진열대에 놓인 여러 도넛 중 하나를 고를 때에는 찬찬히 비교하지만, 결국 하나를 골라서 다 먹고 나면 만족스러운 감정만 남을 뿐 색이나 모양, 맛, 냄새, 식감과 같이 세세한 부분은 그다지 뚜렷하게 기억에 남지 않는다. 하이데거의 말을 빌리면 도넛이란 이처럼 특별히 의식하는 대상이 아니기 때문에 그것이 어떠한 음식인지, 또 그것이 우리와 어떻게 관계를 맺으며 우리에게 무엇을 느끼게 하는지에 대해 알기 위해서는 예술작품을 통해 우회해야 한다.

그러면 이런 상상도 해볼 수 있다. 미술관이나 지인의 집에서 벽에 걸린 그림에 가까이 다가갔을 때 그전까지는 물감 덩어리로밖에 보이지 않았던 그림 속에서 도넛의 모습이 떠오른다. "도넛이란 이렇게나 빛나는 것이었구나…… 몰랐어!"라고 놀라며 새삼스럽게 캔버스를 물끄러미 바라본다. 그러고는 "이것이야말로 도넛 그 자체다"라고 혼잣말을 하며 그림 앞에서

---

5   마르틴 하이데거, 『예술작품의 근원』, 세키구치 히로시 옮김, 헤이본샤, 2008, p. 45 이하.

팔짱을 낀다…….

상상은 이쯤 해두고 지금까지 고찰해온 것을 되돌아보자. 플라톤은 예술이란 겉모양을 흉내내는 것에 지나지 않는다고 비판했지만 하이데거는 예술이야말로 진리를 표현한다고 생각했다. 주목할 것은 두 사람 모두 '도넛 그 자체'는 먹으면 없어지는 현실의 도넛이 아니라 먹을 수 없는 도넛이라고 주장한다는 사실이다. 따라서 미학의 견해에서는 다음과 같이 대답할 수 있다. **'도넛 그 자체'가 먹을 수 없는 것이라면 '도넛 그 자체의 구멍'도 당연히 없어지지 않는다.**

냄새와 맛이 불러일으키는 기억　　　　○

이런 반론을 제기하고 싶은 독자도 있을 것이다. 우리가 묻는 것은 그림에 그려진 도넛이나 신이 만든 도넛처럼 먹을 수 없는 것이 아니라, 현실에 있는 도넛을 진짜로 먹어서 그것이 없어진 후에도 구멍이 남도록 하는 방법이라고 말이다.

확실히 타당한 반론이다. 솔직히 지금까지는 미학이라는 학문적 한계 때문에 현실의 도넛을 등한시했다는 점을 인정한다. **그럼 이제부터 먹으면 없어지는 현실의 도넛에 대해 생각해보자.** 그렇지만 여기에서도 우리의 사고는 미학의 주요 주제 중 하나인 '감성'을 따라갈 것이다.

어떻게 하면 도넛을 먹고 나서도 도넛의 구멍이 남도록 할 수 있을까? 이제부터는 물질, 특히 음식과 기억의 관계에 대해 언급하고 있는 소설 구절 하나를 참고하려 한다. **이번 인용문에서는 '마들렌'을 '도넛'으로 바꿔**

읽어주길 바란다.

결국 나는 오늘도 우울하며 내일도 음산할 것이라는 생각에 기운이 빠져서 대수롭지 않게 홍차를 한술 떠서 입술로 옮겼다. 그 속에는 부드러워진 한 조각의 마들렌이 섞여 있었다. 과자 조각이 섞인 한 모금이 입천장에 닿은 순간 나는 몸을 떨며 내 안에서 심상치 않은 일이 일어나고 있음을 느꼈다. 속으로 들어온 무엇이라 할 수 없는 쾌감, 그것만이 동떨어져 존재하는 것 같은 알 수 없는 느낌이었다. (…) 이 쾌감은 홍차와 과자의 맛과 관련이 있는 동시에 미각을 아득히 넘은, 그와는 다른 성질의 무언가처럼 느껴졌다. 이 쾌감은 도대체 어디에서 온 것일까? 무엇을 의미하는 것일까? 어떻게 파악해야 할까? (…)

그러다 갑자기 추억이 떠올랐다. 그 맛은 작은 마들렌 조각의 맛이었다. 콩드브레에서 일요일 아침에 (…) "안녕" 하고 인사하며 레오니 아주머니의 방에 가면 아주머니는 내게 홍차나 보리수차에 적신 마들렌을 권했다. 그 이후에도 프티트 마들렌을 보기는 했으나 먹어보기 전에는 아무것도 떠올리지 못했다. (…) 오래된 과거에서 무엇 하나 남지 않고 끝내 사람들이 죽고 모든 것이 파괴된 뒤에도 냄새와 풍미만은 오롯이 혼자 남아, 대단히 연약하지만 생명력으로 넘치며 아득히 비물질적이면서도 영원하고 충실하다. 이것만은 다른 모든 것이 폐허로 변하는 속에서도 결코 느슨해지는 일 없이, 영혼처럼 아직도 긴 시간 동안 떠오르고 기다리며 기대하고 있다. 냄새와 풍미라는 거의 감지할 수 없는 이슬과도 같은 것이 위에 있는 추억이라는 거대한 구조물을 지탱해준다.[6]

마르셀 프루스트(1871~1922)의 『잃어버린 시간을 찾아서』의 주인공은 홍차에 적신 마들렌의 맛과 향기를 통해 아주머니의 집과 그 주위의 건물, 그리고 마을 전체를 명료하게 떠올렸다. 사람에 따라서는 마들렌 대신 도넛의 맛에서 같은 기억이 떠오를 수도 있다. 우리는 어떤 음식이 그런 기억을 불러일으킬지 미리 알 수 없다. 소설 속 주인공에 따르면 "과거는, (…) 뜻밖의 물질적 대상(그 물질적 대상이 우리에게 불러일으키는 감각) 속에 숨겨져 있는" 것이며, "우리가 죽기 전에 그 대상과 마주칠지, 마주치지 못할지는 오로지 우연에 좌우된다"고 한다.[7]

만약 『잃어버린 시간을 찾아서』의 주인공이 마들렌이 아니라 도넛을 먹고 아주머니의 집이 선명하게 생각났다면, 그때 오래전에 아주머니의 집에서 먹었던 도넛의 냄새와 맛이 떠올랐을 것이다. 동시에 주인공은 분명히 그때 먹었던 도넛의 구멍에 대해서도 어릿하게 떠올렸을 것이다.

즉, 지금 먹은 도넛이 매개가 되어 예전에 먹었던 도넛과 그 도넛의 구멍이 되살아나는 것이다. 좀 더 정확하게 말하면, 아주머니의 집에서 먹었던 도넛은 그 구멍과 함께 주인공의 의식 저편에서 떠오를 날을 기다리며 계속 존재해왔다.

이 감칠맛 나는 인용문에서 두 가지를 확인할 수 있다. 첫째는 냄새와 맛이 기억을 불러일으키는 강한 힘을 지니고 있다는 점이다. 신체 밖에 떨어져 있는 것을 지각하는 시각 및 청각이나 신체에 접촉한 것을 지각하는 촉각과 달리, 미각과 후각이라는 감각은 대상을 신체의 내부로 끌어들여

---

6 마르셀 프루스트, 『잃어버린 시간을 찾아서 1』, 요시카와 가즈요시 옮김, 이와나미쇼텐, 2010, p. 111 이하.

7 마르셀 프루스트, 위의 책, p. 110.

느낀다. 그만큼 감각이 분명하고, 그 당시 느꼈던 기억이 무의식 속에 계속 남아 있다.

또 하나 중요한 것은 냄새와 맛의 기억이 '익숙한 아주머니의 집과 그 주변'이라는 장소에 대한 기억과 연결되어 있다는 점이다. 이는 아주머니의 집에서 마들렌을 먹었기 때문에 마들렌을 먹으면 아주머니의 집이 떠오른다는 단순한 인과관계로 해석할 수 없다. 인용에도 나와 있는 것처럼 주인공이 느낀 '무엇이라 할 수 없는 쾌감'이 무엇을 의미하는지 생각해볼 필요가 있다. 주인공이 느끼는 쾌감에는 '애정 어린 보호를 받는' 상황에서 느낀 만족스러운 감각이 배어 있다. 다시 말해 아주머니가 준비해준 마들렌과 주인공이 행복한 소년 시절을 보낸 아주머니의 집, 그리고 그 주변 마을이 주인공이 과거에 느꼈던 평화롭고 친근한 감정과 연결되어 있기 때문에, 마들렌을 먹는다는 행위가 집과 그 주변 마을의 기억을 선명하게 되살려준 것이다.

마들렌이나 도넛처럼 소박하고 친근한 과자는 어린 시절 부모와 주위 사람들로부터 사랑받았던 기억과 쉽게 연결된다. **과자에 담긴 사랑의 기억은 애정 어린 보호를 받았던 장소인 '집'에 대한 기억과 연결되는 것이다.** 물론 이것은 어디까지나 어린 시절에 사랑받았다는 전제 아래의 이야기다. 과자나 집 또는 가족에 그처럼 친밀한 감정을 품지 못한 사람도 실제로 많기 때문에, 분명 그렇게 '달콤한 이야기'만은 아닐 수 있다.

이런 문제도 생각해봐야 하겠지만 여기에서는 도넛과 집이 사랑이나 친밀한 기억과 연결되어 있다는 낙관적 관점에서 바라보고자 한다. 지금까지 이야기한 것을 명료하게 정리해서 하나의 명제로 세워보면 다음과 같다. **"도넛이란 집이다."** 그러므로 "도넛을 먹어도 도넛의 구멍은 사라지지 않는다"고 결론지을 수 있다.

도넛은 '집'이다 ○

집이라는 장소에 대해 고찰하기 위해 지리학자 이푸 투안이 정의한 '장소 place'와 '공간space'이라는 개념을 인용해보자. 이푸 투안에 따르면 '장소'란 "손쉽게 처분하거나 이동할" 수 있는 것이 아니라 오히려 "그곳에서 살 수 있는 대상"이며 "가치가 응고"되어 있는 곳이다. 즉 장소란 오랜 기간 살면서 추억과 애착이 깃든 곳이다. 이에 반해 '공간'은 "운동하는 능력에 의해 주어진" 것이며 "장소와 장소를 떨어뜨리거나 이어주는 간격" 혹은 "자유롭게 이동할 수 있는 범위"라고 규정된다.[8]

집이나 고향은 전형적인 '장소'다. 이곳에는 개인의 농밀한 기억이 연결되어 있기 때문이다. 따라서 외벽이나 천장 또는 바닥과 같이 건물로서의 집을 구성하는 부분이 모두 없어지더라도 장소로서의 집은 계속 존재한다. 가령 예전에 자기 집이 있던 터를 보거나 혹은 건물이나 밭조차도 남아 있지 않은 옛날 고향마을을 볼 때, 그곳에 살았던 기억이 있는 사람은 살았던 적이 없는 사람이 보는 것과 전혀 다른 광경을 떠올릴 것이다. 물리적으로 아무것도 남아 있지 않더라도 그 장소는 집이나 고향으로 인식된다.

이에 반해 '공간'은 전체적으로 자유로운 공간이라고 인식되므로 특정 부분에 애착이 생기거나 기억과 농밀하게 연결되지는 않는다. 오히려 공간

---

8 이푸 투안, 『공간과 경험』, 야마모토 히로시 옮김, 지쿠마쇼보, 1988, p. 17.

의 의의는 어디까지나 장소에 속박되어 있는 과거지향적 감정이나 기억으로부터 사람의 마음을 해방시키는 역할을 한다.

이러한 장소의 개념은 도넛에도 해당한다. 장소는 물리적 틀이 없어지더라도 애착이 남아 있으면 잊히지 않고 계속 존속된다. 이처럼 (프루스트의 마들렌과 같이) 어릴 적의 행복한 추억과 연결된 도넛이라면 그 도넛을 다 먹어버린 후에도 먹은 사람의 기억에 계속 남아 있다. 따라서 물리적 도넛이 없어졌더라도 '장소로서의 도넛과 도넛의 구멍은 없어지지 않는다.

장소로서의 집에 대해서 가스통 바슐라르(1884~1962)가 저서 『공간의 시학』에서 문학작품 속에 나타난 집의 이미지에 대해 논하며 주장했던 내용도 참고해볼 수 있다. 사람이 태어나서 자란 집은 "우리의 최초의 우주"가 되고 사람은 새롭게 살아가는 여러 장소, 가령 "숨겨진 장소나 피난처나 방" 속에서 이 최초의 우주를 다시금 발견한다.[9] 이러한 측면에서 보더라도 도넛이란 집이다. 즉, **사람은 도넛이 존재하지 않는 곳에서도 어렸을 때 먹었던 친근한 도넛을 떠올릴 수 있다는 것이다.** 가령 도넛과 비슷한 냄새나 맛이 나는 쿠키, 케이크 또는 빵을 먹을 때라던가, 먹을 것뿐만 아니라 쿠션이나 유원지의 건물, UFO를 '도넛 모양'이라 부를 때에도 단순히 고리 모양을 발견하는 데에 그치지 않고 도넛의 냄새나 맛 그리고 도넛과의 애착을 분명히 떠올릴 것이다. 결론적으로, **다 먹어버린 도넛의 구멍이 사라져 없어지기는커녕 원래 도넛이 존재하지 않았던 곳에서도 도넛의 구멍은 점점 퍼져나갈 것이다.**

---

9 가스통 바슐라르, 『공간의 시학』, 이와무라 유키오 옮김, 지쿠마쇼보, 2002, p. 45 이하.

끝으로   ○

'도넛을 구멍만 남기고 먹는 방법'에 대해 생각해보고 내린 결론은 '도넛은 집이다'라는 것이다. 이는 이해하기 어려운 주장처럼 들릴지도 모르겠다. 그러나 여기까지 읽은 독자라면 내가 진심으로 그렇게 생각하고 있다는 사실을 알 것이다. 미학이라는 학문이 도넛 문제를 해결하는 데 공헌할 수 있다는 사실을 이 글을 통해 더 많은 사람이 알게 된다면 더 이상의 기쁨은 없다.

북가이드

- 사사키 겐이치, 『미학으로의 초대』, 주오코론신샤, 2004. 미학 입문서로 가장 추천할 만하다.
- 마쓰미야 히데하루, 『예술숭배의 사상』, 하쿠스이샤, 2008. 근대 서양에 있어 예술 및 예술가의 관념이 성립된 과정을 비판적으로 좇는 좋은 책이다.
- 기요즈카 구니히코, 『픽션의 철학』, 게이소쇼보, 2009. '픽션이란 무엇인가?'라는 미학의 중요한 문제에 명료한 전망을 부여해 알려주는 책이다.
- 쓰가미 에이스케, 『맛의 구조』, 슌주샤, 2010. 전통적인 미학이론을 다시 읽어보며 관광이나 라디오 체조와 같은 일상적인 현상을 감성의 문제로 분석하려는 시도가 담겨 있다.
- 로버트 스텍커, 『분석미학입문』, 모리 노리히데 옮김, 게이소쇼보, 2013. 현대 영어권 미학·예술철학 입문서로, 최근 대중적으로 주목을 받고 있다.

참고문헌

- 니시무라 기요카즈, 『현대 아트의 철학』, 산교토쇼, 1995.
- 스가하라 준, 『환경논리학입문』, 쇼와도, 2007.
- 오타베 다네히사, 『서양미학사』, 도쿄대 출판부, 2009.
- 니시무라 기요카즈(편저), 『일상성의 환경미학』, 게이소쇼보, 2012.
- 몰리 번바움, 『후각상실증: 내가 후각을 상실하고 되찾을 때까지의 이야기』, 니키 린코 옮김, 게이소쇼보, 2013.

세 계 의 도 넛

인도 편

어딘가 그리운 서민의 맛, 자레비와 와다

순백의 타지마할, 웅대한 갠지스 강, 색색의 사리, 활기와 소들로 넘쳐나는 대로가 있는 인도에는 두 가지의 맛있는 도넛이 있습니다.

첫 번째는 자레비Jalebi입니다. 자레비는 인도 전역에서 먹는 간편하고 저렴한 인기 과자입니다.

어디서나 길거리 노점에서 커다란 가마에 자레비를 부지런히 튀기고 있는 모습을 볼 수 있는데, 갓 튀긴 자레비를 하나 사서 걸어 다니면서 먹는 것이 인도풍이라고 합니다. 밀가루와 베이킹파우더로 만든 반죽을 튀겨서 설탕 시럽을 듬뿍 발라 먹는 자레비의 소박한 맛은 아이부터 어른까지 모두가 좋아한답니다. 그럼 우리 입맛에도 잘 맞을까 궁금하시죠? 만약 '나는 정말 단 걸 좋아한다' 하는 분이라면 꼭 한 번 드세요. 머리가 찡하게 아파질 정도로 강렬한, 일반 과자에서는 찾을 수 없는 진한 단맛을 느낄 수 있을 겁니다.

단것을 좋아하는 인도 사람들은 미타이(단맛이 나는 끈끈한 과자류)를 후식으로 즐기는 것은 물론, 축하 자리에도 빼놓지 않고 준비해둡니다. 특히 결혼식에서 어떤 미타이가 나오는가는 웨딩케이크처럼 결혼식의 격을 좌우한다고 하네요. 자레비는 인도의 많은 과자 중에서도 가장 가격이 저렴한 편이라, 자레비를 대접했다는 이야기를 들으면 '아, 떠들썩한 결혼식이었구나'라고 여긴다고 합니다. 또한, 어디서든 쉽게 구할 수 있어서 결혼식이나 시험 합격처럼 축하할 일이 있으면 잔뜩 사서 주변에 나누어준다고 합니다.

참고로 힌두교의 성지 바나라스 지방에서는 자레비를 다히Dahi(요구르트)와 함께 먹는다고 합니다. 걸쭉하고 진한 다히의 신맛과 자레비의 단맛이 절묘하게 어우러져서 최고의 맛을 느낄 수 있다고 하네요.

두 번째 도넛은 콩가루로 만든 '와다Vada'라는 달지 않은 도넛입니다. 와다는 콩으로 만들어서 영양가가 아주 높습니다. 그래서 값싸고 영양가 많은 음식을 찾는 서민들이 식사 대용으로 즐겨 먹습니다. 빵 사이에 와다를 넣고 소스를 뿌려 햄버거처럼 먹으면 무려 고기의 10분의 1 가격으로 한 끼를 해결할 수 있답니다. 와다는 간단하게 만들 수 있지만, 한입 먹으면 퍼져나가는 콩의 풍미가 뭐라 할 수 없을 만큼 훌륭합니다. 살짝 산미가 있는 매콤한 카레인 삼바를 곁들여 적셔 먹으면 이게 또 별미랍니다.

지금까지 인도에서 사랑받는 두 가지 도넛을 소개해 드렸습니다. 특히 갓 튀긴 따끈따끈한 자레비는 인도 사람들이 가장 좋아하는 음식이니, 누군가의 집에 방문할 때 선물로 들고 가면 분명 기뻐할 겁니다.

인터뷰이 고이소 지히로 선생님
집필 소네 지사토

자레비

3

어찌 됐든 도넛을 먹는 방법

미야치 히데키 | 宮地秀樹
오사카대 대학원 이학연구과 수학 전공 준교수

2004년 4월~2007년 9월까지 도쿄 전기대학에서 준교수(조교수)로 재직했고, 2007년 10월~현재까지
오사카대 대학원에서 교수로 재직 중이다.

"전공 분야는 타이히뮐러 공간Teichmüller space입니다. 타이히뮐러 공간이란, 리만 면 또는 리만 곡면Riemann surface이라고 불리는 곡면을 전체적으로 생각할 때 만들어지는 공간을 말합니다. 리만 곡면이란 전문용어로 '일차원복소다양체'라고 합니다. 이를 이미지화해보면 도넛과 같이 곡선인 물체의 표면에 '직교rectangular'(두 개의 직선이 서로 직각으로 교차되는 것—옮긴이)라는 개념을 더한 것입니다. 이때 '직교라는 개념을 어느 정도로 정의할 수 있는가'라는 질문을 정식화함으로써 만들어지는 집합(공간)을 타이히뮐러 공간이나 모듈러스 공간이라고 부릅니다. 도넛을 떠올릴 때 사람에 따라 타원형의 도넛, 매끄러운 도넛 등 여러 가지 도넛을 떠올릴 것입니다. 우리 주변에도 다양한 도넛(의 표면)이 있습니다. 실제로 우리는 표면의 형태만이 아니라 맛 등을 이용해 도넛의 차이를 구분합니다. 수학에서 이처럼 맛을 이해(정식화)하는 작업을 해보는 것도 재미있을 것 같네요."

변명을 대신하여 　　　　　　　　　　　　　　　　　　　○

쇼세키카 프로젝트 소속 학생과 연구실에서 만나 "도넛을 구멍만 남기고 먹는 방법'이라는 타이틀로 책을 만들려고 합니다"라는 이야기를 들었을 때 먼저 든 생각은, 제법 재미있는 주제이지만 문제로서 정식화하기에는 어렵겠다는 것이었다. 그리고 당시에는 생각한 것을 있는 그대로 학생에게 말해버렸다. 하지만 그 학생이 연구실을 나간 뒤 차분히 생각해보니 머릿속이 온통 물음표로 가득 찼다.

　주어진 주제는 '구멍을 남기고 도넛을 먹는 방법'이다. 나는 수학밖에 모른다. 수학 중에서도 특히 자기의 연구 분야라는 좁은 곳에서(실제로 일하고 있다는 의미에서) 간신히 성과를 내고 있을 뿐인 탓에, 내가 연구하는 특정 범위의 수학을 제외한 다른 연구 분야의 전공 지식은 물론 사회적 상식(일반상식)과 같은 것을 거의 모른다. 그래서 이 주제처럼 넓은 범위의 지식이 요구되는 철학적인 문제를 맞닥뜨렸을 때는 무리하지 말고 "그런 건 불가능하니까 포기하세요. 이 세상에는 몰라도 되는 문제가 많아요"라고 말하는 편이 한 명의 교육자로서 체면을 지키기에 가장 좋은 방법일지 모른다.

　그러나 나는 괴팍하고 억지 부리기를 좋아하며 수학을 사랑하는 사람이다. 이런 내가 주어진 문제에 대해 제대로 생각해보지도 않고 '불가능'이라는 단어를 붙여서 외면하려니 영 찝찝했다. 수학에서 '불가능'이라는 단어는 매우 무거운 말이기 때문에, 불가능하다는 말은 적어도 나 자신이 제대로 이해했을 때에만 사용하려고 한다. 즉, 정말로 불가능하다면 불가능한 이유를 말할 수 있어야 한다. 이러한 고집은 표면적으로는 책임감이라는 단어로 설명할 수 있을지도 모르겠다. 하지만 실제로는 그렇게 대단한 것이 아니라, 가령 좋아하는 사람에게 고백하고 차였을 때 꼴사납게도 "어째서 나는 안 되는 건가요?"라고 매달려봐도 상대는 말없이 웃을 뿐 어떤 대답도 해주지 않았을 때 느끼는 안타까움이라고 생각하면 쉽게 이해할 수 있을 것이다.

어쨌든 어려운 일은 고민하지 말고 지금은 커피와 함께 도넛을 맛있게 먹으면서 적당히 생각할 시간을 갖는 편이 정신건강에도 좋다. 그러나 매일 수학을 고민하고 있기 때문인지, 불가능이라는 단어를 떠올린 이후부터 나는 여러 의미에서 상처를 입었다.[1] 또한 정의가 안 된 단어, 즉 무정의어를 써서 문제를 설정하는 것이 짜증을 유발하기 때문에 정신적으로도 좋지 않다. 그러니 나의 정신 안정을 위해서라도 문제에 있는 단어를 먼저 정식화해야 한다.

무슨 의미인지 잘 알지 못하는 문제를 만나면 나는 처음부터 불가능하다고 회피하기보다, 무정의어를 정리하는 것에서부터 시작해보는 편이다. "문제의 '구멍'이란 도대체 뭐야?" "도넛에 있는 '구멍을 남긴다'는 건 또 뭐야?" "남긴다는 건 어떤 행동인 거지?" 등 기본적인 의문부터 떠올려보는 것이다. 실제로 이런 기본적인 문제가 해결되면 상황이 개선되어 '구멍

---

[1] 수학을 연구하는 사람들의 명예를 위해 말해두는데, 이는 수학과는 전혀 관계가 없을 가능성이 대단히 높다.

을 남기고 먹는다'는 일도 불가능은 아닐지 모른다는 희망이 생긴다. 어찌 되었든 희망이 있다는 것은 좋은 일 아닌가.

여기까지라면 진리를 탐구하는 연구자가 가질 만한 건전한 자세라 할 수 있다. 그리고 만약 내가 소크라테스나 플라톤 같은 천재적인 철학자라면 구멍을 남기고 도넛을 먹는 세계에 이름을 남길 만한 획기적인 방법을 발견하고 놀고먹으며 여생을 보낼 수 있을 것이다.

그러나 아쉽게도 현실은 그렇게 녹록하지 않다. 실제로 나는 이런 철학적 질문에 대한 사고를 시작하면 금세 다른 길로 빠져버린다. '구멍이라면…… 그 함정의 구렁텅이는 좀 고역이었지' 같은 작은 일부터 떠올리기 시작해서, '도넛에도 구멍이 있지만 어묵탕에 들어 있는 지쿠와부(길쭉하고 표면이 톱니바퀴 모양이며, 가운데에 구멍이 뚫린 형태의 일본 어묵을 지쿠와 또는 지쿠와부라고 한다―옮긴이)도 맛있지' '그런데 지쿠와 구멍에 오이를 넣는 걸 생각해낸 사람은 참 위대한 거 같아' '왜 지쿠와는 뾰족뾰족한 모양인 걸까?' '그 뾰족뾰족한 부분에 양념을 묻혀 조금씩 베어 먹는 건 좋아'처럼 별 상관없는 감상이나 구멍과는 전혀 관계없는 의문, 그것도 서로 관련 없는 질문이 뭉게뭉게 머릿속에 떠오르면서 딴생각에 빠져버리고 말기 때문에 정리하기가 어렵다(먹을 것에 대한 감상이나 의문이 많은 것은 내가 먹는 것을 좋아하기 때문이다). 이는 시험공부를 하려고 할 때마다 더러운 방이 신경 쓰여서 결국 청소부터 하게 되는 것과 같다. 이번 원고를 집필할 때 유독 청소를 많이 해야만 했다는 것을 이 자리를 빌려 먼저 고백해야겠다.

여담은 여기서 그치기로 하고, 어쨌거나 '구멍'이나 '구멍을 남기는'과 같은 단어를 내 나름대로 정식화(이해)해서, 문제를 **가능한 한 적극적으로**

풀어보려 한다.

이번 장의 독자들이 사전에 알아두었으면 하는 말이 있다. **'수학은 자유'** 라는 말이다. 즉 수학을 할 때 거짓이나 오류를 말해서는 안 되지만, 정의 와 같은 방법으로 표현을 정식화하고 정해진 이론 규칙에 따라 논리적인 사고를 한다면 무엇을 생각하고 무엇을 망상하든 전혀 문제되지 않는다. 이를테면 다른 누군가에게는 아집이나 쓸데없는 것으로 보이는 생각이라 도, 논리적 사고 내에서는 전혀 제한받지 않는다는 것을 의미한다. 이러한 점을 염두에 두고 도넛과 커피(에 한하지 않고 좋아하는 음료)라도 준비해두 고 가볍게 읽어줬으면 한다.

억지를 부리기 위한 마음의 준비　　　　　　　　　　○

(1) 구멍에 대한 고찰

애초에 도넛의 구멍이란 무엇일까? 먼저 떠오르는 것은 〈그림 3-1〉에서 화 살표가 가리키는 부분이다. 대부분의 사람은 특별한 이견 없이 이렇게 알 고 있을 것이다. 그런데 우리는 왜 이 부분을 도넛의 구멍이라고 인식하는 것일까?

그럼 슬슬 수학적으로 생각해볼 준비를 시작해보자. 우리가 살고 있는 이곳은 보통 3차원 공간으로 불린다. 핵심은 기준점의 위치를 알기 위해 '앞뒤, 좌우, 위아래'라는 본질적으로 다른 3개의 방향을 생각해야 한다 는 것이다. 즉 어떤 것의 위치를 표현하기 위해서는 어디엔가 점(기점)을 고

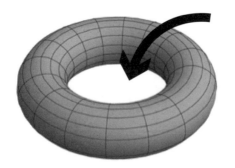

〈그림 3-1〉 도넛의 구멍이란

정시키고 〈그림 3-2〉와 같이 '어느 기점에서 앞으로 3미터, 왼쪽으로 2미터, 위로 10미터' 등 3개의 숫자를 이용해 나타낼 수 있다. 가령 '오사카(기점)에서 북으로 20킬로미터, 서로 30킬로미터, 해발의 차가 50킬로미터인 장소'라고 말함으로써 그 장소의 위치를 확정할 수 있다. 이때 '3개의 방향'의 '3'이라는 숫자가 우리가 살고 있는 세계를 3차원이라고 부르는 이유다.

이제 잡념을 씻어내기 위해 공간을 추상적으로 만들어서 생각해볼 차례다. 〈그림 3-2〉와 같이 우리가 살고 있는 공간의 앞뒤를 x축, 좌우를 y축, 위아래를 z축으로 표기하고, 이것이 우리가 살고 있는 3차원 공간을 나타낸다고 생각해보자. 이 공간에서는 따로 단서가 없다면 원점(0, 0, 0)이 기점이 된다.

사전에 따르면 '구멍'이란 "우묵하게 들어간 곳, 맞은편까지 뚫려 있는 곳"을 말한다. 맞은편까지의 '맞은편'이란 도대체 뭔가 하는 의문이 들겠지만 어쨌든 우리는 3차원 공간 속에 도넛이 존재한다고 생각하기 때문에, 확실히 도넛에는 구멍이 존재한다. 그리고 어렵지 않게 〈그림 3-1〉의 화살표가 가리키는 부분을 도넛의 구멍이라고 생각할 수 있다.

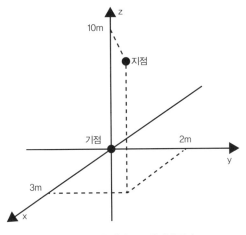

〈그림 3-2〉 공간을 추상적으로 생각해보자

(2) 평면에서의 사고실험에 의한 고찰

3차원 공간과 달리 **2차원 공간**, 즉 평면상에서 수학적 사고를 할 경우에는 **'앞뒤' 및 '좌우'**에 해당하는 2개의 좌표를 이용해야 한다. 평면에서의 사고는 그림으로 표현할 수 있기 때문에 구체적으로 볼 수도 있고 무엇이 일어났는지 이해하기도 쉽다. 공간을 이용한 수학적 사고를 하기 전에 연습으로 평면을 이용한 수학적 사고를 해보자. 먼저 적당한 종이를 준비하고 원을 그려보자. 그러면 〈그림 3-3〉과 같이 원으로 막힌 안쪽 부분과 막히지 않은 바깥쪽 부분으로 나뉜 것을 확인할 수 있을 것이다.

그 '나눠진' 상황(감각)을 설명해보자면 다음과 같다.[2] 원으로 막힌 부분을 말을 사육하는 목장이라 생각해보자. 이때 '안쪽, 즉 목장 안의 말은

---

2 수학적으로 설명할 경우에는 '연결성'이라 불리는 개념을 적용한다.

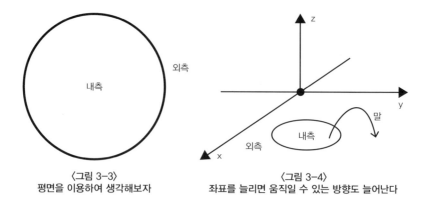

〈그림 3-3〉
평면을 이용하여 생각해보자

〈그림 3-4〉
좌표를 늘리면 움직일 수 있는 방향도 늘어난다

평면에서 벗어나지 않고 목장 바깥쪽으로 도망칠 수 있을까?' 말은 민첩하기 때문에 담(원)을 폴짝 뛰어넘어갈지도 모르지만 이러한 대답은 주어진 질문에 대한 해답이 되지 못한다. 왜냐하면 담을 넘어서는 순간 말은 평면을 벗어나기 때문이다. 이처럼 평면을 벗어나지 않고 말을 안에서 밖으로 도망치게 하는 일이 어렵다는 것은 직감적으로 상상할 수 있다. 그리고 이러한 사고를 반복하다 보면 '안에서 밖으로 가는 것은 불가능하다'는 것이 상상에서 확신으로 바뀌어갈 것이다. 이것이 '안쪽과 바깥쪽이 나뉘어 있다'라는 정확한 의미다.[3]

그러나 앞서 생각한 것처럼 말은 실제로 〈그림 3-4〉처럼 담을 폴짝 뛰어넘어 밖으로 갈 수 있다. 이러한 상황이 벌어질 수 있다는 것이 3차원 공간과 2차원 공간의 차이다. 3차원 공간에서는 2차원 공간에서의 방향인

---

3 '평면상에 그려진 원에 의해 평면이 나뉜다'는 명제는 수학적으로 엄밀히 증명되어 있다. 흥미가 있는 독자는 '요르단의 정리'를 찾아보길 바란다.

'앞뒤와 좌우' 외에도 '위아래'라는 제3의 좌표가 새로 생겨난다. 이렇게 좌표를 늘려서, 즉 **활동 방향을 늘림으로써 좀 더 자유롭게 움직일 수 있게** 되었다는 점을 기억해줬으면 한다. 이는 당연하게 들릴지도 모르지만 의외로 스스로의 움직임에 자유를 더하기 위해 방향을 늘리는 것은 꽤나 용기를 필요로 하는 일이다. 예컨대 도시에서 꿈을 좇아 아르바이트를 열심히 하는 사람이 스스로의 한계를 느꼈을 때, 고향으로 돌아가 다른 길(즉 인생에서의 다른 방향)을 선택하는 것, 즉 꿈을 포기하기란 매우 어려운 일이다. 그렇기 때문에 용기가 필요하다.

(3) 살고 있는 장소에 관한 고찰

앞에서 우리는 '앞뒤, 좌우, 위아래'를 인식할 수 있는 3차원 공간에서 살고 있다고 말했다. 이전 논의에 따르면 평면으로부터 좌표를 하나 늘렸을 때 운동의 자유도도 늘어난다(즉 목장 내의 말이 도망갈 수 있다).

따라서 3차원에서 좌표를 하나 더 늘리면 좀 더 자유롭게 움직일 수 있을 것이라고 상상할 수 있다. 그러므로 지금부터는 4차원의 공간, 즉 완전히 본질적으로 다른 4개의 방향을 인식할 수 있는 상황에서 살고 있다고 생각해보자. 실제로 4차원 공간에 사는 것은 불가능할뿐더러 4차원이라니 생각도 할 수 없다는 의견이 있을지도 모른다. 그래도 상상이나 망상은 수학에서 떼려야 뗄 수 없는 그야말로 반드시 필요한 자유다. 모처럼의 일이니 하느님의 시점에서 상상해보기로 하자.

무대 설정 ○

앞(변명)에서 언급했던 것처럼 '수학은 자유'다. 즉 **수학적 사고는 누구에 의해서도 제한받지 않고 자신이 생각하는 그대로 할 수 있다는 뜻이다.** 가령 4차원 공간도 자기가 좋아하는 대로 생각하고 그릴 수 있다.

(1) 수학에서 집합의 표기

여기에서는 수학의 집합에 대해 정리해보겠다. 먼저 집합이라는 개념을 이미지화해서 생각해보자. 집합이라고 하면 몇몇 독자는 체육수업 때 선생님이 학생들을 모으기 위해 외치는 구령인 "집합!"을 떠올릴 것이다. 이때 집합은 선생님 곁으로 모여서 정렬하는 것을 말하는데, 우리도 이와 마찬가지로 **집합을 단순히 '물체가 한데 모인 것'**을 가리킨다고 생각해보자.[4]

그러면 당신의 체육시간을 A라고 적어보겠다. 그리고 반에는 30명의 학생이 있다고 치자. 이 경우 당신의 반은 30명의 학생들로 이루어진 집합이라고 할 수 있다. 이를 수학적으로는

$$A=\{a \mid a\text{는 당신의 반에 소속된 학생}\}$$

이라고 표기할 수 있다. 핵심은 '|'의 뒤에 '|' 앞에 적은 기호 'a'를 설명하는 조건을 적는 것이다. 즉 위에 적은 것은 '집합A는 당신의 반에 소속된

---

4 엄밀하게 집합이란 수학적으로 모순되지 않는 조건하에서 정의되어야 한다. 예컨대 '자기 자신을 포함하지 않는 집합 전체'를 생각해보면 논리적 모순이 일어남을 알 수 있다. 이에 흥미가 생긴 독자는 '러셀의 패러독스'나 '공리적 집합론'을 찾아보길 바란다.

사람a 전체를 이루는 집합'이라 읽는다. 집합 안의 어떤 점은 원소 혹은 요소라 부른다.

　당신의 반에 남자와 여자가 각각 17명, 13명씩 있다고 가정하면 교실에 속한 남자 전체 B와 여자 전체 C는

$$B=\{a\in A\,|\,a는\ 남자\}$$
$$C=\{a\in A\,|\,a는\ 여자\}$$

라 적을 수 있다. 그리고 B와 C는 각각 17개, 13개의 요소로 이루어진 집합이 된다. 여기에서 낯선 기호 '$\in$'가 등장한다. 이를 설명해보면 '$a\in A$'란 수학적으로는 '집합A에 속한 a' 혹은 'a는 집합A의 요소'라는 의미다. 그러므로 이 경우 '$a\in A$'란 '당신의 반A에 포함된 사람a'라는 의미가 된다. 앞서 말한 것처럼 '|' 뒤에는 '|' 앞에 적힌 기호 'a'를 설명하는 조건을 적기 때문에

$$B=\{a\in A\,|\,a는\ 남자\}$$

라는 식은 'B는 당신 반A에 포함된 사람 a에서 남자인 사람 전체로 이루어진 집합이다'라는 의미가 된다. 그러므로 앞서 말한 집합 B는 '당신 반A의 남자 전체가 이루는 집합'이 된다. 집합B는 집합A의 부분이 되기에 이때 '집합B는 집합A의 **부분집합**이다'라고 할 수 있다.

　그러면 예를 들어 설명해보자. 지루하더라도 **조금만 더 힘내주길 바란다.** 일반적으로 1, 2, 3…… 등의 수는 자연수라 불리며 자연수 전체로 이루어진 집합은 N이라 적는다. 이 경우 짝수의 전체로 이루어진 집합은

$$\{n \in N \mid n \text{은 짝수}\}$$

로 표기하며 '짝수인 자연수 전체로 이루어진 집합'이라고 읽는다. 즉 이렇게 표기된 집합은 '짝수 전체로 이루어진 집합'과 같다. 그러나 짝수는 2로 나뉘는 숫자라고도 할 수 있기 때문에

$$\{n \in N \mid n \text{은 2로 나뉨}\}$$

이라고 표기되는 집합 또한 짝수 전체로 이루어진 집합이 된다. 실제 이와 같은 표기로 정의된 집합에 포함되는 숫자는 2로 나눌 수 있는 자연수이기 때문에 짝수와 동일하다. 이처럼 일반적으로는 집합을 표기하는 방법(즉 집합을 정의하는 조건)은 하나가 아니다. 마찬가지로 기수 전체도

$$\{n \in N \mid n \text{은 기수}\} = \{n \in N \mid n \text{은 2로 나뉘지 않는다}\}$$

와 같이 여러 (적어도 2개 이상의) 표기 형태를 갖는다. 다른 예를 들자면 '3의 배수인 자연수로 이루어진 집합'은

$$\{n \in N \mid n \text{은 3의 배수}\} = \{n \in N \mid n \text{은 3으로 나뉨}\}$$

처럼 표기할 수 있다. 각각은 모든 자연수 전체로 이루어진 집합 N의 부분집합이다. 가령 4의 배수로 이루어진 자연수 집합이나 5의 배수로 이루어진 자연수 집합의 표기 등을 스스로 연습해보면 이해가 될 것이다.

(2) n차원 공간

초등학교, 중학교에서 배웠던 것처럼 실수 전체를 작은 수부터 순서대로 줄을 세워보면 양과 음이라 불리는 두 방향으로 무한히 이어지는 직선과 동일시할 수 있다. 이 직선을 수직선 혹은 실수직선이라 부르고 R이라 적는다. 즉 실수직선 R에는 −1, 0, 1/2, 1, $\sqrt{2}$, π 등의 숫자가 일직선으로 늘어서 있다. 가령 실수직선 R의 점 x는 x가 양수라면 0을 기준으로 오른쪽에 x만큼 움직인 위치에 있다는 의미이며, x가 음수라면 왼쪽에 −x만큼 움직인 위치에 있다는 의미다. 즉, **실수직선의 각 점의 숫자는 그 점이 원점으로부터 좌우 중 어느 쪽에, 어느 정도 떨어진 위치에 있는지를 가리킨다.**

일반적으로 n차원 공간은 Rn이라 적는다. 이는 n개의 숫자(실수)로 이루어진 집합 전체이며, 집합의 표기를 이용해보면

$$Rn = \{(x1, \cdots, xn) \mid x1, \cdots, xn은 실수\}$$

라 쓸 수 있다. 앞서 언급한 것처럼 3차원 공간에서는 '앞뒤, 좌우, 위아래'라는 3개의 서로 다른 방향에 의해 각 점의 위치가 정해지기 때문에 3차원 공간 R3라 적는다. 따라서 n차원 공간이란 각각의 점에 대해 n개의 본질적으로 다른 방향을 이용해서 위치를 나타내는 공간이다. 특히 1차원 공간은 실수 직선 R 그 자체를 말한다.

이렇게 적으면 어렵게 느낄 수도 있다. 그러나 특별히 의식한 적이 없을 뿐 사실 이런 사고는 일상생활에서도 쉽게 찾아볼 수 있다. '위치'라고 생각하기 때문에 10차원이나 100차원이 어렵게 들리는 것이다. 나를 포함한 대부분의 사람은 4차원 이상의 세계를 볼 수 없겠지만, 다음과 같이 생각

해보는 건 어떨까?

'키, 체중, 허리둘레, 시력, 혈압'을 측정하는 신체검사를 한다고 생각해보자. 이때 각 사람에게서 5개의 실수를 얻을 수 있다. 그리고 각각의 사람은 이 실수를 이용하여 인식(평가)된다. 따라서 신체검사는 사람의 집합(전체)을 (추상적으로) 5차원 공간에 놓고 생각하는 것이나 마찬가지다. 이 경우 키나 몸무게가 같아서 데이터가 겹치는 사람이 생길 수도 있다. 물론 그런 사람들은 이 데이터만으로 구별할 수 없지만 허리둘레 같은 다른 데이터를 추가하면 대처할 수 있는 문제이니 별도로 생각해주었으면 한다.

그런데 사람 전체를 유한한 차원 공간에 넣을 수 있을까? 이는 좀처럼 해결하기 어려운 철학적 문제일지도 모른다.

(3) 4차원 공간

이제부터는 4차원 공간을 생각해보자. 4차원 공간에서는 4개의 실수를 사용하여 기점으로부터의 위치관계를 나타낸다. 집합 표기를 사용해 나타내보면

$$R4=\{(x, y, z, w)|x, y, z, w는 실수\}$$

로 쓸 수 있다. 점(x, y, z, w)의 각 x, y, z, w는 점(x, y, z, w)의 좌표라고 불린다. 앞서 말한 것처럼 좌표는 기점(0, 0, 0, 0)으로부터 방향을 재서 얼마만큼 떨어져 있는지를 나타낸다.

독자 가운데에는 도무지 4차원 구간이라는 게 전혀 상상이 안 된다는 사람도 있을 것이다. 그러면 '상대성 이론'이라 불리는 TV 드라마 「미토

고몬」의 '인장'(암행어사의 마패와 유사하다―옮긴이)을 사용해서 4차원 공간을 상상해보자.

물리를 조금 아는 사람이라면 '상대성 이론'이라는 명칭을 들어본 적이 있을 것이다. 상세히 설명하지는 않겠지만 상대성 이론에서도 4차원 공간을 상정하고 있다. 이 경우에는 '앞뒤, 좌우, 위아래' 외에도 '시간'을 새로운 축으로 생각하고 4개의 숫자를 이용해서 위치를 지정한다. 이로써 만들어지는 공간, 즉 우리가 살고 있는 공간을 4차원 공간이라 생각해볼 수 있다. 실제로 가능한지의 여부와는 별개로, 이 좌표계를 이용하면 타임머신을 타고 미래나 과거로 가는 일도 간단히 설명할 수 있다. 즉, '미래로 간다'는 것은 '시간 축을 따라 양의 방향으로 간다'는 것이며, '과거로 간다'는 것은 '시간 축을 따라 음의 방향으로 간다'는 것을 말한다.

좀 더 구체적으로 생각해보자. 앞서 말한 것처럼 3차원 공간에서는 지금 당신이 있는 위치를 '북위, 동경, 해발'을 이용하여 나타낼 수 있다.[5] 따라서 앞서 말한 시간 축을 추가해서 생각해보면 **지금 당신이 있는 곳을 4차원 공간의 좌표(북위, 동경, 해발, 시간)를 이용하여 나타낼 수 있다.** 예컨대 구체적으로 2013년 6월 26일 10시 10분에 오사카대 근처의 해발 66미터인 장소에 있는 것이다. 이때 당신이 있는 위치를 앞서 말한 4차원 공간의 좌표를 이용해 나타내면

(34도 49분, 35도 31분, 66미터, 2013년 6월 26일 10시 10분)

---

5 일반적으로는 추상적인 공간의 점을 다루기 때문에 좌표에 대해 '북위'나 '동경'과 같은 개념을 적용하지 않는다. 그러나 여기에서는 상상을 위한 예시를 들고 있으므로 이 부분을 감안해주길 바란다.

처럼 표기할 수 있다. 이는 적당히 그럴듯하게 적은 좌표이기 때문에 이 좌표의 위치가 지표면이 아니라 공중에 있다거나(대학 관계자가 화내겠지만), 구멍을 파 들어가야 하는 땅속일지도 모르니 주의하길 바란다. 어쨌든 이런 방법을 이용해서 **자신이 있는 장소를 4차원 공간으로 인식할 수 있다.**

(4) 4차원 공간 속의 3차원 공간
그러면 도넛은 3차원 공간,

$$R3=\{(x,\ y,\ z)|x,\ y,\ z는\ 실수\}$$

에 포함되어 있다고 생각할 수 있다. 이때 3차원 공간은 4차원 공간에 포함되므로 주의해야 한다. 즉, 위의 3차원 공간 R3는 4차원 공간 내의 W축의 좌표가 0인 점으로 이루어진 부분집합

$$\{(x,\ y,\ z,\ 0)|x,\ y,\ z는\ 실수\}$$

라고 표기할 수 있다. 앞에서는 4차원 공간 속에 도넛이 존재한다고 생각했으나 도넛 자체는 3차원 공간에 들어 있기(즉 우리가 살고 있는 곳에 제대로 존재하고 있기) 때문에, 네 번째 좌표를 0으로 두고 정의된 3차원 공간 속에 도넛이 있다고 생각하자.

도넛 구멍을 남기고 먹어보자 ○

이렇게 해서 무대 설정을 완료했다. 이제 여기서부터 주어진 **문제인 '구멍을 남기고 도넛을 먹는 것'에 대한 하나의 해답**을 제시하려 한다.

앞에서 4차원 공간 속에 살고 있다는 상상을 해달라고 부탁했다. 이제는 4차원 공간에 도넛이 있다고 생각해보자. 그리고 당신을 포함해 우리는 지금 매우 배가 고프기 때문에 이 도넛을 먹으려 한다고 가정해보자.

(1) 도넛 구멍에 대한 정의와 문제의 환언

우리가 도넛의 구멍을 어떻게 인식하는지에 대해 다시금 생각해보고자 한다. 나 역시 앞서 말한 것처럼 도넛의 구멍이 〈그림 3–1〉에서 화살표가 가리키는 부분이라는 생각을 부정하지 않는다. 이 경우 우리는 도넛의 구멍을 '시각적'으로 인식한다. 그러나 **우리가 구멍을 확실히 인식하기 위해서는 〈그림 3–5〉처럼 구멍에 손가락을 넣어 고리를 만들어서,** (지혜의 고리처

〈그림 3–5〉 '도넛 구멍'의 정의

럼) 손가락과 도넛이 떨어질 수 없다는 것을 제대로 인식할 필요가 있다.

지금까지 준비한 것을 바탕으로 수학적 방법, 즉 수학적 논리를 전개시켜서 '도넛의 구멍'을 정의해보자. 먼저 **'도넛의 구멍'이란 〈그림 3-5〉와 같이 '도넛과 손가락이 떨어질 수 없도록 하는 요소'**라고 정의하자.[6] 이 정의의 요점은 도넛의 구멍을 모든 사람이 시각적으로 일제히 인지하는 것이 아니라 각각의 사람, 가령 당신의 친구가 (〈그림 3-1〉의 의미에서의) 도넛의 구멍에 직접 손가락을 통과시킴으로써 인식하는 것에 의해 정의된다는 점이다. 단, 이때 부여되는 정의는 이 장에서만의 정의이며, 이 책의 다른 장에서는 말할 것도 없고 일반 사회에서 전혀 통용되지 않는다는 것을 분명히 기억해야 한다.

이 정의 아래에서 문제는 다음과 같이 정리할 수 있다. **각각의 사람이 인식하고 있는 도넛의 구멍을 남기고 먹는 법**, 좀 더 구체적으로 표현하면 **'당신의 친구가 도넛의 구멍을 인식하고 있는 채로, 당신은 도넛을 먹을 수 있는가?'**라고 문제를 정리할 수 있다.

(2) 4차원 공간 설정의 복습

우리는 지금 4차원 공간 속에 있다. 2차원 공간에서 3차원 공간으로 확대될 때 행동 범위가 넓어졌던 것처럼 3차원 공간에서 4차원 공간으로 확대되면 행동의 자유가 더욱더 늘어난다는 점을 염두에 두자.

---

6 이것은 수학적으로 정의라고 부를 수 없다. 또한 '떨어질 수 없다' 같은 무정의어도 포함되어 있기 때문에 이를 정의라고 학회(수학회)에서 발표하면 비난을 받거나 무시당할 것이다. 하지만 수학회에서 도넛의 구멍에 대해 논의할 일은 아마도 없을 것이기에, 이러한 사고도 가능하다는 정도로 생각해주었으면 한다.

〈그림 3-6〉 손가락 대신 고리라고 생각해보자

　〈그림 3-5〉에서처럼 손가락을 (《그림 3-1》의 의미에서의) 도넛 구멍에 넣어서 구멍을 인식하는 방법을 먼저 생각했지만, 이는 이해하기가 조금 어렵다. 따라서 〈그림 3-6〉처럼 당신 친구의 손가락 대신 고리를 걸었다고 생각해보자.

　가령 현재 우리는 4차원 공간에 살고 있다. 그러나 도넛과 고리(친구의 손가락)는 명백하게 3차원 공간에 존재하기 때문에 4차원 공간 속의 3차원 공간인

$$\{(x,\ y,\ z,\ 0)|x,\ y,\ z는\ 실수\}$$

에 포함된다고 볼 수 있다. 그러나 당신 친구는 일반인이므로 이 3차원 공간 속에서 4차원 공간을 이해하지 못한 채 살고 있다[7]고 생각해보자.

7　말이 복잡하지만 단순히 생각해보면 실험자(당신)가 무슨 일을 하더라도 관측자(친구)는 도넛 구멍에 계속 손가락을 걸고 있을 것이라는 뜻이다. ─ 옮긴이

(3) 실제로 먹어보자

**실제로 '당신의 친구가 도넛 구멍을 인식하고 있는 채로 도넛을 먹는 것'이
가능한지 시험해보자.**

도넛과 고리(친구의 손가락)는 4차원 공간 속 4번째 좌표인 w축의 좌표가
0인 점으로 이루어진 부분집합 속에 포함되어 있다. 이때 당신은 4차원의
세계에 살고 있으므로 〈그림 3-7〉처럼 도넛을 w축 좌표 1로 가져갈 수 있
다.[8] 앞에서 말이 2차원에 그린 원 안쪽에서 3차원을 이용해 바깥쪽으로
빠져나갔던 것처럼, 4차원 상황에서 이와 같이 하면 고리(친구의 손가락)에
닿지 않은 채 도넛을 w축의 좌표 1로 옮길 수 있다. 이렇게 좌표 1로 가져
가서 도넛을 먹으면 고리(친구의 손가락)에 닿지 않고 먹을 수 있다. 다 먹고
나서 친구가 있는 w축 좌표가 0인 위치로 돌아와 친구에게 먹었다는 사실

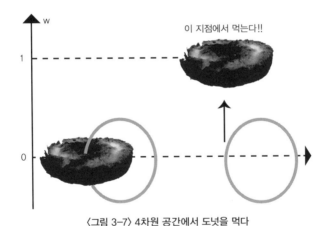

〈그림 3-7〉 4차원 공간에서 도넛을 먹다

---

8 이번 장 말미에 등장하는 〈해설〉에 쇼세키가 소속 학생이 4차원에 대해 설명해두었다.

을 전해주면 친구는 깜짝 놀랄 것이다. **당신이 먹었다는 사실을 전해주기 전까지 친구는 도넛의 구멍을 인식하고 있을 것이기 때문이다.** 따라서 친구가 눈치 채지 못하게 도넛을 먹었기 때문에 당신은 '친구가 도넛의 구멍을 인식하고 있는 채로 도넛을 먹는 일'에 성공한 셈이 된다.

실제로 친구는 4차원 공간을 이해하지 못하고 있기 때문에, w축의 좌표가 0이 아니게 되는 순간 친구의 눈앞에서 도넛은 사라진다. 어느 쪽이든 도넛은 친구의 손가락에 닿지 않았다.[9]

다시 한번 변명에 대신하여 〇

여기까지 읽은 독자 중에는 아직 어안이 벙벙한 사람도 있을 것이며, 정말로 이게 답인지 의문을 품는 사람도 있을 것이다. 4차원 공간을 내세운다면 무엇이든 가능한 세계라니, 사기꾼이라며 화를 내는 사람도 있을지 모른다.

솔직히 이는 궤변에 불과할지도 모르지만, **이러한 방식의 생각도 있다**는 것을 알아주었으면 한다. 처음에 적었던 것처럼 **수학에서는 자유로운 논리적 사고가 가능하다.** 즉, **논리적 사고의 범위에서는 무엇이든 가능한 세계가 수학이다.** 지금까지 서술한 행위는 일반인에게는 실현 불가능한 일

---

9 다시 말해, w=0일 때 도넛의 구멍은 존재하지만 w가 0이 아닐 때 도넛은 실험자(당신)에게 먹혔으므로 존재하지 않는다. 관측자(친구)는 w좌표계에 대해 이해하지 못하고 있기 때문에 관측자에게는 도넛의 구멍이 존재하며(w=0) 동시에 도넛은 실험자에게 먹혔다(w≠0)라는 두 가지 현실이 공존하고 있는 셈이다. — 옮긴이

이며, 실제로 행동하려 할 때에는 여러 제약이 존재하겠지만 적어도 논리적으로 거짓은 아니다.

긍정적인 자세로 읽어준 친절한 독자 가운데 공상 과학 소설을 좋아하는 사람이 있다면 '친구가 눈치 채지 못하게 먹는 게 중요하다면 시간을 멈추고 먹으면 되지 않을까?' 하는 생각을 한 사람도 있을 것이다. 맞는 말이다. 즉 앞서 이야기한 w축을 시간 축으로 바꾸어보면 이에 대해서도 사고 실험을 할 수 있다.

내가 곡면에 관한 연구를 하기 때문일까, 도넛이라는 말을 들으면 토러스라 불리는 도넛의 표면이 떠오른다. 가령 이번 주제의 또 다른 해답으로 토러스(도넛의 표면)를 남겨둔 채 속을 먹어서 '구멍을 남기는' 방법도 생각해볼 수 있다. 실제로 4차원 공간을 이용하면 초콜릿으로 코팅되어 있는 도넛에서 초콜릿에 닿지 않고도 안쪽에 있는 도넛에 닿을 수 있기에 초콜릿에 닿지 않고 도넛 속을 먹는 일이 (논리적으로) 가능하다. 좀 더 알기 쉽게 말하자면 4차원 공간을 통함으로써 슈크림 껍질 부분인 표면의 슈에 닿지 않고 속의 크림만 먹을 수 있다. 초콜릿으로 코팅된 도넛으로도 같은 일을 할 수 있다.

특히 이번 장에서는 저차원 토폴로지로 불리는 분야의 화제인 '얽혀 있는 2개의 고리는 4차원 공간에서는 반드시 풀 수 있다'는 논리적 트릭을 이용하고 있다는 사실을 주의 깊게 봐두자. 이 문제에 흥미가 생긴 독자는 '저차원 토폴로지'나 '매듭 이론'을 찾아보길 바란다.

어쨌든 세상에는 여러 가지 사고방식이 존재한다. 남이 눈치 채지 못하게 도넛을 먹기 위해 4차원 공간에 가겠다고 생각하는 사람은 물론 없겠지만, 어떤 문제에 대해 다른 방향으로 상상하고 이를 증명할 자유는 누구에게나 있다. 나는 문제를 수학적으로 풀어냈지만, **수학 연구에서 4차원 공간은 매우 친근한 존재이기에 그다지 자랑할 만한 일은 아니다.** 가까이에 도넛과 커피(혹은 좋아하는 음료)라도 준비해두고 마음 편히 쉬면서, 이런 생각을 하는 사람도 있구나 하고 (혹은 질색하면서) 봐주셨다면 감사한 일이다.

키워드

토폴로지 이른바 '유연한 기하학'이라 불리는, 삼각형과 사각형을 같다고 보는 기하학의 한 분야다. 물체(공간) 속에서 (카우보이가 던지는 것처럼) 던진 고리가 반드시 스스로에게 되돌아오는지, 얽혀 있는 고무 밴드를 어떻게 풀 것인지, 그 전에 먼저 풀 수 있는 것인지 없는 것인지와 같은 문제에 대해 연구한다.

예컨대 수학을 좋아하는 독자라면 '푸앵카레 추측 Poincare conjecture'을 들어본 적이 있을 것이다. 푸앵카레 추측은 토폴로지의 문제(풀렸기에 정리)다. 유연한 기하학이라 하면 쉬울 것 같지만 이 역시 수학이기에 엄밀히 생각해보면 어려운 부분도 있다.

북가이드

이번 장의 주제는 수학 가운데 특히 토폴로지라 불리는 분야의 이야기다. 이에 관해 다루는 책은 많지만, 참고문헌으로 추천할 만한 책은 가와쿠보 가쓰오의 『토폴로지의 발상: ○과 △를 같게 보면 무엇이 보이는가』(블루백스, 고단샤, 1995), 마쓰모토 유키오의

『4차원의 토폴로지』(니혼헤이론샤, 2009) 등이다. 이번 장에서 이야기한 내용에 대해 이해가 가지 않는다면 위의 책을 살펴보기 바란다. 만약 그래도 모르겠다면 『수학사전(제4판)』(이와나미분코, 2007)을 참고하면 큰 도움이 될 것이다.

차원의 벽을 뛰어넘다

이다 다쿠로伊田拓浪
오사카대 이학부 4학년

독자 여러분, 토폴로지를 사용한 논리적 트릭이 어떠셨나요? 수학과 친한 독자라면 "아, 역시 수학은 재미있어" 하고 중얼거렸을지도 모르겠네요. 반대로 머리를 움켜쥐고 "이건 정신건강에 해롭다"고 외친 분도 있겠지요. 실은 쇼세키카 멤버 중에도 너무 난해하다며 몇 번이나 패닉에 빠진 사람이 있습니다. 따라서 정통적인 학문의 자세라고 하긴 어렵겠지만, 지나치게 고민하는 것도 건강에 좋지 않기에 해설을 삽입하기로 했습니다. 그러니 다시 한번 어깨의 힘을 풀고 커피를 마시면서 가벼운 마음으로 해설을 읽어주세요. 읽는 동안만이라도 복잡했던 머릿속을 쉬게 해주시면 좋겠네요.

(1) 차원이란 무엇인가

본문에서도 '차원'이라는 단어가 나왔습니다만, 애초에 차원이란 뭘까요? 일상적으로 쓰는 말이라지만 쉽게 이해하기 어렵습니다. 먼저 차원의 의미부터 순서대로 풀어보겠습니다.

단적으로 말하면 차원이란 '**위치 또는 공간 속의 점을 기술하기 위해 필요한 요소의 수**'입니다. 예를 들어보겠습니다. 어떤 방 안에 벌 한 마리가 날아다니고 있다고 생각해봅시다. "꺄! 벌이 있어!" 하고 놀라겠지요? 이때 집에는 '벌잡이 머신'이라는 기계가 있고 이것을 이용해 벌을 잡을 수 있다고 생각해봅시다. 사람이라면 벌이 있는 곳을 눈으로 확인하고 잡겠지만 기계에는 눈이 없습니다. 그러면 기계는 어떻게 벌이 있는 장소를 알 수 있을까요? 벌이 있는 장소를 왼쪽으로 ○미터, 앞으로 △미터, 위로 □미터라는 식으로 지정해 기계에 입력하면 됩니다. 이때 중요한 것은 장소를 지정하기 위해서 3개의 독립된 위치 정보를 부여해야 한다는 점입니다. 이 '3'이라는 숫자가 차원에 해당합니다. 즉, 벌이 존재하는 공간은 3차원이기 때문에, 3개의 독립된 위치 정보를 부여하면 위치를 확정할 수 있다는 뜻입니다. 참고로 지금은 '미터'라는 단위를 사용했지만 이외에도 센티미터든, 킬로미터든, 그 밖에 우리가 알지 못하는 단위든 정의할 수만 있다면 무엇이든 상관없습니다.

그러면 사고실험을 하나 해볼까요? 이 상황에서 기계에 독립된 위치 정보를 2개만 부여하면 어떻게 될까요.

가령 왼쪽으로 ○미터, 앞으로 △미터라는 2개의 정보만 부여하면 기계는 벌을 잡을 수 없습니다. 위아래 방향의 위치가 정해지지 않았기 때문입니다. 벌의 입장에서 보면 위아래로 도망칠 길이 남아 있습니다. 결론적으로 '**차원의 수만큼 위치 정보가 있으면 확정할 수 있다. 하지만 차원보다 적은 정보가 주어질 때에는 확정할 수 없다**'고 할 수 있습니다.

(2) 도넛으로 돌아가다

그러면 도넛의 예로 돌아가봅시다. 도넛의 구멍이 있는 곳을 확정하기 위해서는 벌의 예에서 알 수 있듯 3개의 독립된 위치 정보가 필요합니다. 본문에서는 구멍의 존재를 '손가락으로 만든 고리가 풀리지 않을 것'이라는 조건을 사용해서 위치를 확정했지요. **'손가락으로 만든 고리는 차원으로서 3을 가지는 존재(3차원의 존재를 말한다 — 옮긴이)다. 따라서 손가락으로 구멍을 잡을 수 있기 때문에 구멍은 차원으로서 3 이상을 가지지 못하는 존재(3차원 이하의 존재를 말한다 — 옮긴이)일 것이다'라는 논리**입니다.

이제부터가 어려운 부분입니다. 만약 도넛의 구멍이 본질적으로는 차원 4를 갖는 존재—초도넛이라고 해둡시다—라면 어떨까요? 이를 풀어서 적으면 '우리가 인식하는 도넛 구멍의 차원은 3이다. 그렇기 때문에 차원3에 있는 손가락으로 잡음으로써 구멍을 확정할 수 있다고 생각했다. 그러나 도넛에는 또 하나의 차원이 있었기 때문에 실제로는 확정할 수 없었다'라고 정리할 수 있습니다. **손가락에 걸려 도망갈 수 있는 3개의 길이 막혔지만, 초도넛의 입장에서 보면 또 하나의 탈출로(본문 속의 w축에 해당)가 남아 있었기 때문에 그쪽으로 도망칠 수 있었다**는 지극히 당연한 결과가 나타납니다. 방 안의 벌이 위아래 방향으로 도망갈 길을 찾은 것처럼요. 손가락의 입장에서 보면 손가락은 떨어지지 않는 한 계속 구멍을 인식하고 있기 때문에, 초도넛이 w축 방향으로 도망간다 해도 구멍이 존재하며, 결과적으로 도넛의 구멍을 남기면서(인식하면서) 먹을 수 있다고 말할 수 있습니다.

여기까지가 본문에서 이야기한 차원과 공간의 개념입니다. 몇 번이나 설명한 것처럼 어디까지나 수학이기 때문에 논리적 결함만 없다면 무엇이든 가능합니다. 수학의 세계는 궤변을 거듭하더라도 그것이 논리적이라면 문제가 없는 곳이니까요.

(3) 차원을 확장한다는 것

여기까지 읽었으니 차원의 개념을 대강이나마 이해했겠지요. 그렇지만 "그래도 역시 납득이 안 돼" 하고 말하는 사람도 있을 겁니다. **'4개째의 차원이란 구체적으로 무엇이지?'**라는 의문이 머릿속에서 떠나지 않겠지요. 이 질문에 대답하기 위해서는 이미지로 그려볼 필요가 있습니다. 그러나 여기서부터는 수학이 아니라(뭐, 지금까지 말한 것도 엄밀한 의미에서 수학이라 보기는 어려웠지만요) 이해를 돕기 위해 이미지를 곁들인 이야기입니다. 그러니 이것이 수학적으로 어떤 의미를 갖는지, 물리학적으로 어떠한 현상을 가리키는지에 대한 질문과는 관련이 없으니 주의하시길 바랍니다.

낮은 차원부터 순서대로 생각해봅시다.

1차원의 세계에서 2차원의 세계로 확장해봅시다. 〈그림 1〉과 같이, 1차원에 속박된 점은 2차원으로 세계를 확장하면 새로 도망갈 길이 생겨납니다. 늘어난 차원방향(y축)으로 $+1$ 이동하고, 이동한 자리에서 원래 있던 차원방향(x축)으로 이동해서 늘어난 만큼 돌아가면(y축 방향으로 -1 이동하면), 장애물의 입장에서 보면 마치 자기를 통과해 지나간 것 같은 착각이 들게 됩니다.

2차원에서 3차원도 마찬가지입니다. 본문에서는 말과 담의 예시를 들고 있습니다. 2개의 방향에 의해서 속박된 점이 도망갈 길을 얻기 위해서는 늘어난 차원방향(z축)으로 $+1$ 이동하고, 그 자리에서 원래 있던 차원방향

(x, y축)으로 이동하여, 늘어난 만큼 돌아가면(z축 방향으로 −1 이동하면) 됩니다. 이 역시 장애물 입장에서 보면 마치 자기를 통과한 것 같은 착각을 하게 됩니다(《그림 2》 참조).

여기에서 조금 장난을 쳐볼까요. 지금은 (x, y)의 평면에서 (x, y, z)의 입체로 확장했습니다. 그러나 평면을 직선으로 보는 시점도 존재합니다. 이 입장에서 보면 마치 1차원에서 2차원으로 도망간 것 같은 구도가 나타납니다. 이처럼 본래의 차원을 좀 더 낮은 차원과 같이 보는 것을 편의상 '합성곱'이라 부릅시다.

그러면 문제가 되는 3차원에서 4차원으로의 확장에 대해서 이야기해보겠습니다.

(x, y, z)에 속박된 점은 4차원으로 세계를 확장하면서 새로 달아날 길을 얻게 됩니다. 새로 확장된 차원방향을 w축이라 합시다. 지금까지 이야기했던 것처럼 w축 방향으로 이동하는 도넛을 상상하기는 어렵지 않지만, 정작 이를 그림으로 그려 설명하는 것은 대단히 어려운 일입니다. 그렇기 때문에 앞서 말한 '합성곱'을 이용합니다. (x, y, z)를 먼저 평면에 합성곱해서 나타내고(그림자와 같은 물체를 상상하면 됩니다) 이어서 선에 합성곱하면

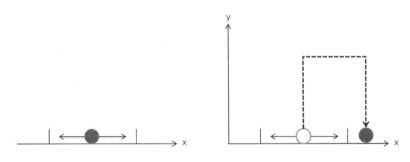

〈그림 1〉 1차원(1D) → 2차원(2D)

제1부 도넛을 구멍만 남기고 먹으려면

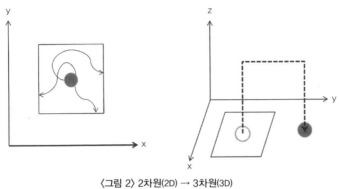

〈그림 2〉 2차원(2D) → 3차원(3D)

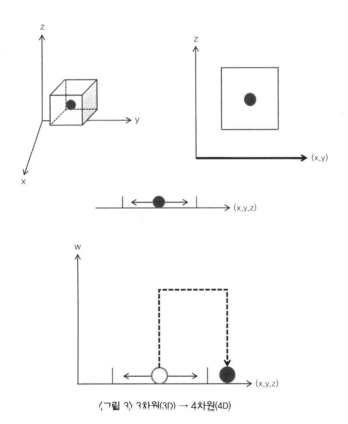

〈그림 3〉 3차원(3D) → 4차원(4D)

w축의 방향이 나타납니다(《그림 3》 참조).

예컨대 머리카락을 한 올 뽑아 잘 살펴봅시다. 그러면 머리카락에 단면 (2차원적 펼침)이 있다는 것을 인식할 수 있습니다. 또 머리카락에는 길이가 있기 때문에 전체적으로는 3차원의 존재라고도 인식 가능합니다. 이번에는 단면을 잘 보면서 조금씩 머리카락을 멀리 떨어뜨려봅시다. 그러면 어느 시점에서 단면을 인식할 수 없게 되며 '입체'였던 머리카락이 '선'으로 보일 것입니다. 이것이 바로 합성곱입니다. 합성곱으로 나타낸 머리카락은 **본질적으로는 3차원의 존재이지만 인식상, 즉 사람이 보는 현상으로서는 1차원의 존재가 되고 맙니다.** 이렇게 모식도로 나타낸 것처럼 3차원을 1차원에 합성곱하고 새로이 2축을 더하면 앞서 말한 예시처럼 도망갈 수 있게 됩니다. 본문에 언급된 것처럼 말하자면, 손가락으로는 도넛의 잔상을 파악했다고 생각하지만 어느새인가 도넛을 이미 다 먹어버린 상황이 나타납니다. 한순간이라도 물체의 잔상을 보았다고 인식하기 때문에 명제 상으로는 확실히 도넛의 구멍을 남긴 채 먹었다고 할 수 있습니다.

이 이후는 더 말할 것도 없군요. **4차원에서는 초도넛을 잡을 수 있지만 초도넛은 초초도넛의 본성을 보이며 5번째의 차원으로 도망갈 것이다…….** 이런 이야기가 언제까지나 계속될 것입니다.

세 계 의 도 넛
아랍 편

대륙을 넘어 아랍을 사로잡다, 매혹의 과자

매혹의 땅 아랍. 중동 혹은 아랍이라 불리는 이곳은 이라크와 사우디아라비아에서 북아프리카의 모로코까지 이르는 광범위한 지역입니다. 지역마다 방언의 차이는 있지만 아랍에서는 대부분 아라비아어를 쓰고, 거주하는 사람 대다수가 무슬림(이슬람교도)입니다. 이슬람교의 발원지는 사우디아라비아의 성지 메카입니다.

이슬람교도의 5대 의무 중 하나인 '단식'과 관련된 과자가 있습니다. 단식은 아라비아어로 '라마단'이라 하며 1년 중 정해진 한 달 동안 하루 종일 먹고 마시는 것을 금하는 것을 말합니다. 해가 진 후 처음으로 먹는 식사(이프타르) 때 디저트로 먹는 것이 '카타이에프Qatayef'입니다. 카타이에프는 견과류나 치즈, 크림 등을 밀가루 반죽에 넣어 튀겨서 달콤한 시럽을 뿌려 먹는 대단히 단 과자입니다.

아랍에는 카타이에프 외에도 매우 단 과자가 있습니다. 리비아와 모로코, 북아프리카 지역에서 자주 먹는 '스웬즈'로 라마단과 관계없이 1년 내내 먹습니다. '스펀지'라는 말에서 유래되었으며 밀가루 반죽을 기름에 튀겨낸 과자입니다.

팔레스타인 지역이나 아라비아 반도에서는 쌀, 북아프리카에서는 밀가루가 주식이기 때문에 아랍 내에서도 식문화에는 다소 차이가 있습니다만, 단맛은 공통적입니다. 카타이에프도 스웬즈도 답니다. 생각해보면 아랍 지역에서 재배되는 '대추야자'도 매우 단 작물이네요. 이런 과자는 너무 달아서 동양인의 입에는 맞지 않는 경우도 있는데 그럴 땐 며칠 놓아두면 단맛이 빠진다고 하네요. 재미있는 것은 단 과자는 서민들이 먹는 것이고 궁정용의 고급 과자는 절제된 맛이라고 합니다.

이랍 지역에는 무슬림 외에 크리스처이나 유대교도도 살고 있습니다. 유대 국가인 이스라엘에서 먹는 '수프가니오트Sufganiyot'는 스웬즈와 닮은 과자입니다. 수프가니오트는 일찍이 유대인이 시리아에서 독립을 쟁취해낸 마카바이오스 전쟁을 축하하는 '하누카' 축제 때 먹습니다. 하누카는 12월의 축제로 크리스마스 시기와 겹칩니다.

아랍과 이스라엘 사이에 아직 반목이 남아 있는 것은 사실이지만 애초에 둘은 팔레스타인 땅에서 평화롭게 공존하고 있었습니다. **아랍과 유대라는 시점에서 보면 두 국가는 오랜 기간에 걸쳐 조금씩 문화를 공유하고 있습니다.** 스웬즈와 스푸가니오트는 이를 잘 보여줍니다.

인터뷰이 요다 스미카즈 선생님
집필 야스미치 하루나

쿠웨이트의 과자

세 계 의 도 넛
이탈리아 편

이탈리아에 봄이 찾아왔음을 알리다, 제폴라

누구나 한번은 가고 싶어하는 나라, 바로 이탈리아입니다. 이탈리아 남부에 위치한 나폴리에는 도넛과 닮은 과자가 있습니다. 제폴라zeppola라는, 밀가루 반죽을 구멍이 있는 원형(그야말로 도넛의 형태)으로 빚어 튀긴 과자입니다. 나폴리에서는 구멍 부분에 커스터드 크림을 잔뜩 넣고 그 위에 체리 시럽을 얹어 먹습니다.

남부 이탈리아에서는 '성 요셉의 제폴라'라고 불리며 가톨릭 성인의 날에 먹는 과자로 사랑받고 있습니다. 성 요셉은 성모 마리아의 남편으로 예수 그리스도의 아버지에 해당합니다. 그래서 남부 이탈리아 사람들은 성 요셉의 날을 '아버지의 날'로 생각하고 이날을 축하하면서 제폴라를 먹습니다. 성 요셉의 날은 3월 19일, 딱 봄을 맞이하는 시기에 찾아옵니다. 제폴라는 봄이 온 것을 기뻐하고 축하하기 위해서 만들어졌는데, 평소 소박한 식사를 하던 농민이라면 별로 먹을 일 없던 밀가루와 설탕, 라드를 잔뜩 써서 만든 과자라서 별미로 여겨졌습니다.

같은 남부 이탈리아이지만 사르데냐 섬의 제폴라는 성 요셉의 날이 아닌, 카니발 기간에 먹습니다. 모양도 일반적인 도넛 형태가 아니라 똬리를 튼 것 같은 좁고 길쭉한 모양입니다. 원통 모양의 반죽을 기름 속에서 빙글빙글 말면서 튀기면 이런 모양이 됩니다. 카니발은 사순절(그리스도의 수난과 희생을 기리며 경건하게 지내는 시기)을 맞이하기 전에 행해지는 행사이며 딱 겨울에서 봄으로 넘어가는 때에 해당합니다. 성 요셉의 날과 비슷하지 않나요?

성 요셉의 날도 카니발도 그리스도교와 연결된 행사입니다만, 신성하다기보다 생활과 연결된 친근한 날이라는 의미가 더 크다고 합니다. 그래서 제폴라라는 맛있는 과자로 축하하게 되지 않았을까요?

제폴라는 19세기에 나폴리 거리에서 튀긴 과자가 판매되기 시작하면서 널리 퍼졌습니다. 제폴라 가게도 이때 만들어져서 오늘날까지 명맥을 이어가고 있다고 합니다. 최근에는 건강을 위해 라드가 아닌 샐러드유로 제폴라를 튀긴다고 하네요.

나폴리의 제폴라와 사르데냐의 제폴라는 생긴 모양도 먹는 시기도 다릅니다. 이는 국가로서의 통일이 비교적 늦었던 이탈리아의 역사적 특징 때문일지도 모릅니다. 이탈리아 사람들은 자신이 **사는 지역에 애착을 품고 각자의 문화를 소중히 여기고 있습니다.** 또한 모두가 **봄의 방문을 기뻐하는** 마음을 지니고 있습니다.

인터뷰이 이모토 야스코 선생님
집필 야스미치 하루나

제폴라

4

도넛 구멍의 둘레를 맴도는 영원한 여행자:
정신의학적 인간론

이노우에 요이치 井上洋一

호시가오카 후생연금병원장 상담역, 담화실談話室 '마음의 도크' 주최, 의학박사

1973년 오사카대 의학부 졸업하고 1983년 오사카대 의학부 정신의학교실 조수를 거쳐 1999년 오사카대 보건센터 교수 및 학생상담실장을 지냈다. 2013년부터 호시가오카 후생연금병원 정신과에서 일하고 있다.

전공 분야는 정신병리학과 청년기 정신의학이다. 정신병리학은 정신장애가 일으키는 여러 가지 질병적 정신이상(증상)의 의미에 대해 연구하는 학문이다. 발병의 요인, 발병에 이르는 과정, 증상의 발전 등에 대해 검토하고 정신장애의 의미를 해명하고 이해하려 하며, 이해에 기반을 두고 치료(정신요법)한 연구 성과를 임상에 피드백함으로써 정신장애를 치료하는 데 공헌하는 것을 목표로 하고 있다. 또한 문학, 사법정신의학, 병적학, 철학, 문화인류학과 같은 다른 학문 영역과도 교류한다. 한편 청년기 정신의학은 발달론적 시각을 통해 청년기의 정신장애를 해명하며 정신요법을 통한 치료와 청년의 정신적 성숙을 목표로 하는 학문이다.

신기한 일 ○

세상에 신기한 일은 별처럼 많지만 그중 가장 큰 수수께끼가 뭐냐고 묻는다면 당신은 뭐라고 대답하겠는가? 첫 번째 수수께끼는 누가 뭐라 해도 우주의 시작일 것이다. 태곳적부터 인간은 밤하늘을 올려다보면서 끝없이 광활한 우주에 대해 생각을 거듭해왔다. 우주란 무엇인가, 그 대답은 아직 우리에게 주어지지 않았다.

무無에서 우주가 탄생했는가, 빅뱅 이전에는 어떠한 상태였는가, 시간이란 무엇인가, 우주의 끝 및 물질이란 무엇인가? 시간과 공간에 대해 생각해볼수록 이러한 질문 자체가 신비하게 느껴진다. 나중에 수학적인 대답이 나오더라도 이런 문제는 우리의 이해를 넘어서 존재하며 이미지로는 파악할 수 없는 것일지도 모른다.

우주가 태어나고, 이윽고 지구 위에 생명이 탄생했다. 생물이 진화하면서 인간이 태어났다. 우주로부터 태어난 인간은 우주와 같은 재료(소립자)로 이루어져 있다. '인간의 존재'는 '우주의 존재'를 전제로 한다. 인간이 올려다보는 밤하늘은 어머니인 우주다. 우주의 탄생으로부터 인류의 등장에 이르기까지 소립자가 걸어온 길은 무한하다 느껴질 만큼 길다.

생명은 대단히 복잡한 질서를 갖고 있다. '진화'는 유기물이 자연적으로 합성되어 단순하고 미숙한 생물에서 복잡한 구조를 지닌 인간으로 발전해가는 장대한 이야기다. 진화가 최종적으로 어디를 목표로 가고 있는지는 누구도 알지 못한다. **쉴 새 없는 진화 과정에서 현재 시점에서 최고 지점에 도달해 있는 것이 인간이다. 그리고 인간은 고도의 정신 기능을 갖추고 있다.**

모든 사물은 자연 그대로 두었을 때 '질서 있는 상태'에서 '무질서한 상태'로 이행해간다(엔트로피 증가의 법칙). 그러나 이 법칙에서 벗어나 무생물인 우주에서 자기 자신의 질서를 지키고 발전하려는 생명이 탄생했으며, 이 생명이 고도로 조직화한 신체와 마음을 가진 인간으로까지 진화했다. **생명의 탄생과 진화는 우주의 탄생과 마찬가지로 커다란 수수께끼다.**

우주 공간에서 반복되는 별의 탄생과 소멸, 그리고 지구에서 반복되는 생명의 탄생과 사멸은 둘 다 같은 역학으로 설명되는 물리현상이다. 그렇다면 우주를 만든 역학이 과연 인간의 정신 기능도 만들었을까?

인간 마음의 수수께끼, 공명과 공유 〇

뇌가 진화한 덕분에 우리는 현재 문명을 누리고 있다. 고도의 문명사회와 쾌적한 생활은 인간의 이성이 이룩한 것이며, 인간은 이성의 힘에 기대어 지구 위에서 번영하고 있다.

인간 정신 기능의 신비한 점은 이성을 가졌으면서 동시에 비이성적인 마음도 지니고 있다는 것이다. 인간은 사소한 일로 감정이 상하기도 하고 질투나 원망으로 괴로워하기도 한다. 누구나 자신의 기분을 어찌지 못하고 한숨을 쉬어본 경험이 있을 것이다. 그래서인지 문명이 발전해도 세계에는 전쟁이 끊이지 않는다.

이성을 발휘하는 우리의 두뇌는 모순을 낳는 비이성적 기능(마음)을 함께 품고 있다. 심지어 '비非이성'은 '이성'을 쉽게 압도할 수 있다. '이성'은 진화의 결과로 인간이 생존을 위해 획득한 가장 유리한 무기이기 때문에, 이성을 가진 인간에게 있어 마음은 그저 귀찮은 '짐 덩어리'일지도 모른다. 이성과 마음 중 어느 쪽이 더 소중할까?

인간의 두뇌가 만들어낸 컴퓨터는 뇌 기능의 일부를 대신할 수도 있으며 프로기사와 장기를 둬서 이기기도 한다. 이처럼 논리적 사고는 더는 인간의 전매특허가 아니다. 그러나 아무리 컴퓨터가 발전하더라도 인간이 기계로 치환되리라고는 누구도 생각지 않는다. 우리 정신활동의 비이성적인 부분이 인간을 인간답게 하기 때문이다.

아이들에게 인기 있는 데즈카 오사무의 만화 주인공 '아톰'은 악과 싸우는 로봇이다. 정의를 추구하고 악을 미워하는 인간의 마음을 지닌 로봇 아톰은 아직 만들어지지 않았다. 겉모습이나 동작이 인간과 쏙 닮은 로봇을 만들 수는 있지만 인간의 마음을 가진 로봇은 아무 데도 없다.

인간의 마음은 눈앞에 있는 상대의 마음과 순간적으로 공명共鳴할 수 있다. 다른 사람의 마음과 접한 순간, 마음은 머리로 생각하기도 전에 반응을 일으킨다. 로봇이 사람의 표정 변화를 읽을 수 있을까? 말투 변화를 통해 마음의 동요를 알아챌 수 있을까? 로봇의 반응은 프로그램화되어 있기 때문에 스스로 확장하거나 새로운 발상을 낳을 수 없다. 인간 사이의 커뮤니케이션에서는 언어 외의 의미, 즉 표정의 변화, 말과 말의 '간격'이 큰 의미를 지니지만, 로봇은 미묘한 표정이나 말투의 변화를 만들어내거나 읽을 수 없다.

만물의 변화를 탐구하는 물리학조차 설명할 수 없는 것이 마음의 움직임이다. 물리학이 우주의 비밀을 풀어내더라도 마음의 비밀은 수수께끼로 남을 것이다.

사람의 마음에서 마음으로 전해지는 것은 '에너지'가 아닌 '의미'다. 바이올린의 활이 현의 진동에 공명하듯 마음과 마음은 서로 공명한다. 사람은 모두 상대방의 마음에 공명하고 함께 진동하는 마음을 가지고 있다. 사람의 커뮤니케이션은 말과 함께 서로의 감정이나 신체감각까지 전달한다. 마음은 혼자 멋대로 움직일 뿐만 아니라 다른 마음과도 공명(맞닿음)하기를 원한다. 우리가 공간을 넘어 같은 체험을 공유하거나 상대의 마음과 통하기 위해 노력하는 것은, 상대의 감정을 느끼려는 욕구에 이끌려 마음이 움직였기 때문이다. 본래 마음은 다른 마음과 공명하려는 성질을 가지고 있다.

무한과 도넛의 구멍 ◯

사람의 마음은 표본처럼 핀으로 찔러둘 수 없다. 마음은 붙잡았다고 생각한 순간 손가락 사이로 빠져나가며 언제나 모양을 바꾸면서 계속 움직인다. 인간의 마음은 무엇을 원하기에 움직이는 것일까? 즐거움일까, 상냥함일까, 영광일까, 아니면 평온함일까? **인간의 마음이 원하는 것은 도넛의 구멍과도 같은 것일지 모른다.**

도넛을 위에서 바라보면 가운데 구멍이 비어 있는 원임을 알 수 있다. 상상력을 발휘해서 거대한 도넛을 떠올려보고 그 도넛 위를 우리가 걸어간다고 생각해보자. 걸어도 길은 끝없이 이어지며 아무리 걸어도 길은 눈앞에 계속 나타난다. 카우보이가 걸어가는 서부의 황야처럼 아득히 멀리까지 뻗어 있는 길에서 우리는 계속 앞으로 나아간다. 목적지에서 멀리 떨어져 그저 걸어나가는 우리는 작은 존재다. 도넛 저편에서 저녁 해가 저물고 도넛의 지평에서 아침 해가 떠오른다. 우리는 도넛 위에서 태어나 매일 계속 걸으며, 언젠가 도넛 위에서 생을 마친다. 무한히 계속되는 시간 일부를 잘라낸, 한계가 있는 존재로 태어난 우리는 세계 속에서 유한한 존재다. 하지만 도넛 위의 길은 무한히 계속된다.

어째서 도넛 위의 길은 끝나지 않을까? **도넛이 가진 무한성은 도넛의 구멍에 근거한다.** 만일 도넛 구멍이 막혀 있다면 도넛은 한계가 있는 존재가 되어, 도넛 위를 걷더라도 언젠가 반대편에 다다르며 길이 끝나고 말 것이다.

구멍이 없는 도넛은 더는 도넛이 아니라 몸을 옥죄고 있는 자기의 작은 경계를 지키고자 하는 하나의 튀김에 지나지 않는다. 그러나 중앙에 구멍이 열리는 순간 튀김은 무한성을 감춘 도넛으로 변화한다. 도넛 구멍 그 자체는 아무것도 아니며 비어 있지만, 구멍 덕분에 도넛은 끝나지 않는 길을 획득하고 그 위를 걷는 자에게 끝없는 길을 제공할 수 있다. 도넛 구멍은 비어 있으면서 무한을 창조해낸다.

끝 모를 길을 계속 걸어가면서 우리는 끝없는 여행에 지쳐 허무함을 느낄 때도 있다. 그럼에도 흔들림없이 미래를 향해 걸어나가고 있다. 끝없는 길은 우리 앞에 놓인 미지의 가능성을 열어주기에, 우리는 미래를 향해 계속 전진할 수 있다.

그런데 만약 당신이 배가 고파져서 도넛을 한입 먹었다고 해보자. 그러면 도넛 구멍이 외부와 이어지면서, 구멍은 사라지고 도넛은 더는 원이 아니라 일정한 길이를 가진 조각으로 변한다. 도넛 위에서 끝없이 계속되던 길 역시 사라지고 조각난 도넛 위를 걷는 여행자에게는 끝이 찾아온다. 종착점에 도착하여 여행은 끝이 나며 길이 유한한 것을 알아버린 우리의 정신은 더 이상 미래를 향해 날갯짓하지 않는다. 도넛 구멍의 소멸은 허무한 여행에 끝을 가져오는 '복음'일 수도 있고 우리를 유한한 세계에 가두는 '덫'일 수도 있다.

무한히 계속되는 길을 걸어갈 때 우리는 끝내 어디에 도착하게 될지, 마지막에 무엇을 손에 넣을지 알지 못한다. 그러나 계속 걸어가는 한 우리는 미래를 향해 나아간다는 것을 실감하고 가능성 속에서 살 수 있다. **유한한 세계 속에 열린 구멍, 그것이 가능성이다. 우리는 그 구멍의 틈으로 무한을 보고 있다.**

유한을 넘어 살아가다　　　　　　　　　　○

일상생활에서 우리는 같은 일을 반복한다. 매일 같은 시각에 일어나 세 끼 식사를 하고 같은 일을 하며 시간이 지나간다. 따라서 삶을 살아가는 데는 인내와 참을성이 요구된다. 생활은 내 안의 에너지를 일정한 틀에 집어넣는 작업이다. 우리는 매일 아침 사회 속의 인간으로 다시 태어나는 노력을 계속하고 있다. 내 안에 있는 야생의 힘을 그대로 방출하는 것은 인간 사회에 있어 파멸로 발을 내딛는 것과 같은 위험을 초래한다. 따라서 우리는 살아가기 위해 인간 사회의 인간이 된다. 인간으로 살아가는 것이 어렵다는 것은, 곧 우리가 100퍼센트의 인간이 될 수 없다는 것을 의미한다. 다시 말해, 우리의 한계를 정하고 있는 인간 사회의 구속에 들어맞는 100퍼센트의 우등생이 되려 하는 것은 마치 프로그램에 맞춰 움직이는 로봇이 되는 것과 같다.

100퍼센트의 인간이란 인간의 모습을 한 기계 인형이다. 우리는 인간 사회를 살아가는 동시에 어딘가 조금 인간 사회에서 삐져나와 있는, 즉 유한한 사회에서 튀어나온 부분을 가지고 있다. 우리 내부에는 이성이 탄생하기 전부터 지니고 있던 자연스러운 충동이나 욕구가 있는데 이것은 사회의 틀과는 무관하게 존재하며 이치를 넘어서서 자기를 주장한다.

미지의 영역이 없는 세계, 모든 것을 이치로 설명할 수 있는 세계는 우리를 질식시키고 만다. **유한한 인간이라는 사실에 질식하지 않도록 우리는 늘 현재를 넘어서려 하고, 마음 저편에 자유를 위한 가능성을 계속 품고 있다.** 큰 꿈을 가지거나, 복권을 사거나, 아이들에게 희망을 걸거나, 예술에 빠져 일상을 잊어버리는 것처럼, 우리는 현실에서 벗어나는 순간을 필요로 한다.[1] 현상을 타파하기 위해 약속된 선을 넘어서고야 마는(범죄를 저지르는) 사람도 있고, 이성으로는 설명하지 못하는 종교에 심취하는 사람도 생긴다. 종교는 유한한 세계에서 무한한 세계로 가는 다리가 되어준다. 인간이 인간 사회에서 살아남을 수 있는 것은 유한한 세계에 있으면서도 때때로 무한에 접근할 수 있기 때문일 것이다.

바람이 부는 초원에 있을 때 우리는 유한한 생에서 벗어난다. 바람에 스치는 풀 한 포기의 움직임은 결코 예측할 수 없다. 무수한 풀의 움직임은

---

[1] 도널드 위니콧, 『놀이와 현실』(현대정신분석총서 제2기 제4권), 하시모토 마사오 옮김, 이와사키학술출판사, 1979.

미지와 자유를 표현한다. 초원에서 바람을 맞으면서 우리는 무한에 닿고 유한한 스스로에게서 해방된다. 유한한 생 속에서 우리에게 안식을 부여하는 것은 자유와 가능성이다.

말과 이성을 얻은 인간은 지식으로 지구상의 다른 생물을 압도하면서 살아남았다. 그러나 인간을 움직여온 근원적 힘은 지식 그 자체가 아니라 유한을 깨뜨리려는 충동이었던 것은 아닐까. **현상을 넘어 미지로 향하려는 열정이 늘 인간을 뒷받침해온 것은 아니었을까.**

진짜 동기 ○

'당신을 움직이는 것은 무엇인가'라는 질문에 어떤 대답을 할 수 있을까? 이성일까, 생리적 욕구일까? 우리를 이끄는 충동 혹은 진짜 동기를 무엇이라 부르면 좋을까? 생존 본능이라 부를 수도 있겠지만, 과연 그게 전부일까? 마음을 얻은 인간에게는 인간 고유의 충동, 즉 인간의 마음을 움직이게 하는 힘이 있다.

우리의 마음은 의미 있는 토대 위에서 만들어진다. 마음이 형성되는 과정에서 우리는 확고한 토대를 손에 넣고, 그 토대 위에서 마음이 만들어진다. 이때 토대란 이상을 가리킨다. 마음을 지탱할 수 있을 정도로 강한 의미의 틀을 제공할 수 있는 것은 더욱더 강한 의미뿐이다. 근원적인 이상보다 더 적합한 의미는 없다.

한편 마음의 틀로 생존 본능이나 생리적 욕구를 드는 경우도 있다. 이렇게 생각하는 것도 틀린 것은 아니지만, 이로는 마음이 때때로 보이는 비합리성이나 비현실성에 관해서 설명할 수 없다. 인간의 마음은 자존감이 높아서, 때로 자존감을 지키기 위해 생존 본능을 버리기도 한다. 따라서 **마음을 지탱하는 것은 이상이며, 이는 현실이나 물질이 변화하더라도 사라지지 않은 채 마지막까지 남아 있다. 이상은 도넛을 다 먹어버린 뒤에도 남아 있는 도넛의 구멍과 같은 것이다.**

마음이 태어나는 드라마: 축복과 단죄

마음이 태어나는 드라마 속에 마음의 비밀이 있다. 사람이 태어나서 마음을 형성할 때, 마음은 자신이 가진 고유한 바람대로 스스로를 만든다. 마음은 중립적인 그릇이 아니라 사람을 움직이는 원동력이며, 이러한 근원적인 이상이 우리의 마음을 지탱하고 방향을 정한다. 그렇다면 사람의 마음을 움직이는 가장 강한 욕구는 어떠한 이상을 향하고 있을까. 마음이 지향하는 것은 미지의 이상일까, 아니면 이미 겪어본 적이 있는 이상인 걸까.

미지의 이상이란 자신의 체험에 근거하지 않는 이상, 즉 타자가 알려준 이상을 말한다. 미지의 이상은 상상하거나 동경할 수밖에 없기에 몽상과 같은 것이다. 그런데 우리를 충동하는 것은 몽상이 아니라 좀 더 절실한 마음에서 유래한 충동이며 강한 갈망이다. 원초적인 결핍이 낳은 갈망이 우리의 마음을 움직인다. 이상을 잃어버리고 커다란 결핍이 생겼을 때, 이상을 향한 갈망이 가장 강한 힘으로 우리의 마음을 내몬다. 이때의 이상은 타자의 욕구를 빌린 것이 아니라 일찍이 자신이 소유하고 있던 것이며, 여러 가지가 조화를 이루던 때 겪었던 체험에 근거한다.

아기가 성장하면서 완전한 이상이 깨지고 이상으로부터의 유리遊離가 시작된다. 이상은 한번 손에 넣으면 잃어버린 후에도 우리의 기억 저편에 남아 완벽한 것으로 존재한다. 그렇게 기억 속에서 계속 떠오르고 마음속에서 끊임없이 빛난다.

마음은 사람이 자신의 역사를 시작하기도 전에, 즉 자신이 아무것도 기억하지 못하던 가장 어린 시절부터 형성된다. 우리 마음속 저편을 가로지르는 체험을 스스로 기억하지 못하더라도, 그 체험이 마음의 토대를 닦고 있다.

먹고 자기만을 반복하는 시기에는 아기가 인간 사회에서 살고 있다고 말할 수 없다. 말을 걸어도 응답하지 못할 만큼 무력하지만, 거룩한 생명체로서 아기는 인간에 둘러싸여 존재한다. 신생아는 거의 눈을 감고 있으며 가끔 눈을 뜨더라도 서치라이트가 훑는 것처럼 기계적으로 동공을 좌우로 움직일 뿐이다. 눈을 맞춰보려 해도 맞출 수가 없다. 아기의 눈동자는 아직 텅빈 틈에 불과하며, 시선의 뒤에서 인격의 존재가 조용히 싹틀 순간을 기다리고 있다.

아기의 신체는 태어난 순간부터 삶을 향해 주체적인 활동을 개시한다. 아기는 결코 수동적이지 않고 때때로 강렬하게 자기주장을 표출한다. 커다란 목소리로 울면 어머니가 달려온다. 아기의 울음소리는 불쾌감의 반응이며 도움을 구하는 신호이기도 하다. 이러한 아기의 생리적 신체반응에는 어머니의 구조 행동을 부르는 사회적 의미가 부여되어 있다. 그러나 정신활동을 담당하는 명확한 주체가 아직 나타나지 않았기에, 아기는 아직 자신이 어머니를 불렀다는 사실을 알지 못한다. 이 시기에 아기는 아직 어떠 이도 아닌 존재이며, 이름을 부여받았을 때 비로소 가족의 일원이 된다. 아기는 때때로 불가사의한 미소를 띠고 가족을 이끈다.

이윽고 아기는 커뮤니케이션의 의미를 알게 되어 사회의 일원이자 한 사람의 개인으로서 존재하기 시작한다.

망아지들은 태어나자마자 자신의 다리로 땅에 서지만, 갓 태어난 인간은 자력으로는 무엇 하나 할 수 없다. 그래서 모든 것을 어머니의 손에 맡긴다. 시각도 기능하지 않고 스스로 움직일 수도 없으므로 아기는 위험에 대해 완전히 무력하다. 따라서 아기는 태어난 뒤에도 태내에 있을 때와 같이 어머니에게 100퍼센트 의존한다. 이처럼 인간은 최소의 자립성조차 획득하지 못하고 태어나기에 본질적으로 조산이라 할 수 있다.[2]

100퍼센트 의존해야만 하는 존재란 대단히 불안정하며 위험하다. 진화의 정점에 서 있는 인간이 이렇듯 미숙한 신생아로 태어난다는 점은 대단히 흥미로운 일이다.

그렇기에 자력으로는 살아갈 수 없는 아기와 아기의 생존에 100퍼센트 책임을 지고 있는 어머니의 관계는 세상에 있는 다양한 인간관계 중에서도 지극히 특수하다. 어머니는 24시간 동안 계속해서 아기를 돌본다. 모유를 먹이고, 기저귀를 갈고, 잠을 재우고, 안아주고, 말을 건다. 어머니로부터 받은 헌신적 양육이 아기의 생존을 지탱한다. 따라서 아기의 최초 역사는 어머니와의 단둘의 세계에서 만들어지며 어머니와의 관계 속에서 마음이 태어난다. 기억에 없는 이 시기야말로 마음 형태의 기본이 정해지는, 우리 마음의 형성에 결정적으로 중요한 시기다.

---

2 아돌프 포트만, 『인간은 어디까지 동물인가: 새로운 인간상을 위하여』, 다카키 마사타카 옮김, 이와나미신쇼, 1961.

인간의 마음이 태어나는 경로는 수수께끼에 싸여 있다. 말러는『유아의 심리적 탄생』[3]에서 처음으로 이 수수께끼에 접근하기 위한 명확한 지도를 그려냈다. 그는 유아와 어머니의 교류를 관찰하고 '분리 개체화separation-individuation'의 개념을 추출해냈다. 어머니와 유아는 일심동체가 되어 생활하다 조화(공생)의 시기를 거친다. 이후 어머니가 '분리'되고 아이는 하나의 개인이 된다('개체화'된다). 인간의 발달 과정을 보여주는 말러의 공적은 셀 수 없이 많다.

하인츠 코헛Heinz Kouhut[4]은 사람 마음의 열쇠가 자기애에 있다고 주장했다. 어머니의 자기애에 둘러싸여 아이는 자기애를 획득한다. **사람의 마음은 자신을 사랑하는 것을 깨닫는 순간 탄생한다.** 이는 자신의 마음을 돌이켜보면서 언제나 하나의 문제, 즉 자신이 사랑받고 있는지에 대한 문제에 몰두하고 있다는 것을 깨달을 때 더 분명해진다(여기에서의 자기애란 모든 사람을 지탱하는 힘의 원천이며 마음의 동기이기도 하기에 결코 부정적인 의미가 아니다). 자기애가 없는 사람, 즉 자기를 사랑하지 않는 사람은 타인을 사랑하는 것도 불가능하므로, 인간 사회는 각자의 마음속에 있는 자기애로 지탱되고 있다. 자기애는 여러 가지로 모습을 달리해서 나타나지만 모든 인간적 동기의 배경에 존재하고 있다.

어머니와 단둘뿐인 세계에서 아기의 마음이 눈뜨는 과정을 되돌아보자. 갓 태어난 아기는 눈도 보이지 않고 소리가 들려도 그 의미를 알지 못한다.

---

3 M. S. 말러·F. 파인·A. 버그만,『유아의 심리적 탄생: 모자공생과 개체화』, 다카하시 마사시·오다 마사미·하마하타 오사무 옮김, 레이메이샤, 1981.
4 하인츠 코헛,『자기의 분석』, 미즈노 노부요시 감수 및 번역, 가사하라 요미시 감수, 미스즈쇼보, 1994.

손발을 써서 마음대로 이동할 수도 없다. 아기는 단지 위를 보고 잠을 잘 뿐이며, 배가 고팠다가 불렀다가 하는 기본적 욕구의 파도만을 교대로 느낀다. 아기에게는 자기 자신을 자기라고 여기는 의식도, 외부 세계로 향하는 의식도 없다. 영상이 한순간 빛났다가 금세 어둠 속으로 사라지는 것처럼, 아기의 세계에는 아무것도 일관되게 존재하지 않는다. 지각 자극이 있어도 외부와 내부가 분리되지 않는다. 소리를 내는 세계도, 소리를 듣는 자기도 없으며 단지 소리와 진동만이 그곳에 존재한다. 아기에게 소리와 진동은 세계인 동시에 자기이기도 하다. 아기의 세계에는 생리적 결핍과 만족이 교대로 몰아치는 해변이 있으며 잠이 들면 그 해변은 사라진다. 아기에게 전달된 반복된 자극은 하나의 덩어리가 되어 파악되며, 기억이 차례로 형성될 때야 비로소 과거와 현재가 태어날 것이다. 생리적 불쾌감과 결핍 그리고 충족된 쾌감이 공간적이고 시간적인 현상으로서의 성질을 띤 결과, 자기를 자각하며 암흑에서 빛의 세계로 한발 내딛게 된다.

허기나 졸린 상태에서 해방되었을 때 아기의 세계는 쾌감에 덮이며 만족이 찾아온다. 반면 이 세계는 결핍감과 불쾌감이 엄습해오면 고통과 절망에 점령된다. 아기의 우는 소리가 거슬리게 들리는 것은 아기가 정말로 절망하고 있기 때문이다. 이 절망이 해소되고 나면 또다시 만족과 쾌락이 찾아온다. 고통이 엄습해왔다 싶으면 또 모든 것이 만족스러운 쾌감으로 덮여 사라지는 것이다. 이처럼 아기에게는 좋은 세계와 나쁜 세계가 번갈아 나타나고, 같은 감각이 몇 번이고 반복되어 찾아온다.

기억이 움직이면서 현상이 시계열로 늘어선다. 말과 일상적인 소리를 구분하지 못할 때부터 아기는 어머니의 이야기를 듣는다. 커뮤니케이션하고 있다는 것을 아기 스스로는 알지 못하겠지만, 아기의 울음소리는 커뮤니케이션으로 이해된다. 어머니가 계속해서 말을 걸 때 아기에게서 나타나는 현상과 반응은 상징에 의해 바뀌며 의미에 따라 정렬된다. 이와 같은 체험 속에서 보편적인 한 점이 고정될 때가 바로 자의식이 자각되는 순간이다.

이윽고 아기는 자기 자신을 모든 선善이 가득한 세계 속에서 만족하는 자로, 혹은 모든 선이 상실된 세계에서 고통받는 자로서 인식한다. 이처럼 우리는 태어나면서부터 좋은 자신과 나쁜 자신이라는 두 가지의 이질적인 '나'를 등에 짊어지고 있다.[5]

모든 좋은 자신과 모든 나쁜 자신, 이 두 가지의 모양을 품은 자로서 나는 태어난다. 그래서 마음의 탄생은 '축복'과 '단죄' 속에 있다. 마음이 탄생하는 순간부터 인간은 좋은 감정과 나쁜 감정, 행복과 불행, 즐거움과 괴로움의 원형을 부여받는다. 우리는 태어나면서부터 마음속에 드라마를 품고 있다. 우리가 타인의 고통을 이해하거나 타인의 즐거움에 공감할 수 있는 것, 즉 타자와 마음을 공유할 수 있는 이유는 마음이 태어날 때 여러 가지 감정의 원형을 부여받았기 때문이다.

아기의 마음은 태어날 때 이미 완성된 것이 아니라 인간적 환경 속에서 점차 형성된다. 마음은 다른 마음에 의해 길러지면서 마음이 된다. 예컨대 태어나 여러 해를 늑대와 함께 살아온 아이가 문명사회로 온 후 언어를 배우지 못하거나 인간 사회에 적응하지 못했다는 사례를 보면 알 수 있다. 이 아이가 적응하지 못한 이유는 언어를 배우기 어려워서였을 수도 있지만 무엇보다도 인간 사회를 구성하는 '마음의 공감'에 대해 배울 수 없었기

---

5 한나 시걸, 『멜라니·클라인 입문』(현대정신분석총서 제2기 제1권), 이와사키 데쓰야 옮김, 이와사키 학술출판사, 1977.

때문이었으리라 추측해볼 수 있다.

마찬가지 이유로 로봇에게 아기의 교육을 맡길 수 없다. 아기에게 필요한 것은 효율적인 교육이 아니라 따뜻한 품에 안겨 부드러운 가슴에 몸을 밀착시키고 상냥한 목소리를 들으며 모유를 먹는 일이다. 아기는 어머니와 일체가 되어 살아가면서 어머니의 마음을 느끼고, 어머니로부터 마음을 기르기 위한 양육(자기애)을 받는다. 그 체험은 무엇으로도 대신할 수 없는, 마음의 토대를 형성하는 근원적 체험이다. 존재한다는 것의 경이로움을 배우고 축복받은 선한 자신을 지속적으로 돌아보면서, 우리는 단죄를 극복할 수 있다(마음은 축복과 단죄, 즐거움과 괴로움 속에서 탄생하는데 어머니와의 애착을 통해 고통을 극복할 수 있다는 뜻—옮긴이).

도넛 구멍의 주변을 맴도는 사람들 　　　　　○

기분 좋게 자고 있는 아이를 보면 아무 걱정 없는 시기를 산다는 것이 느껴져, 보는 사람의 마음도 평온해지고 미소가 절로 배어나온다. 대부분의 어른은 지극히 행복했던 어린아이 시절을 기억하지 못한다. 모든 욕구가 즉시 해결되던 시기에는 자기 자신을 의식할 필요조차 없기 때문이다. 그 시절에는 무엇도 알 필요가 없었기에 스스로의 한계조차 알지 못했다. 세계와 자신이 아직 구별되어 있지 않았던 그때, 우리는 일종의 이상향에 있었던 것은 아니었을까.[6]

아기와 함께 있으면 왠지 모르게 행복한 기분이 든다. 아기는 우리 마음속 저편에 숨어 있는 과거의 왕국에서 날아온 사자다. 우리 마음속의 오래된 방 안에는 모든 것이 충족되었던 아기 시절의 체험이 조용히 숨겨져 있으며, 그곳의 시간은 마치 고대의 신전처럼 멈춰 있다.

인간은 어머니로부터 분리되면서 사회의 일원이 된다. 개인의 역사는 어머니로부터 차례로 멀어져가는 역사라고 할 수 있다. 유아가 제일 먼저 하는 일은 어머니로부터 분리되어 한 걸음을 내딛는 일이다. 어른이 되어 자립한다는 것은 자유를 얻는다는 측면에서 기쁜 일이지만, 동시에 어머니에게서 떨어져 인생이라는 가혹하고 고독한 길을 끊임없이 혼자 걸어가야 한다는 뜻이기도 하다. 우리는 신화 속 비극적 영웅처럼 시련을 견디며 앞으로 나아간다. 유아는 이상향을 뒤로하면서도 마음속 저편에 계속해서 이상을 품고 있다. 셰익스피어의 비극이 우리의 마음을 울리는 것은, 이상향의 회복을 시도하는 주인공들을 보며 자기 자신의 모습을 투영하기 때문일 것이다.

도넛을 먹으면 도넛의 구멍은 사라져버릴까? **도넛의 구멍은 처음부터 비어 있었다.** 베어 먹을 때 사라지는 것은 구멍 그 자체가 아니라 구멍을 둘러싸고 있던 벽이다. **도넛의 구멍이 사라진 것이 아니라 주위의 벽이 사라진 것이다. 구멍(빈 곳) 그 자체가 사라지지 않는 것처럼 사람 마음속의 이상 역시 사라지지 않는다.** 누구도 아기 시절로 되돌아갈 수는 없지만, 마음속의 이상향은 절대 사라지지 않는다.[7]

우리의 여정이란 사실은 여행을 떠난 출발점을 향한, 즉 뒤에 있는 왕국

---

6 하인츠 코헛, 앞의 책.
7 로널드 위니컷, 앞의 책.

을 향한 움직임이다. 도넛의 원 위를 걸어가는 여행자와 같이 사람은 앞으로 나아가면서 동시에 뒤로 가고 있다.

레오나르도 다빈치는 죽기 직전까지도 모나리자를 손에서 놓지 않았다. 미켈란젤로는 죽는 날까지 반복해서 '피에타(예수의 유해를 품은 마리아 상)'를 제작했다. 나쓰메 소세키는 '축복받지 못하는 사랑'을 계속해서 그렸다. 어린 시절 어머니와의 이별을 경험한 적이 있기에 이들의 작품에도 역시 이러한 여행의 기억이 녹아들어 있다.

인생은 계속해서 가도 결코 닿을 수 없는 이상의 장소로 가는 여정이며 우리 인간은 도넛 구멍의 둘레를 맴도는 여행자다.

세 계 의 도 넛

헝가리 편

판크, 리본을 두른 맛있는 도넛

헝가리는 중부 유럽에 위치해 오스트리아, 슬로바키아, 루마니아 등 7개 나라와 접하고 있는 내륙형 국가입니다. 수도 부다페스트는 관광지로 유명하며 아름다운 건축물과 미술관, 박물관이 늘어서 있습니다. 또한 헝가리는 리스트와 버르토크 같은 저명한 음악가도 배출했습니다. 매일 갖가지 콘서트가 열리며 다른 유럽 국가들에 비해 비교적 저렴한 가격으로 콘서트를 즐길 수 있습니다. 헝가리 하면 혹독한 공산주의 시절을 떠올리는 분도 있을지 모르지만, 사실 헝가리는 풍부한 문화와 역사를 지닌 나라입니다.

헝가리에서도 도넛과 비슷하게 생긴 과자가 사랑받고 있습니다. 헝가리 과자 '판크fánk'는 빵 반죽을 둥글게 만들어 기름에 튀긴 후 설탕 가루를 뿌리거나 살구 잼을 올려 먹는 정말 귀여운 과자입니다. 앞과 뒤를 뒤집어가며 재빨리 튀겨내기 때문에 가운데 하얀 띠 모양의 무늬가 생겨서 '리본을 두른 도넛'이라고도 불립니다.

실은 중부 유럽에도 비슷한 과자가 많이 있습니다. 예컨대 루마니아의 고고아사Gogoașă, 슬로바키아의 크로프Krof, 체코의 코블리하Kobliha, 크로아티아의 포클라니카Pokladnica, 보스니아의 크로프나Krofna 등입니다. 또 독일어권에도 비슷한 과자가 있는데 베를린식으로는 반죽 속에 딸기잼이 들어가며 빈식으로는 살구잼이 들어간다고 합니다.

헝가리는 원래 아시아계 민족이 세운 나라였지만 오스만튀르크와 오스트리아의 지배를 받은 과거가 있습니다. 판크와 비슷한 과자가 널리 퍼진 것은 오래전부터 다민족이 교류해온 동부 유럽의 문화가 널리 공유되었기 때문이 아닐까요.

판크는 이탈리아의 '제폴라'처럼 카니발 기간에 종종 먹는다고 합니다. 카니발은 사순절을 맞이하기 전 벌이는 축제 기간으로, 판크는 고기를 끊기 전에 서민들이 마음껏 사치를 부리며 먹을 수 있는 음식이었습니다. 한편 과거 트랜실베니아 지방에서는 1년 내내 축제의 과자로, 특히 도나우 강 서쪽에서는 신년을 축하하는 과자로 먹었다고 합니다. 축하의 날에 단 음식을 먹는다는 점도 제폴라와 같습니다.

헝가리는 이처럼 **여러 문화가 교차하는 곳이며 매력적인 음식이 있는 근사한 나라**입니다.

인터뷰이 오카모토 마리 선생님
집필 야스미치 하루나

판크

세 계 의 도 넛

독일 편

독일 하면 빵? 개인의 취향에서 태어난 최고의 과자

독일 음식 하면 어떤 것이 떠오르나요? "소시지!"라고 외치는 목소리가 들려오는 듯하네요. 그리고 맥주도 있지요. 역시 독일 하면 맥주를 빼놓을 수 없습니다. 독일 소시지와 맥주의 궁합은 한마디로 환상적이죠. 하지만 독일에서는 와인도 자주 마십니다. 포도 재배의 북방한계선이 딱 독일 중부지방에 해당해서 이를 기점으로 남부 독일에서는 와인을, 북부 독일에서는 맥주를 많이 마신다고 합니다.

독일의 와인 문화에서 가장 궁합이 잘 맞는 안주로 사랑받는 것이 바로 프레첼Pretzel입니다. 프레첼은 빵 반죽에 알칼리성 용액을 바르고 그 위에 암염을 묻혀서 구워 만듭니다. 안주로 먹는 것은 한입 크기이며 알칼리성 용액을 바른 탓에 표면이 거칠거칠합니다. 그리고 짠맛이 특징이죠.

독일 사람들은 안주로 빵을 먹을 정도로 빵을 상당히 좋아합니다. 하지만 독일에는 오래전부터 노동자 보호를 위해 '일요일에는 빵 가마에 불을 지펴서는 안 된다'는 법이 존재했습니다. 법은 지켜야 하지만, 사놓고 놔둔 채 맛없게 된 빵을 먹고 싶지는 않았겠지요. 오늘날에는 빵가게의 일요일 영업이 허가되었지만, 지방 곳곳에는 아직 예전의 흔적이 남아 있어서 주말에는 집에서 직접 빵을 굽는다고 합니다. 실온에서 숙성시킨 반죽이나 냉장보관한 반죽으로 구운 빵은 대단히 맛있을 것 같습니다.

프레첼은 작은 안주 크기뿐만 아니라 과자빵 크기로도 판매되기 때문에 간단한 식사 대용으로도 애용됩니다. 작은 프레첼은 전체적으로 거칠거칠하고 딱딱한 식감이지만, 빵 크기의 프레첼은 겉만 거칠거칠하고 속은 쫄깃하답니다.

프레첼은 애당초 지역 전통 음식이었지만, 디치Ditch라는 체인점이 생긴 이후 독일 전역으로 퍼져나

가게 되었습니다. 과거 지역 전통 음식이었던 시절에는 프레첼에 지방색이 살아 있었습니다. 하지만 체인점을 통해 동일한 프레첼이 판매되자 고유의 지방색을 잃고 모두 같은 맛이 되어버렸다고 하네요. 그래서 이를 안타까워하는 사람들이 많다고 합니다.

미국에서도 프레첼이 판매되고 있습니다. 아마도 독일계 이민자가 전파한 것이겠죠. 미국 프레첼은 벌꿀이나 치즈로 맛을 더해서 독일과는 다른 미국풍으로 인기를 끌고 있다고 합니다.

언젠가 독일에 가게 된다면 맥주도 마시고 빵도 찾아봅시다. **독일 사람들이 오랜 시간 사랑해온 빵을 먹어본다면 독일을 몇 배나 더 멋지게 즐길 수 있을 것입니다.**

인터뷰이 신도 슈이치 선생님
집필 야스미치 하루나

프레첼

5

미시와 거시 사이에서 본질을 좇다:
역사학의 접근

스기타 요네유키 杉田米行
오사카대 대학원 언어문화연구과 교수

오사카 출생으로 오사카부립 덴노지고등학교를 졸업한 후 오사카외국어대와 히토츠바시대를 거쳐 미국 위스콘신대 매디슨칼리지에서 공부했다.

"전공은 미국 외교사이지만 현재는 국제관계론과 일본 의료보험사라는 두 학문 분야를 융합해서 새로운 해석을 제시하는 일에 몰두하고 있습니다. '도넛을 구멍만 남기고 먹는 방법'을 통해 새롭게 '역사란 무엇인가'라는 문제를 생각해볼 수 있었습니다."

시작하며 ○

역사학의 본질은 사물에 대한 관점perspective에 있다고 할 수 있다. **달리 말하면 어떠한 관점을 취하느냐에 따라 사물의 인식 방법과 이해의 방법 이 바뀌게 된다는 것이다.** 같은 과제를 받더라도 사람에 따라 해결 방법이 달라진다. 가령 '도넛을 구멍만 남기고 먹는 방법'에 대한 질문을 받았을 때 역사가는 무엇을 생각할까? 이번 장에서는 역사가가 취하는 접근 방식 중 미시적 접근과 거시적 접근에 대해 소개해보고자 한다. 미시적 접근이란 주어진 전제를 올바르다고 인정하고 사례를 좀 더 깊이 분석하는 방법이다. 반면 거시적 접근이란 먼저 주어진 전제 그 자체를 의심의 눈으로 바라보며 새로운 관점을 끌어내는 방법이라 할 수 있다. 구체적인 사례를 통해 이 두 갈래의 접근법을 설명해보겠다.

미시적 접근 ○

'도넛을 구멍만 남기고 먹는 방법'이라는 주제를 들었을 때 역사가나 역사적 감성을 가진 사람은 다음과 같은 의문을 떠올릴 것이다. '애초에 도넛의 기원은 무엇일까? 어째서 도넛이라는 이름이 붙었을까?'

요약하자면 '도넛의 역사를 알고 싶다'는 지적 욕구, 즉 지식의 문제에 먼저 관심을 갖는다. 이때 신뢰할 만한 문헌을 조사하면 답을 찾을 수 있다. '아는 것이 힘이다'라는 옛말처럼, 백과사전에 실려 있는 사실을 공부하고 이해해서 하나라도 더 머릿속에 넣어두는 것도 중요한 일이다.

이에 반해 '어째서 도넛에는 구멍이 뚫려 있는 걸까?'라는 물음은 질적으로 다른 질문이다. '어째서?'라고 이유를 묻는 순간부터 단순한 지식의 문제가 아니라, 지식을 기반으로 한 해석의 문제가 되기 때문이다.

해석의 방식이야말로 역사학에서 가장 중요한 부분이다. 역사학의 진수는 현상을 해석하는 데에 있다고 해도 과언이 아니다. 흔히 알고 있는 '역사는 암기하는 것'이라는 생각은 잘못된 것이다. 해석이 변하면 역사도 변한다. 즉, 역사는 늘 변하고 있다.

'왜 도넛에는 구멍이 뚫려 있을까'라는 질문에 대해 '사실 도넛에는 구멍이 없는 것이 아닐까'와 같은 생각은 하지 않겠다. **미시적 접근은 '도넛에는 구멍이 뚫려 있다'라는 제시된 조건을 인정하고, '그렇다면 구멍이 왜 뚫려 있는가'라는 다음 문제로 넘어가서 생각을 심화하는 것이기 때문이다.**

'어째서 도넛에 구멍이 뚫려 있는가'라는 질문에 대해 미시적 접근을 하면 '신념(이데올로기)'과 '구체적 이해관계'라는 두 가지 해석을 끌어낼 수 있다. 도넛에 뚫린 구멍은 민주적 통치의 상징일 수도 있고, 애국심을 고양시키고 국가를 향한 충성심을 이끌어내기 위한 수단일 수도 있다. 인간의 행동을 결정하는 데 가장 큰 영향을 미치는 것은 애국심이나 충성심과 같은 인간의 관념이나 신념이라는 생각에서 이러한 결론이 도출된다. 한편, 도넛에 구멍을 뚫음으로써 누가 정치적 혹은 경제적 이득을 얻었는가 하는 문제를 중시하는 관점도 있다. 이처럼 **인간의 행동을 결정하는 요인으로**

신념과 같은 비물질적인 요인을 중시할 수도 있고, 이득 혹은 손해와 같은 실리적 요인을 중시할 수도 있다.

실리적 요인을 중시하면 논증하기 쉽다. 'ㅇㅇ라는 행동을 하면 △△라는 실제적 이익을 얻을 수 있기에 ㅇㅇ과 같은 행동을 취했다'라는 설명은 논리적으로 이해하기 쉽기 때문이다. 일례로 일본에서 처음 건강보험제도가 만들어졌을 때 당시 의사회가 어째서 이 제도에 협력하게 되었는지를 살펴보도록 하자.

일본 건강보험법과 의사회

일본 최초의 건강보험법은 1922년에 제정되었으나 관동대지진의 영향으로 1927년에서야 시행되었다. 법을 제정할 때 쟁점이 된 것은 의료서비스를 제공하는 의사(보험의)를 어떻게 확보할 것인가 하는 문제였다.

의사는 자신이 가진 지식을 바탕으로 여러 방법을 이용해 환자의 질병을 진료하고 치료한다. 그리고 이와 같은 서비스의 대가로 합당한 금액을 진료비로 청구하는데, 치료 방법이나 청구액에 대해 누구에게서도 불만을 듣길 원하지 않는다. 그러나 **건강보험(사회보험)은 정부가 치료 방침을 정하고 강제로 저가의 진료비를 매기는 제도다. 어째서 의사회는 이처럼 불리해 보이는 새 제도를 받아들이게 된 것일까?**

당시 의사회(대일본의사회)는 1910년대 후반부터 정부와 교섭하면서 '단체자유선택주의'를 받아들인다면 정부의 건강보험 정책에 협력하겠다는 뜻을 전했다. '단체자유선택주의'란 의사회가 만들어낸 신조어다. 정부와 건강보험조합이 개인(의사)이 아닌 단체(의사회)와 진료계약을 맺고, 의사회가 진료업무의 운용을 전담하며, 피보험자는 의사회 회원인 의사를 자유롭게 선택하여 진료할 수 있도록 하는 방안을 말한다.

의사회 간부는 미래에는 건강보험이 확대되어 전 국민의 80퍼센트가 가입하게 될 것이기 때문에 처음부터 의사회가 적극적으로 참여해야 한다고 주장했다. 그렇지 않으면 시대 흐름에 뒤떨어질 것이라는 위기감도 있었다. 실제로 당시 의사회 이사장은 만일 의사가 보험의가 되지 않으면 "자기 일을 거의 할 수 없게 될 것"이라며 위기감을 토로했다. 반면 시대의 흐름에 따라 제도에 동참한다면 "의사 1인당 평균 수입이 1년에 1만 190엔, 즉 1년 동안 1만 엔 이상의 수입을 올릴 수 있습니다. (…) 과연 지금 일본에서 의사가 평균 1만 엔의 수입을 거두는 게 현실적으로 가능할지 생각해주십시오. (…) [건강보험이] 일본 전역에서 시행되는 것도 그다지 나쁘지만은 않을 것입니다"라고 주장했다.[1] 즉 보험의가 되면 장래 수입 면에서 이득이라 생각한 것이다. 뿐만 아니라 의사회 집행부는 사무비로 거액의 수입을 얻을 수 있었다. 이렇듯 의사회가 건강보험제도에 참가한 주요한 이유 중 하나는 경제적 이익이었다.

의사회 집행부는 건강보험제도에 협력함으로써 수입 면에서 이익을 얻었을 뿐만 아니라 일반 의사(보험의)를 통솔할 권한도 얻었다. 1923년 11월 대일본의사회가 발전적으로 해체되고 법정일본의사회가 설립되면서 이런 규정이 추가되었다. 일본의사회건강보험규정 제44조에서 '보험의 의무를 태만히 할 때는 본회(대일본의사회를 말함)가 도부현道府縣 의사회의 의견을 구해 경고를 주거나 제명한다'고 규정함으로써 의사회가 보험의를 처분할

---

1 「일본의사회평의원회의 경과」, 『의정(부활)』제2권 제2호, 1926년 10월. pp. 18~19, 52항. 1926년 낭시의 1엔 ‖엔은 2011년 ◬비가문가지수로 화산하면 1070만 엔에 이른다.

권한을 장악한 것이다.[2] 다시 말해, 의사회 집행부 및 정부가 일반 의사와 하청 계약을 맺고, 의사회가 건강보험제도의 의료서비스를 공급하는 원청이 되었다.

이렇듯 **의사회가 건강보험제도에 협력하게 된 이유는 경제적 이익을 얻는 동시에 집행부가 일반 의사들을 통솔·감독한다는 권한을 장악할 수 있었기 때문이라고 결론내릴 수 있다.**

거시적 접근 　　　　　　　　　　　　　　　　　　 ○

역사가라면 '도넛을 구멍만을 남기고 먹는 방법'에 대해 제시된 전제가 무엇인지를 생각해볼 것이다. **이때는 '도넛에 구멍이 뚫려 있다'는 점이 전제**가 된다. 주제에 대한 모범답안을 작성하기 위해서는 '도넛에 구멍이 뚫려 있다'는 것에 의심을 품어서는 안 된다. 그러나 **역사학 연구에서는 주어진 전제를 의심해봄으로써 새로운 해석이 태어나기도 한다.** 이처럼 '암묵적 전제를 포함해서 모든 것을 의심의 눈으로 보는' 자세야말로 학문의 근간이라고 할 수 있다. 이런 방법을 거시적 접근이라고 부른다. 다음 두 가지 예를 통해 거시적 접근에 대해 생각해보자.

첫 번째 예로 '냉전기의 국제정치'를 생각해보자. 1940년대 후반부터 1990년 무렵까지를 일반적으로 '냉전의 시대'라 부른다. 이를 부정하는 견

2　기타하라 류지, 「건강보험제도의 발족과 지방의사회(3)」, 『우쓰노미야대학교육학부기요 제1부』 41호, 1991, 44~45항.

해는 거의 없지만, 정말로 이 시대는 냉전의 시대였을까? 미소 간의 대립이라는 구도가 제2차 세계대전 이후의 국제정치를 온전히 규정한다고 단언할 수 있을까? '냉전'이라는 용어는 이른바 '매직워드magic word'로, 엄밀한 실증을 거치지 않은 채 사용되어왔다. 그래서인지 당시 발생한 대부분의 현상에 대해 '냉전이 원인이 되어 일어났다'라고 설명하는 경우가 많다. 그렇다면 정말로 이 시기에 미국과 소련은 계속 대립하고 있었을까? 미국과 소련의 대립이 아시아에도 영향을 미쳤다는 설명은 올바른 것일까? 실제로 한국전쟁이나 베트남전쟁에서는 교전이 발생했으며 다수의 사상자가 나왔다. 그럼에도 이를 단순히 냉전의 영향으로 국지적 열전熱戰이 발생했을 뿐이라고 이해해도 되는 것일까? 이와 같이 '냉전'이라는 국제정치학의 상식을 의심해보는 순간 차례로 꼬리를 물며 의문점이 생겨난다.

두 번째 예로는, 21세기에 일어나고 있는 북한 핵개발 문제를 생각해보자. 미국은 북한의 핵무기 개발을 위협이라 생각한다. 그렇다면 미군의 남한 주둔 목적은 북한의 핵무기 개발을 저지하는 것이라는 전제가 성립된다. 그러므로 우리는 이 전제를 의심해보아야 한다. 북한의 핵무기와 미사일 위협이 크게 부각되고는 있지만, 과연 미국이 가장 중요시하는 것이 한반도의 완전 비핵화일까? **주어진 전제를 의심하면서 지금까지 보지 않았던 측면에서 현상을 분석해보면 지금까지와는 다른 모습이 등장할 것이다.**

'냉전' 사고

제2차 세계대전 이후 미국은 세계에서 헤게모니 국가가 되었다. **헤게모니란 생산, 과학기술, 금융을 포함한 경제 전반, 군사, 국제관계 이데올로기 등에서 다른 열강이 따라오지 못할 정도로 초월적인 권력을 지녔다는 것**

을 뜻한다. 따라서 헤게모니 국가란 절대 권력을 쥐고 세계 시스템의 질서를 유지하며 자국의 이익을 창출하는 국가를 의미한다.

냉전에 대해 다시 생각해보자. 전후 독일의 처리를 둘러싼 미국과 소련의 대립에서 자본주의권(서구) 대 사회주의권(동구)이라는 체제 간의 대립이 시작되었다. 독일 처리 문제를 원인으로 발생한 냉전을 통해 전후 국제관계 전반을 이해하는 냉전 사관은 이른바 유럽 중심 사관이라 할 수 있다. 뿐만 아니라 유럽에서 발생한 냉전이 아시아로 파급되었다는 주장에는 아시아의 자율성과 특수성을 고려하지 않은 채 역사를 평면적으로 이해할 위험도 존재한다.

제2차 세계대전 이후 미국은 유럽은 물론 중동이나 아시아처럼 당시까지 거의 관심을 두지 않았던 지역 문제에도 적극적으로 관여하게 되었다. 당시 미국의 최대 목표는 국제관계의 항상성 유지와 국제적 분업 체계 및 다자주의를 기조로 하는 안정된 국제 시스템을 구축하는 것이었다. 이를 위해 미국은 국제 시스템 전체의 이익을 고려하면서 헤게모니 국가로서의 책임을 다했다. 소련과의 관계뿐 아니라 동맹국인 서유럽 국가들이나 일본 사이에서 여러 사안을 조정하고, 제3세계와의 관계 개선에 노력하는 등 복잡한 국제관계를 조정하고자 애썼다. 미국과 소련의 대립을 축으로 한 '냉전'은 실제로는 미국의 복잡한 전후 외교 중 한 가지 측면에 불과했던 것이다. 이처럼 헤게모니 개념을 도입함으로써 좀 더 큰 시야에서 전후 미국의 외교정책을 검토할 수 있다.

냉전 사관은 미국과 소련의 대립을 중요시하지만 헤게모니 사관은 양국 간의 대립뿐만 아니라 '협조'의 측면에도 관심을 갖는다. 유럽에서 미소 양국은 안전보장과 경제적 측면에서 이해관계로 얽혀 있었기 때문에 대립할 수밖에 없었다. 그러나 아시아에서는 1950년대 이후의 일본을 제외하면 미국과 소련 모두 어떤 사활적 이해관계를 갖지 않았다. 오히려 양국은 공통적으로 전후 아시아에서 국가주의(내셔널리즘)가 탄생하는 것을 관리했고, 여기에 '협조'를 위한 기초가 있었을 것이라 생각해볼 수 있다. 그러나 미소 모두 상대의 의도를 명확히 파악하지 못했으며, 상대방의 행동이 아시아 국가들에게 미칠 영향을 지나치게 우려하고 있었다. **서로에 대한 불신이 더 깊은 불신을 낳은 상황이 된 것이다.**

제2차 세계대전 이후 자본주의 체제의 모순에서 비롯된 경제 마찰로 인해 자주성을 주장하는 서구 국가들과 서방의 결속을 요구하는 미국의 주장이 충돌하면서 서구 진영에서는 심각한 대립이 발생했다. 미국이 주도하는 서구 진영의 단결은 중요하지만 해결하기 어려운 과제였다. 과거 냉전 사관의 주요한 분석의 축은 서구와 동구의 대립이었기 때문에 서구 동맹국 사이의 관계에는 그다지 주의를 기울이지 않았다. 그러나 **헤게모니 사관은 서구와 동구 체제 간의 대립뿐만 아니라 통제도 중요시하며, 양자 간의 상호보완적 관계에도 주목한다.** 단적으로 설명하자면 소련을 맹주로 하는 동구라는 '타자의 위협'이 서구 진영을 결속시킨 주요한 원인이었으며, 동서 대립이 존재하는 한 서구 진영의 결속은 보장될 것이었다. 이러한 견지에서 제2차 세계대전 이후 미국의 동아시아 정책을 다시 이해해보면 지금까지와는 전혀 다른 도식을 그릴 수 있고 새로운 해석도 가능해진다.

한반도를 둘러싼 미일관계의 재고

2002년 9월 17일 고이즈미 준이치로 총리는 북한의 김정일 위원장과 사상 첫 북일 정상회담을 갖고 평양선언에 조인했다. 고이즈미의 방북은 불안한 한반도 정세를 안정시킬 절호의 기회라 생각되었다. 그러나 미국은 일본의 독자적 외교노선에 복잡한 반응을 보였다. **어째서 미국은 일본의 대북 외교에 비판적 자세를 보였을까?**

이 문제를 풀기 위해서는 한반도 문제의 전제를 먼저 생각해보아야 한다. 전제는 다음과 같다. 한반도 문제에 있어 북한의 핵개발은 심각한 위협이며, 미국은 동맹국인 일본의 안전을 지키고 한반도를 안정시키기 위해 북한과 대립하면서 이에 대처하고 있다는 것이다. 이제 주어진 전제를 의심해볼 필요가 있다. 예컨대 미국에 진짜 위협이 되는 것은 북한의 핵무기 개발이 아니라 일본이 미국의 관리로부터 벗어나 독자적으로 외교 및 안전보장 정책을 취하는 것이 아닐까? 미국은 북한의 위협을 완전히 제거하려 하기보다, 오히려 일본이 멋대로 행동하지 못하도록 억누르기 위해 북한의 위협을 과장하고 있는 것은 아닐까? 이렇게 생각해보면 당시 미국의 행동을 좀 더 잘 설명할 수 있다.

방북을 계획할 당시 고이즈미 내각과 미국 정부 간에는 충분한 사전교섭이 이루어지지 않았다. 고이즈미 내각은 미국 측과 긴밀한 논의 없이, 정부 내에서도 극히 소수만이 참여해 비밀리에 북일 정상회담을 진행했다. 2002년 8월 27일에 고이즈미는 처음으로 리처드 아미티지 미 국무장관과 하워드 베이커 주일 미국 대사에게 9월 중순에 북한을 방문할 예정이라고 전했다. 아미티지는 이 소식에 경악했으며, 북한과 일본의 접촉을 막기 위해 북한이 비밀리에 우라늄을 농축하고 핵무기 개발에 착수했다는 증거를 가지고 있다고 서둘러 발표했다.

미국에 있어 일본이 자국과의 의논 없이 외교 및 안전보장 정책을 결정하려 했다는 점은 충격적인 일이었다. 또한 **미국은 독자적 외교노선을 취**

하려는 일본의 행보가 마음에 들지 않았다. 이 때문에 고이즈미의 방북 소식이 미국에 알려지면서 일본에 대한 불신이 커졌고, 미일 간에는 극도의 긴장관계가 조성되었다. 결과적으로 고이즈미의 방북이 북한을 대화의 장으로 이끌어내는 중요한 역할을 했음에도 조지 부시 정부는 오히려 북한과의 대립 노선을 선택했다.

고이즈미 방북 직후인 10월 3일부터 5일까지 미국 정부는 제임스 켈리 국무부 동아시아태평양 차관보를 평양으로 파견해 북미 고위급회담을 가졌다. 회담 내용은 공개되지 않았으나, 미 국무부는 10월 16일에 북한이 핵무기 개발을 목표로 우라늄 농축 계획을 진행시켰다는 사실을 인정했다고 발표했다. 그리고 이에 덧붙여 "북한의 비밀 핵무기 개발 계획은 제네바 조약과 핵확산방지조약NPT, 국제원자력기구IAEA 세이프가드 합의, 한반도 비핵화에 관한 남북공동선언에 대한 심각한 위반이다"라며 비난했다.[3] 뿐만 아니라 도널드 럼즈펠드 미 국방장관이 다음날인 10월 17일에 가진 기자회견에서 "직접 확인한 것은 아니"지만, "북한이 (이미) 소량의 핵무기를 보유하고 있다고 알고 있다"고 말하면서 위기감이 높아졌다.[4] 이로 인해 일본 외교사의 커다란 업적 중 하나인 평양선언의 중요성이 희석되고 말았으며, 긴장 완화로 향해 가던 동아시아 정세도 급속도로 냉각되었다.

부시 정권은 북한의 위협을 과장함으로써 일본을 다시 미일동맹의 틀로 끌어왔다. **미국의 본래 목적은 일본을 미국의 관리 아래 두고 독자적 행동을 억제하려는 것이었다.** 아시아태평양 지역에 미군이 주둔하게 된 이유는

---

3 『요미우리신문』, 2002년 10월 17일자.
4 『요미우리신문』, 2002년 10월 18일자.

이 지역의 최대 불안 요인이 한반도의 긴장관계에 있다는 인식 때문이다. 즉, 한반도의 위기가 해소되면 주한·주일 미군의 존재 의의 또한 사라질 수밖에 없다. 미국이 원하는 이상적인 상황은 북한을 둘러싼 한반도에 적당한 긴장이 존재하는 것이고, 그 때문에 일본의 독자적 움직임을 봉쇄하고자 했던 것이다.

이처럼 '북한의 위협이야말로 심각한 문제'라는 주어진 전제를 의심하면, 미국에 더 큰 위협은 북한이 아니라 일본이 미국의 관리로부터 벗어나 독자적인 외교 및 안전보장 정책을 취하는 것임을 알 수 있다. 그리고 이 것이 미국의 정책을 좀 더 정확하게 설명할 수 있다. 이처럼 **주어진 전제를 뒤집어보는 것이야말로 새로운 해석을 만들어내는 첫걸음이 된다.**

끝으로 ○

'도넛을 구멍만 남기고 먹는 방법'을 생각하는 일은 바보 같아 보일지도 모른다. 그러나 여기에는 대단히 깊은 의미가 담겨 있다. 역사가라면 이 명제에서 미시적 접근과 거시적 접근을 떠올릴 것이다. 일본의 건강보험법과 의사회의 관계를 미시적 접근으로 분석해보면 경제적 이익과 의사를 통제할 수 있다는 이해관계가 큰 역할을 했음을 알 수 있다. 냉전이나 미국의 대일 및 대북 정책을 '주어진 전제를 의심한다'는 거시적 접근에서 분석하면 기존과는 다른 역사를 그려낼 수 있다. 역사는 끊임없이 변화한다.

─ 〈칼럼 1〉 최초의 도넛에는 구멍이 없었다 ─

미국에 처음 도넛을 들여온 이는 1620년에 메이플라워호를 타고 이주해온 청교도들이었다고 합니다. **사실 그 시절의 도넛에는 구멍이 없었습니다.** 명확한 기원은 알려지지 않았지만 17세기부터 18세기 사이에 남부 독일이나 스위스에서 펜실베이니아 동남부로 이주해온, 독일어를 하는 '펜실베이니아 더치'라 불리는 이민자가 미국에서 최초로 구멍을 뚫은 도넛을 만들었다고 합니다. 기름덩어리(당시에는 라드로 튀겼다는군요)로 튀기면 **겉에 비해 중심부가 잘 익지 않기 때문에 이를 보완하기 위해 가운데에 구멍을 만든 것이 '구멍 뚫린 도넛'이 탄생한 비화라고 합니다**(재료를 줄이기 위해 가운데에 구멍을 만들었다는 설도 있습니다). 1803년에 세계 최초로 도넛이 영국 요리책에서 '미국의 레시피' 항목에 소개되었습니다. 도넛은 19세기 중반까지 변화를 거쳐 오늘날의 모습처럼 가운데에 구멍이 뚫린 달콤한 음식으로 정착되었고, '미국 음식'으로 전 세계에 알려졌습니다.

─ 〈칼럼 2〉 미국에는 '도넛의 날'이 있다 ─

미국에서 매년 6월 첫째 주 금요일은 '도넛의 날'로 정해져 있습니다. **제1차 세계대전 당시 약 260명의 여성 자원봉사자들은 프랑스에 주둔한 미국 병사들에게 정신적 안정을 주기 위해 여러 봉사 활동을 계획했는데, 그중 하나가 도넛을 나누어주는 것이었습니다.** 하지만 처음부터 도넛을 만든 것은 아니었습니다. 그 당시 미국 가정에서 '어머니 손맛'을 대표하는 음식은 파이였기 때문에, 처음에는 파이(애플파이 등)를 만들어 나누어줬다고 합니다. 하지만 계속해서 이동해야 하는 군대의 특성상 파이를 구울 레인지를 함께 옮길 수가 없어서 좀 더 간편하게 만들 수 있는 도넛으로 바뀌게 되었다고 합니다. 메뉴를 도넛으로 바꾼 첫날에는 150개밖에 못 만들었지만, 달콤한 도넛 냄새에 이끌린 병사들의 줄이 하루하루 더 길어졌다고 합니다. 그래서 최고 전성기에는 하루에 9000개나 되는 도넛을 만들었다고 합니다! **이 여성들에게 감사의 뜻을 표하기 위해 1938년에 구세군 시카고 지부는 '6월 첫째 주 금요일을 도넛의 날로 정한다'고 선언했습니다.** 도넛을 나누어주는 봉사는 제2차 세계대전에서도 이어졌다고 합니다.

제 2 부

도넛의 구멍을 배우는 일

6

패러독스에 숨겨진
인류의 비밀:
왜 인류는 이런 일을
생각해내는 것일까?

오무라 게이치 大村敬一
오사카대 대학원 언어문화연구과 준교수

1966년 생으로 와세다대 대학원 문학연구과 박사과정을 졸업한 후 문학박사 학위를 취득했다.

인류학 전공으로, 캐나다 원주민인 이누이트와 북서해안 인디언을 대상으로 한 현지 조사에 기초해 인류에 대해 탐구하고 있다. 저서로 『캐나다 아이누의 민족지: 일상적 실적의 다이내미즘』(오사카대 출판부, 2013), 공저로 『Self and Other Images of Hunter-Gatherers』(National Museum of Ethnology, 2002), 『북극과 삼림의 기억: 이누이트와 북서해안 인디언의 아트』(쇼와도, 2009), 『글로벌라이제이션의 인류학: 전쟁과 화해의 여러 모습』(방송대학교육진흥회, 2011) 등이 있고, 역서로 『프리미티브 아트』(프란츠 보아스 지음, 겐소샤, 2011)가 있다.

"인간은 패러독스를 배제하고 '논리계형 이론'에 따른 커뮤니케이션을 준수해야만 한다는 말이 있다. 그러나 이는 인간의 자연스러운 정신을 완전히 무시한 생각이다. 커뮤니케이션이 준수되지 않는 까닭은 단순히 무지나 부주의 때문이 아니다. 뿐만 아니라 추상화된 패러독스는 단순한 무드와 시그널의 교환이 아니라 좀 더 복잡한 커뮤니케이션 속에서 필연적으로 나타난다. 패러독스가 생기지 않는 커뮤니케이션은 진화의 걸음을 멈춰버린다. 명확한 형태의 메시지가 논리정연하게 교환될 뿐인 삶에는 변화도 유머도 일어나지 않는다. 이는 엄격한 규칙에 속박된 게임과 다를 바 없다"(베이트슨, 2000:276).

패러독스의 매력 ○

'도넛의 구멍만 남기고 먹는 방법'에 대해 생각해보자. 논리학자나 수학자라면 이것이 대답할 수도, 대답할 필요도 없는 문제라고 말할 것이다. 그 이유는 패러독스처럼 이 문제 자체에 **'논리계형의 혼동'이라는 오류가 존재하기 때문에 문제를 철회해야 한다는 것이다.**

'사물의 이름'과 '이름 붙여진 사물'은 서로 다른 것을 가리킨다. 이때 둘은 일반화 혹은 추상화의 수준, 즉 논리계형의 레벨에 차이가 있다고 말할 수 있다. '북극곰'이나 '주머니쥐' 혹은 '너구리'와 같은 종種과, '동물'이라는 계界는 서로 다른 레벨에 있기 때문에 이들을 구분하지 않고 뒤죽박죽 섞어서 논의하는 것은 아무런 의미도 없는 단순한 오류에 불과하다. 이처럼 '도넛의 구멍'과, 눈앞의 맛있어 보이는 음식의 한가운데에 난 공동空洞은 논리계형의 레벨이 다르다. 다양한 음식과 그 음식에 난 공동은 물질이라는 논리계형의 레벨에 있다. 이 공동을 일반화시켜서 카테고리에 이름을 붙인 것이 바로 '도넛의 구멍'이다. 음식 가운데에 있는 공동이 물질의 레벨에 있는 반면, '도넛의 구멍'이라는 이름은 관념이라는 레벨에 있기 때문에 둘은 질적으로 전혀 다른 방법을 통해 실재한다. 음식은 먹을 수 있으며, 먹어버린 순간 중심에 있는 공동은 사라져버리고 만다. 그러나 '도넛'이라는 이름은 먹을 수 없으며, 이런 이유로 '도넛의 구멍'도 사라지지 않는다. 따라서 제기된 질문에는 오류가 있기 때문에, 이 질문 자체는 철회되어야 한다.

그러나 인류학자라면 **같은 질문에 완전히 다른 반응을 보일 것이다.** 인류학자는 우리 인류가 어디에서 온 어떠한 존재이며 어디를 향하는가 하는 질문, 즉 인류의 과거와 현재와 미래를 포함하여 '인류란 무엇인가'에 대해 묻는다. 그러니 '도넛을 구멍만 남기고 먹으려면 어떻게 하면 좋을까'라는 질문이 설령 오류라 할지라도, 아니 오히려 오류이기 때문에 이 질문에 대해 다음과 같은 의문을 가질 것이다. 인류는 왜 이처럼 기묘한 질문을 하게 되었을까? 이런 질문을 떠올린 인류라는 동물은 어떤 동물일까? 인류에게 이러한 기묘한 질문은 어떤 의미를 가질까? 그리고 인류에게는 어떤 가능성이 있는가?

돌이켜보면 논리계형의 혼동이라는 오류는 **인류사에 드물지 않다.** 아킬레우스는 거북이보다 훨씬 빨리 움직이지만 결코 거북이를 따라잡을 수 없다는 아킬레우스와 거북이의 패러독스, 크레타인 에피메니데스가 "크레타인은 모두 거짓말쟁이다"라고 말함으로써 탄생한 에피메니데스의 패러독스, 시간을 거스르면 어떤 문제가 생길 것인가에 대해 질문하는 시간 패러독스, 우리가 죽은 뒤에 어떻게 될 것인가에 대해 무수한 질문을 던지는 '사후 세계'라는 주제. 이것들은 모두 〈도넛의 구멍〉만 남기고 먹는 방법'(〈 〉의 안팎은 논리계형의 레벨이 다르다)이라는 패러독스처럼 물질과 관념, 종과 계, 부분과 전체 등 여러 논리계형의 레벨이 혼동되어 있다.

수학이나 논리학에서 볼 때 논리계형의 혼동에 의한 패러독스는 단순한 오류에 불과하다. 그러나 서두에서 베이트슨이 말한 것처럼 이 같은 오류는 인류사에서 무수히 많이 나타났으며, 이런 오류가 인류를 지금까지 이끌어왔다고 생각하면 이를 **단순한 착오라고 치부하기도 어렵다.** 심지어 마르크스가 『자본론』 제1권 초판에서 말한 것처럼 인간의 경제활동을 지탱하는 화폐마저 논리계형의 혼동에 의해 만들어졌다고 한다면, 여기에 인류의 본성에 대한 비밀이 숨겨져 있다는 생각이 드는 것도 당연하다.

지폐는 각종 상품과 교환가능하다는 의미에서 개개의 상품보다 논리계형의 레벨이 한층 더 높다. 그러나 지폐가 논리계형의 레벨이 다른 상품들과 함께 유통되고 있는 경제의 기묘한 현실이야말로, 논리계형의 혼동에 의한 패러독스가 인류에게 중요한 의미를 지닌다는 주장의 명확한 근거가 된다.

논리계형의 혼동에 의한 패러독스의 뒤에는 인류의 어떤 비밀이 숨어 있을까? 이번 장에서는 논리계형의 혼동에 의한 패러독스를 인류 진화사에 대입시켜 봄으로써, 그 광대하고 심오한 문제의 한구석에 빛을 비춰보려 한다.

누진적 문화진화 가설: 인류 진화사의 비밀 〇

현생인류와 관련해 진화사 속에서 존재해온 많은 수수께끼 중 하나는 시간을 둘러싼 수수께끼다. **현생인류는 겨우 약 25만 년이라는, 진화사적으로 대단히 짧은 시간에 실로 다양하며 복잡한 인지지능을 발달시켜왔다.** 고도의 도구를 사용하는 산업이나 기술, 언어를 비롯한 기호에 의한 복잡한 전달이나 표상, 그리고 다양한 사회조직이나 제도 등은 쉽게 구축될 수 있는 것이 아니다. 이것들을 발명하고 유지하기 위해 필요한 인지지능이 자연선택으로 이루어진 통상적인 생물학적 진화의 과정을 통해 하나하나 생겨났다고 하기에는 25만 년이라는 시간은 너무나도 짧다.

이 수수께끼를 풀기 위해 독일의 인류학자 마이크 토마셀로는 '누진적 문화진화' 가설을 제안한다. 토마셀로에 따르면 유일하게 현생인류만이 특유의 문화적 계승 양식으로서 '누진적 문화진화'라는 문화적 계승의 형태를 획득했다. 한쪽으로만 돌아가는 '톱니바퀴'라고도 비유할 수 있는 문화진화의 과정에서는 "창조적인 발명을 추구하는 것뿐만 아니라, 사회적으로 충실히 계승함으로써 톱니바퀴가 거꾸로 돌지 않도록 하는 것이 중요하다. 이로써 새롭게 발명된 인공물이나 실적이 개량된 모습을 (적어도 어느 정도까지는) 충실히 지킬 뿐 아니라 한층 더 개량하거나 변경할 수 있다"(토마셀로, 2006:6). 이런 **누진적 문화진화의 메커니즘**이 있기 때문에 통상적인 생물학적 진화 과정으로 달성하기에는 너무 짧은 25만 년이라는 시간 동안 현생인류는 다른 동물 종에는 없는 인지지능을 발달시킬 수 있었던 것이다.

이 누진적 문화진화의 메커니즘은 다음의 두 단계로 구성된다(〈그림 6-1〉 참조).

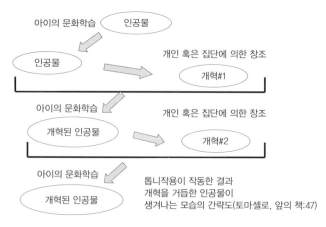

〈그림 6-1〉 누진적 문화진화의 점 작용

(1) 아이의 문화학습:

누진적 문화진화에서 톱니바퀴가 거꾸로 도는 것을 막을 쐐기

아이나 초심자가 문화학습을 통해 기존의 인지지능을 학습하는 과정, 이 과정을 통해 과거에 창조되거나 개발된 인지지능이나 산물이 미래의 창조를 위한 자원으로써 세대를 초월하여 전해진다. 과거에 창조되었거나 개발된 기능과 그 산물은 이 프로세스가 있기 때문에 상실되지 않은 채 전달되고 축적되며, 누진적 문화진화에서 톱니바퀴가 거꾸로 도는 일을 방지한다.

(2) 개인 혹은 집단에 의한 창조:

누진적 문화진화에서 톱니바퀴가 구동하게 하는 힘

이 과정을 통해 도구나 기법, 표상에 의한 커뮤니케이션의 장치, 사회제도 등 과거에 축적되어 온 인지지능이나 그 산물에 기초하여 기존의 인지지능이나 산물에 개량이 더해져 새로운 기능과 산물이 개발된다. 이 과정을

제2부 도넛의 구멍을 배우는 일

통해 처음으로 누진적 문화진화가 이루어진다. 따라서 이것은 누진적 문화진화에서 톱니바퀴가 움직이는 힘으로 작용한다.

위의 두 단계에서 문화진화의 구동력으로 기능하는 개인의 창조 행위는 다른 동물 종에서도 공통적으로 보이는 현상이지만, 쐐기로 기능하는 문화학습 행위는 현생인류에게만 나타난다. 예컨대 "사람 외에 많은 영장류도 행동에서의 지적 혁신이나 새로운 사물을 만들어내는 발전을 이루지만, 시간을 들여 문화의 톱니바퀴를 더 높은 곳으로 나아가게 하는 사회 학습에는 참여하지 않는다"(토마셀로, 같은 책:6). 즉 "많은 동물 종에게 어려운 것은 창조성이 아니라 오히려 톱니바퀴 작용에서 톱니바퀴를 안정시키는 일"(토마셀로, 같은 책:6)이며, 결과적으로 현생인류 외의 다른 동물 종은 축적된 인지지능이나 그 산물의 도움을 받지 못한 채 그때그때 새로운 기능을 직접 개발해야만 한다. 이렇게 문화진화의 쐐기로 작동하는 **문화학습이 있었기 때문에 누진적 문화진화는 온전히 가동될 수 있었다. 또한 25만 년이라는, 생물 진화사적으로 대단히 짧은 시간 동안 현생인류는 다른 동물 종에게는 나타나지 않은 인지지능과 그 산물을 발달시킬 수 있었다.**

토마셀로에 따르면 문화학습은 '모방 학습'과 '가르침에 의한 학습', 그리고 '공동 작업에 의한 학습'이라는 세 종류의 학습으로 이루어진다. 또한 같은 종의 다른 개체(동종 타 개체)에 대해 "자신과 같은 의도나 정신생활을 가지고 있다고 이해하는 능력"(토마셀로, 같은 책:6), 즉 '마음의 이론'을 갖는 능력에 기초한다.

'모방 학습'은 동종 타 개체의 모범이 되는 행동이나 행동 전략[1]을 같은 목표를 가지고 재현하는 학습(토마셀로, 같은 책:32)으로, 이때 '의도-행동 전략과 행동 테크닉―결과'가 학습된다.

'가르침에 의한 학습'은 지식이나 기술이 있는 개체가 이를 동종 타 개체에 전함으로써 생겨나는 학습이다. 즉, "톱다운Top-Down 방식으로 지식이나 기술이 있는 개체가 이를 타자에게 전하면서 일어난다"(토마셀로, 같은 책:41).

'공동 작업에 의한 학습'은 지식이나 스킬이 있는 동종 타 개체와의 공동 작업을 통한 학습이다(토마셀로, 같은 책:6~7). 이런 학습은 동종 타 개체의 행동 뒤에 있는 의도를 이해하는 능력이 없으면 불가능하다.

따라서 토마셀로의 가설이 타당하다면 현생인류가 누진적 문화진화를 충분히 가동시켜 현생인류 특유의 인지지능과 그 산물을 발달시킬 수 있도록 만든 문화학습은, **동종 타 개체를 자신과 같은 의도와 생활 신경을 가진 자로 이해하는 능력에 의해 뒷받침된다. 또한 그 '마음의 이론'을 갖춘 심적 능력이야말로 현생인류와 다른 동물 종의 결정적 차이다.**

그러나 여기에서 짚고 넘어가야 할 점이 있다. 토마셀로는 '누진적 문화진화'의 톱니바퀴를 움직이는 구동력, 즉 개인 혹은 집단에 의한 창조의 능력은 다른 동물 종에서 공통적으로 나타난다고 했는데, 과연 정말로 그러한가? **'마음의 이론'의 능력에 의해 뒷받침되는 문화학습에 기초한 창조와, 문화학습이 없는 창조가 같은 종류의 창조라고 할 수 있는가?** 그렇지 않다고 한다면 현생인류 특유의 심적 능력은 '마음의 이론' 외에도 존재다고 할 수 있기에, 문화학습에 기초한 창조를 지탱할 또 하나의 심적 능력을 상정해야만 한다.

---

1   어떻게 행동할 것인가에 관한 전략 및 계획을 말함.

논리계형 학습진화 모델: 인류 창조력의 비밀 ○

베이트슨이 제안한 학습진화 모델이 이 문제를 생각해보는 데 큰 도움이 된다. 베이트슨의 학습진화 모델은 문화학습에 기초한 창조가 문화학습이 없는 창조와 질적으로 다르다는 점을 확인시켜주기 때문이다.

(1) 제로학습

이 레벨의 학습은 기계나 생명체와 같은 개체의 시스템이 어떤 정보를 반복적으로 받아들여도 시스템에 아무런 변화가 생겨나지 않는 학습, 즉 학습이 발생하지 않는 학습이다. "반응이 하나로 정해져 있으며 그 정해진 반응이 올바르든 그릇되든 수정할 수 없다는 점이 특징이다"(베이트슨, 1972:283).

(2) 학습 I

이 레벨의 학습은 "일련의 선택지 군에서 고른 [문제해결 방법에 대한] 선택지의 오류가 수정되고 [다른 선택지를 고름]에 따라 반응을 하나로 정하는 방식에 변화가 생기는 것"(베이트슨, 위의 책:293)이다. 이 학습에는 학습 주체의 "존재가 어느 시간1에 나타난 반응과 상이한 반응을 별개의 시간2에 보이는 경우"(베이트슨, 같은 책:287)가 포함된다.

　이 레벨의 학습에서 학습자는 특정한 상황을 맞아 하나씩 시행착오를 통해 문제해결 방법을 학습해가지만, 상황에서 추출되어 일반화된 콘텍스트(맥락)에 어울리는 일반화된 문제해결 양식을 학습하는 것은 아니다. 그 때문에 학습자는 늘 어떤 문제해결 방법이 상황에 맞을지 그때마다 확인해봐야 하며, 문제해결의 방법을 콘텍스트에 맞추어 유연하고 적절하게 바꾸는 것이 불가능하다. 이러한 의미에서 이 레벨의 학습자는 **특정한 상황에 속박되어 있으며, 그 상황을 객체화시켜 일반적인 콘텍스트로 추출할 능력이 결여되어 있다.**

(3) 학습 II

이 레벨의 학습은 학습 I 의 메타학습[2]이며 "학습 I 의 과정이 변화하는 것, 가령 [개인이 문제를 해결하는 방법을 고를] 선택지 후보가 포함된 선택지 군이 수정되어, [별도의 선택지 군이 선택되는] 형태로 선택지 군이 변화하거나, 경험한 [현상의] 흐름을 구분하는 방법이 변화하는 것"(베이트슨, 같은 책:293)이다.

이 레벨의 학습에서 학습자는 개개의 상황에서 추출된 일반적 콘텍스트와 어울리는 문제해결 방식을 배운다. 그 결과 학습자는 각각의 상황과 문제해결 방법이 어울리는지 일일이 확인하지 않고도, 콘텍스트에 따라서 문제해결 방식을 유연하고 적절하게 바꿀 수 있다. 이런 의미에서 "학습 II 에서는 문제해결 혹은 학습 I 에서 사용된 사고 과정(혹은 신경경로)이 절약된다"(베이트슨, 같은 책:303). 그러나 이 레벨의 학습에서 학습자는 스스로의 관습을 고집하고 변혁에 저항하는 경향을 보인다. 개개의 상황으로부터 일반적인 콘텍스트를 추출하는 방법은 상황을 이해하는 하나의 전형으로 고정되며, 문제해결 방식도 특정한 콘텍스트에 매여 있기 때문이다.

이 레벨의 학습에서는 관습적 기법의 과정부터, 사회적으로 적절한 태도, 관습적인 세계 이해의 방법 등 여러 종류의 관습이 학습된다. 이들을

---

2 메타란 '초월한' 혹은 '좀 더 고차적인'이라는 의미이며 '학습 I 의 메타학습'이란 '학습 I 을 넘어선 학습' 혹은 '학습 I 보다 고차의 학습', 즉 '학습 I 의 방식 그 자체를 학습하는 것'을 가리킨다.

"성격"(베이트슨, 같은 책:303)이나 양식 혹은 문화라 부를 수 있다. 현생인류에서는 유소년기에 이 레벨의 학습이 행해지며, 이때 배우는 것은 학습자의 몸에 배어들어 별도로 검증되지 않는 전제로서 학습자의 전 생애에 걸쳐 지속적으로 작용한다. 그 때문에 이때 학습되는 것은 **문화적 편견으로 작동**하는 경우가 많다. 이러한 의미에서 이 레벨의 학습자는 **특정한 콘텍스트와 연결된 특정한 문제해결 방식에 속박되어 있다.**

(4) 학습Ⅲ

이 레벨의 학습은 학습Ⅱ의 메타학습으로, "학습Ⅱ의 과정이 변화하는 것, 가령 선택을 위한 일련의 후보지 군의 다발인 [선택지 군] 시스템 그 자체가 수정되어, 일련의 선택지 군의 다발인 [선택지 군] 시스템이 변화하는 것"(베이트슨, 같은 책:293)을 말한다. 이 레벨의 학습자는 학습Ⅱ의 결과 몸에 배인 전제를 객체화시킴과 동시에, 자신과 상황 간의 관계를 객체화하는 능력을 획득한다. 그 결과 학습자는 몸에 배 고정되어버린 전제에, 상황에 따라 유연하고 창조적인 변경을 더할 수 있게 된다.

　이러한 의미에서 "학습Ⅲ은 몸에 배어 검증되지 않은 전제를 다시 물으면서 바꾸어가는 것이며"(베이트슨, 같은 책:303), 학습자를 "관습의 멍에로부터 해방"(베이트슨, 같은 책:303)시켜준다. 이 레벨의 학습자는 개개의 상황에서 일반적 콘텍스트를 추출하는 방법은 물론, 그 **콘텍스트와 문제해결 방식의 관계를 객체화하고, 세계를 이해하는 방법과 문제해결의 양식을 상황에 따라 유연하고 창조적이며 자유롭게 바꿀 수 있게 된다.**

　이 레벨의 학습은 베이트슨이 "이중 구속double bind"이라 부른 상태, 즉 학습Ⅱ의 결과 몸에 밴 몇 가지 전제들 사이의 모순이나, 그 전제와 상황

간의 모순을 해소함으로써 획득된다. 그 때문에 이 레벨의 학습에는 "현생인류에게도 어려우며 달성을 위한 희망만이 존재하고"(베이트슨, 같은 책:303), 그럼에도 **결코 포기하지 않고 모순을 해소하려는 인내가 요구된다.** 이러한 모순을 돌파하려는 끈질긴 인내는 "패러독스(공안公案3)를 깨우친 선禪 수행자가 '모기가 침을 찌르는 것처럼' 그 패러독스에 열중해야 한다"(베이트슨, 같은 책:303)는 모습에 잘 나타나 있다.

베이트슨의 학습 과정 정리에서 학습자는 학습의 레벨이 올라감에 따라, 즉 학습된 것이 일반화되고 논리계형의 레벨이 상승함에 따라 자유와 경제성, 그리고 유연성을 손에 넣는다. 학습I의 학습자는 각각의 특정 상황에 대응하는 문제해결 방법에 속박되어 있었지만, 학습II를 획득함으로써 각 상황에서 일반적인 콘텍스트를 추출하고, 추출한 콘텍스트에 따라 어울리는 문제해결 양식을 경제적으로 선택할 수 있다. 또한 관습적 콘텍스트를 이해하는 방식에 속박된 학습II 레벨의 학습자는 그 콘텍스트에 대응하는 관습적인 문제해결 방식을 고집하지만, 학습III의 레벨에 도달함으로써 콘텍스트와 문제해결 양식의 관습화된 관계를 객체화하고 상황에 맞추어 콘텍스트를 이해하는 방식과 문제해결 방식을 유연하고 자유롭게 바꿀 수 있다. 그러나 이때 중요한 것은 **높은 레벨에 있는 학습은 항상 낮은 레벨의 학습에 기초한다**는 점이다. 학습II를 획득하지 않으면 학습III을 달성할 수 없으며, 학습II도 학습I이 없다면 불가능하다. 이러한 의미에서

---

3 '선문답'이라고도 불린다. 수행승이 깨달음을 얻도록 하기 위해 제시하는 무리난제無理難題를 말한다.

제2부 도넛의 구멍을 배우는 일

베이트슨의 학습 과정의 정리는 **학습의 진화 모델**이라 생각할 수 있다.

베이트슨의 학습진화 모델을 토마셀로의 누진적 문화진화의 가설과 비교해보면, 문화진화의 톱니바퀴에서 쐐기로 기능하는 문화학습이 베이트슨의 모델에서는 학습Ⅱ에 해당한다는 점을 알 수 있다. 학습Ⅱ에서 학습된 것은 **문화**이기 때문이다. 아이들은 학습Ⅱ를 통해 관습화된 문제해결 방식으로 기존의 인지지능을 배우며, 이렇게 축적된 지식과 기능이 미래를 변혁할 자원으로서 세대를 넘어 계승된다. 그렇다면 학습Ⅲ은 토마셀로의 가설 중 어디에 해당할까. 학습Ⅱ가 문화학습에 해당한다면 학습Ⅲ은 누진적 문화진화에서 톱니바퀴를 구동시키는 힘으로 기능하는 '**개인 혹은 집합적 창조**'에 해당한다 할 수 있다. 학습Ⅲ을 통해 학습자는 관습적으로 고정되었던 문제해결 양식을 처음으로 객체화하고 그 양식에 변경을 가하여 변화시키는 기능을 획득할 수 있기 때문이다.

여기에서 주의할 점은 학습Ⅲ에서 학습되는 것은 다른 동물 종에서도 공통적으로 나타나는 **발명의 능력과 상이하다**는 것이다. 앞서 검토했던 것처럼 학습Ⅲ는 학습Ⅱ가 획득된 이후에 그 학습Ⅱ를 기초로 하여 처음으로 얻어지는데, 다른 동물 종은 학습Ⅱ를 획득할 수 없기 때문이다. 오히려 발명의 능력은 베이트슨의 모델에서 학습Ⅰ에 해당한다. 학습Ⅰ에서는 축적된 지식과 기능의 도움 없이 각각의 상황에 어울리는 문제해결의 방법이 상황마다 하나씩 학습(발명)되기 때문이다. 따라서 토마셀로의 가설이 타당하다면 (1)문화학습(학습Ⅱ)을 뒷받침하는 '마음의 이론'인 (2)학습Ⅲ을 가능하게 하는 능력, 즉 문화학습(학습Ⅱ)에서 익숙해진 문제해결 양식을 객체화하여 조작하는 능력과, 창조적인 변혁이나 발명을 행하는 능력이라는 두 가지 능력이 **현생인류 특유의 심적 능력**이라 할 수 있다.[4]

패러독스에 숨겨진 인류의 비밀
: 논리계형의 레벨을 자유롭게 이동하는 능력 ○

'도넛의 구멍만 남기고 먹는 방법'을 시작으로 하는, 논리계형의 혼동이라는 착오에서 생겨난 패러독스 속에 어떠한 인류의 비밀이 숨어 있는지 이제 비로소 명확해졌을 것이다. **바로 인류 특유의 창조력이라는 비밀이다.**

앞서 검토했던 바와 같이 현생인류의 창조력은 문화학습을 통해 익숙해진 기능을 기초로 하면서도, 관습으로 몸에 익은 그 기능에 영원히 속박되지 않고 관습을 객체화시켜서 조작하고, 새로운 변혁이나 창조를 행한다는 점에서 다른 동물 종의 창조력과 다르다. 이 능력은 이미 몸에 익어 결국 관습이 되어버린 기능으로부터 한발 떨어진 시점에서, 자기의 기능 전체를 바라보는 것을 말한다. 즉 현실에서의 행동이라는 논리계형의 레벨에서 한 단계 상위의 논리계형 레벨로 시점을 옮길 뿐 아니라, **옮겨진 시점에서 얻은 통찰에 기초하여 현실 행동의 기능을 개량하여 실행하고, 다시금 전체를 바라보는 논리계형의 레벨로 돌아가 해당 레벨의 시점에서 성과를 평가하는 능력과 마찬가지다.** 즉 (1)현실에서 하는 행동의 연쇄라는 논리계형의 레벨과 (2)그 행동 연쇄의 레벨보다 한층 위에 있는 논리계형의 레벨이라는 **두 가지 레벨을 자유롭게 오가는 능력**이다.

이렇게 논리계형의 레벨을 자유롭게 오가는 능력은 매우 유용하다. 앞서 말한 일련의 행동들은 인간이 문제를 해결할 때마다 정확히 그대로 발

---

4 이 논의는 현생인류와 네안데르탈인의 학습의 차이에 관한 가설에 기초하고 있다(오무라, 2012·2013). 그 가설은 현생인류와 네안데르탈인은 (1)의 '심적 이론'을 가진 능력을 공유하고 있었으나, 네안데르탈인은 (2)의 능력이 결여되었을 가능성이 있다는 것이다.

명해야 하는 헛된 과정이나, 행동 연쇄를 정확히 그대로 익혀서 고스란히 반복하는 경직성에 매몰되지 않도록 돕는다. 이미 익숙해진 행동 연쇄의 전체를 조망하면서 그 연쇄를 부분적으로 분할하여 재배열하거나 새로운 부분을 더함으로써, 이미 익숙한 기능은 살리고 더욱 개량해나갈 수 있기 때문이다. 이것이야말로 토마셀로가 지적한 인류 진화사의 비밀이다. 현생 인류는 **논리계형의 레벨을 자유롭게 오가는 능력**을 손에 넣음으로써 통상적인 생물진화 과정에서는 너무나도 짧은, 25만 년이라는 시간 동안에 복잡하고도 풍부한 인지지능과 그 산물을 얻게 되었다.

그리고 이렇게 논리계형의 레벨을 자유롭게 오가면서 '〈도넛의 구멍〉만 남기고 먹는 방법'을 시작으로 하는 논리계형의 혼동에 의한 패러독스를 생각하는 능력 또한 얻게 되었다. 물질과 관념, 종과 계, 부분과 전체와 같은 논리계형의 레벨을 자유롭게 오갈 수 없다면 결코 논리계형의 혼동을 생각할 수 없다. 논리계형의 혼동에 의한 패러독스는 수학자나 논리학자에 있어서는 단순한 오류에 불과하지만, 인류학자들에게는 현생인류 특유의 창조력을 확인하는 계기가 되어주었다.

그렇다면 이처럼 논리계형의 레벨을 자유롭게 이동하는 능력에 기초하여 의도적으로 논리계형을 혼동시키고 패러독스를 낳는 데에는 어떠한 의미가 있을까? 그리고 이로써 인류는 어떠한 세계를 넓혀온 것일까? 서두에서 베이트슨이 한 말처럼 여기에는 **놀이나 유머와 같은 인류의 창조적 경영**이 포함되어 있다.[5] 그 이전에는 **예술의 경영**이 있었을 수도 있다. 뿐

---

5 유머나 농담을 포함하여 논리계형을 둘러싼 인류의 창조성의 문제에 대해서는 졸고(오무라, 2013)에서 이누이트 사회를 사례로 하여 구체적으로 논하고 있으므로 참조하기 바란다.

만 아니라 마르크스의 견해처럼 이 능력이 오늘날의 산업자본 경제 전반의 다이내믹스를 지탱하고 있음은 분명하다. 이런 능력에 기초하여 인류는 어디로 가는 것일까, 우주를 향하고 있는 것일까?

이러한 질문에 대답하기 위해서는 또 다른 이야기를 필요로 한다. 그러나 하나만은 분명하다. '도넛의 구멍만 남기고 먹는 방법'이라니, 이 얼마나 놀랍고 매력적인 패러독스인가. 이것은 **현생인류의 창조력이 낳은 아름다운 산물 중 하나**이며, 이 질문 속에 인류 미래의 가능성이 잠재되어 있을지 모른다. 이를 오류라고 무시해버리는 것이 아니라, 그 착오 자체에서 혹은 **착오하는 능력에서 무엇인가를 찾아내는 일에서 말이다.**

키워드

논리계형 "계층은 결코 그 자체의 구성원이 되지 않는다. 계층의 계층은 이를 구성원으로 하는 계층의 구성원이 결코 될 수 없다"(베이트슨, 2000:383)는 말처럼, 복수의 현상을 하나로 묶어 생겨난 현상의 집합과, 그 집합으로 묶인 각각의 현상은 이론의 레벨이 상이하다는 것을 말한다. 그 외에도 이번 장에서 논한 것처럼 '사물의 이름'과 '이름 붙여진 사물 관념', 부분과 전체 등 일반화의 레벨이 달라지면 논리계형의 레벨이 상이해진다. 이는 화이트헤드와 러셀이 『수학 원리』에서 지적한 바 있으며, 그 혼돈이 패러독스를 불러일으킨다. 패러독스에서는 타당한 것처럼 보이는 전제가 타당해 보이는 추론으로 이어진 결과, 모순이 생겨난다.

누진적 문화진화 토마셀로가 제창한 인류 진화의 메커니즘. 본문의 〈그림 6-1〉에 나타난 것처럼 문화학습과 창조의 프로세스가 연동되어 사람들이 발명한 것이 퇴보되지 않고 계속적으로 개량되어가는 '톱니바퀴 효과rachet effect'가 생겨나면, 특정한 발명에 차례로 개량이 실시되면서 생물학적인 진화와는 비교할 수 없는 속도로 행동과 그 산물이 진화해간다는 것을 뜻한다. 토마셀로에 따르면 이 누진적 문화진화의 과정이야말로 현생인류 이외의 생물 종에서는 나타나지 않는 문화적 계승의 과정이며, 생물 진화에서는 생각할 수도 없는 속도로 현생인류가 행동과 그 산물을 진화시킬 수 있었던 이유이기도 하다.

학습 동일한 콘텍스트에서 시간t1에 대한 반응과 시간t2에 대한 반응에 차이가 발생하는 시스템의 변화를 말한다. 정보에 대해서는 다음과 같이 정의할 수 있다. "정보의 '1비트'는 받는 사람에 있어 한 개의 차이를 낳는 차이. 이와 같은 차이가 회로 내부를 차례로 변환시키면서 전해지는 것이 바로 '관념'의 기본형이다."(베이트슨, 2000:429) 따라서 동일한 콘텍스트에서 시스템의 반응에 따라 차이가 생기는 것처럼, 시스템에 차이가 발생하는 형태로 시스템에 정보(차이를 낳는 차이)가 생겨나는 것이라 정의할 수 있다.

북가이드

- 그레고리 베이트슨, 『정신의 생태학』, 사토 요시아키 옮김, 신시사쿠샤, 2000.
- 그레고리 베이트슨, 『신경과 자연』, 사토 요시아키 옮김, 시샤쿠샤, 1982.
- 그레고리 베이트슨 외, 『천사는 두려워한다』, 사토 요시아키 옮김, 시샤쿠샤, 1992.
- 스티븐 미슨, 『노래하는 네안데르탈인: 음악과 언어로 본 사람의 진화』, 구마가이 준코 옮김, 하야카와쇼보, 2006.
- 마이크 토마셀로, 『마음과 말의 기원을 탐구하다: 문화와 인지』, 오호리 도시오·나카자와 스네코·니시무라 요시보·혼다 아키라 옮김, 게이소쇼보, 2006.

인용문헌

- Gregory Bateson, *Steps to an Ecology of Mind*, The University of Chicago Press, 1972.
- 그레고리 베이트슨, 『정신과 자연』, 사토 요시아키 옮김, 시샤쿠샤, 1982.
- 그레고리 베이트슨 & M. C. 베이트슨, 『천사는 두려워한다』, 사토 요시아키 옮김, 시샤쿠샤, 1992.
- 카를 마르크스, 『자본론』 제1권 초판, 오카자키 지로 옮김, 오쓰키쇼텐, 1976.
- 오무라 게이치, 「패키지 학습진화 가설: 문화인류학으로부터 본 현생인류와 네안데르탈렌시스의 교차극」, 『수렵채집민의 조사에 기초한 사람의 학습행동에 대한 실증적 연구』, 데라시마 히데아키 편, 고베학원대학 인문학부, 2012.
- 오무라 게이치, 「창조성과 객체화의 능력을 기르는 '놀이': 캐나다·이누이트 아이들의 학습 과정에서 보는 자세의 학습」, 위의 책.
- 마이크 토마셀로, 『마음과 말의 기원을 탐구하다: 문화와 인지』, 오호리 도시오·나카자와 스네코·니시무라 요시보·혼다 아키라 옮김, 게이소쇼보, 2006.
- A. N. Whitehead & B. Russell, *Principia Mathematica*, Cambridge University, pp. 1910~1913.

사실은 달지 않았다! 모두가 좋아하는 추로스의 비밀

유럽 서부에 위치한 나라 스페인. 투우와 플라멩코, 토마토 축제로 유명한 이 나라에서는 어떤 도넛을 먹고 있을까요?

도넛과 같은 종류로 스페인에서 유명한 과자는 우리에게도 친숙한 '추로스'입니다. 여러분도 놀이공원에서 한번쯤 먹어본 적이 있으시겠지요. 모두가 즐겨 먹는 추로스는 스페인에서 전해진 과자입니다.

스페인의 추로스는 겉보기에는 우리가 아는 추로스와 별 차이가 없지만 막상 먹어보면 맛에 큰 차이가 있습니다. 일본과 달리 반죽에 설탕을 거의 넣지 않아 단맛이 잘 느껴지지 않습니다. 게다가 스페인에서는 추로스를 주로 핫초코 등 단 음료에 찍어 먹는다고 합니다. 어쩐지 멋스럽지요.

추로스는 언제 어디서나 쉽게 구할 수 있으며, 출근 전 아침 식사나 간식으로도 즐겨 먹습니다. 최근 일본에서도 유행하는 '바Bar'에서도 종종 먹는데, 스페인의 바는 술만 파는 곳이 아니라 커피도 마실 수 있는 곳입니다. 언제든 원할 때 좋아하는 음식이나 음료를 즐길 수 있는 스페인의 바는 이처럼 매력적인 장소입니다.

스페인의 도넛과 같은 음식에는 추로스 외에도 '브뉴엘로'라는 과자가 있습니다. 브뉴엘로는 밀가루와 계란, 우유 등을 섞어 만든 반죽을 주머니 모양으로 튀겨 속에 커스터드 크림 등을 넣어 만듭니다. 추로스보다 가격이 비싸기 때문에, 대개 집에서 손님 접대용으로 내놓습니다.

브뉴엘로를 다른 의미로 먹는 시기가 있습니다. 발렌시아 지방의 '파예스'라는 축제 기간입니다. 파예스는 이른바 봄의 축제로, 이 기간 중 사람들은 크림 대신에 호박 등을 넣은 브뉴엘로를 먹습니다.

축제가 시작되면 거리에 각양각색의 모습을 한 거대한 인형이 등장하고 콘테스트가 열립니다. 인형은 종이처럼 불태우기 쉬운 것으로 만들어지는데요. 콘테스트에 출품되었던 인형은 3월 19일 '성 요셉의 날'에, 1위를 한 작품을 제외하고 일제히 불태웁니다. 이것이 축제 최고의 백미죠. 인형을 태우면서 생기는 엄청난 불기둥과 축제를 밝히는 아름다운 불꽃놀이가 어우러져 장관을 이룬다고 합니다. 그래서 '발렌시아 불꽃 축제'라는 별명이 생겼다고 하네요. 이 아름다운 광경 덕분에 파예스는 세계적으로 유명한 축제가 되었답니다. **여러분도 브뉴엘로를 한 손에 들고 멋진 불꽃을 바라보며 봄의 기운을 느껴보셨으면 좋겠네요.**

인터뷰이 하세가와 신야
집필 히라노 유타

추로스

7 올리고당의 구멍을 이용해 분자를 잡는다

기다 도시유키 木田敏之
오사카대 대학원 공학연구과 응용화학 전공 준교수

1991년에 오사카대 대학원 공학연구과 응용화학 전공 전기박사과정을 졸업했다. 같은 해 오사카대 공학부 응용화학과 조수, 1998년 오사카대 대학원 공학연구과 분자화학 전공 조수를 거쳐, 1999년 4월~2000년 4월에는 미국 노트르담대에서 박사후연구원으로 재직했다. 2004년 같은 과 강사, 2005년 오사카대 대학원 공학연구과 응용화학 전공 강사를 거쳐 2006년 같은 과 조교수, 2007년부터 같은 과 준교수로 재직 중이다. 공학박사.

전공 분야는 초분자화학, 분자 인식화학, 유기합성화학이다. 사람과 환경에 친화적인 고기능 재료의 개발에 힘쓰고 있다. 현재는 주로 환경오염 문제 해결에 공헌할 수 있는 분자 인식 재료의 개발과, 환상올리고당의 자기조직화를 이용한 고기능 재료의 개발에 힘쓰고 있다. 2010년 2월~2011년 3월까지 최첨단 차세대 연구개발지원 프로그램 '오일 속의 유해물질을 효율적으로 완전히 제거·회수할 수 있는 혁신적 식물성 흡착제의 개발'의 대표 연구자로 근무했다.

머리말 ○

환상環狀(고리 모양) 올리고당 '사이클로덱스트린'에 관한 학자들의 연구를, 화학 지식이 없는 일반인이나 학생에게 설명할 때는 종종 '도넛'을 이용한다. 육안으로는 볼 수 없는 10억분의 1미터 정도의 크기에 불과한 '사이클로덱스트린'의 모습을 이미지화하는 데 도넛이 제격이기 때문이다. 도넛으로 설명하면 '아, 그렇구나' 하며 대부분 쉽게 이해한다. 최근에는 일반인 앞에서 강연할 기회가 늘어나서 필자의 이야기에도 도넛이 빈번하게 등장하게 되었다. 아마 이런 이야기가 돌고 돌아 쇼세키카 프로젝트 학생들의 귀에 들어간 덕에 집필진 후보로 필자를 지목하게 되었을 것이다. 처음 '도넛을 구멍만 남기고 먹는 방법'이라는 이 책의 타이틀을 들었을 때, '도넛의 구멍'에 착안했다는 점에는 공감했지만 필자의 실제 연구 내용과는 거리가 있어서 '집필자로 적당하지 않다'며 거절했다. 그러나 이야기를 잘 들어보니 도넛에 관계된 이야기이기만 하면 '번외편(응용편)'으로 게재하고 싶다기에 집필을 승낙하게 되었다.

이 책을 읽을 독자층은 성인이기 때문에 화학의 기초지식을 어느 정도 가지고 있을 것이라 생각한다. 그래서 필요한 곳에는 화학식을 사용해 화학적으로 조금 더 깊이 있는 내용을 넣었다. 하지만 문과 학생들, 특히 화학을 어려워하는 학생들에게는 약간 어렵게 느껴질 수도 있다. 화학식, 화학용어에 익숙하지 않아 이번 장을 읽기가 힘들다면, 필자가 일반인을 위해 만든 연구 내용 설명 동영상[1]을 먼저 봐주길 권한다.

문제에 들어가기 전에 ○

이번 장에서 소개할 도넛형 올리고당인 사이클로덱스트린의 기능에 대한 이해를 높이기 위해, '분자 인식'과 '분자 인식에 관한 힘(상호작용)'에 대한 설명을 살펴보자.

(1) 분자 인식이란?

분자 인식이란 어떤 분자가 특정 분자를 선택적으로 구별하여 결합하는 현상을 말한다. 분자 인식은 생체 내에서 일상적으로 일어난다. 예컨대 효소가 생명활동에 필요한 단백질이나 호르몬을 만들거나, DNA가 유전정보를 전할 때 분자(여기에서는 효소나 DNA)에 의해 표적분자에 대한 엄밀한 인식이 일어난다. 분자 인식이 정상적으로 일어나지 않으면 생물은 생명활동을 유지하기 어려워진다.

19세기 말, 독일의 화학자 에밀 피셔는 효소가 물질에 작용할 때 어느 특정 물질에 대해 선택적 작용이 일어난다는 점을 발견했다. 이 현상을 기초로 그는 **분자 인식의 기초가 되는 '열쇠와 자물쇠' 개념**을 주장했다. 일반적으로 분자 인식이 일어날 때 분자를 받아들이는 쪽을 '호스트 분자',

---

1 http://www.youtube.com/watch?v=ZPkP4GvCNMQ

인식되는 쪽을 '게스트 분자'라고 부른다. 대표적인 호스트 분자에는 이번 장에서 이야기할 사이클로덱스트린 외에도, '크라운 에테르'[2]나 '칼릭사렌'[3]과 같은 화합물이 있다.

(2) 분자 인식에 관한 힘(상호작용)

분자 인식이 이루어질 때 호스트 분자와 게스트 분자 사이에는 갖가지 힘(상호작용)이 일어난다. 대표적으로 ①정전 상호작용, ②수소 결합, ③반데르발스 상호작용, ④소수성 상호작용이 있다. ①정전 상호작용은 플러스와 마이너스의 전하를 가진 2개의 분자 사이에 작용하는 인력이다. 이 힘은 ②~④에 드는 다른 힘(상호작용)에 비해 꽤나 크다. ②수소 결합은 O-H나 N-H 등 전기음성도[4]가 큰 산소나 질소와 결합한 수소와, 가까이 존재하는 강하게 분극[5]한 산소나 질소와의 사이에서 작용하는 인력이다. **생체 내에서 일어나는 분자 인식에는 수소 결합이 매우 중요한 역할을 한다.** ③반데르발스 상호작용은 모든 분자 사이에 작용하는 힘이다. 중성분자에 순간적으로 생겨난 전하의 치우침(순간쌍극자)에 기초한 분자 간의 인력을, 창안자의 이름을 따서 반데르발스 상호작용이라 한다. ④소수성 상호작용은 수

---

2 크라운 에테르를 비스듬히 보면 왕관처럼 보여서 이런 이름이 붙었다. 크라운 에테르는 특정한 금속이온과 선택적으로 결합한다. 해수 속의 금속이온을 회수하는 등에 이용될 것으로 기대된다.
3 사이클로덱스트린, 크라운 에테르와 같은 고리 모양 구조를 가진 호스트 분자다. 분자 구조가 잔 모양을 닮아서 그리스어 칼릭스calix('잔'을 의미)를 따 칼릭사렌이라 불린다. '~아렌'이란 벤젠 등의 방향족화합물을 가리킨다. 금속이온에 더해 유기분자를 붙잡는 능력이 있다.
4 원자가 전자를 끌어당기는 힘의 세기를 나타내는 지표다. 효소나 질소의 전기음성도는 수소보다 훨씬 크다.
5 예컨대 전기음성도가 큰 산소와 작은 수소가 결합할 경우 그 결합에 관여하는 전자는 산소 쪽에 강하게 끌린다. 이 결과 산소에 전자가 많아져서 마이너스로 하전하고 수소는 플러스로 하전한다. 이 현상을 분극이라 한다.

용액 속에서 소수성 분자(물에 녹지 않는 분자)끼리 서로 모이는 힘을 말한다. 예컨대 물속에 기름 등의 소수성 분자를 넣으면 물과의 접촉 면적을 가능한 줄이기 위해 기름끼리 서로 모인다. 이때 일어나는 상호작용을 소수성 상호작용이라 한다. 물속의 사이클로덱스트린이 구멍을 이용하여 게스트 분자를 포착할 때는 주로 반데르발스 상호작용과 소수성 상호작용이 일어난다.

호스트 분자와 게스트 분자 사이의 상호작용을 물질의 분리 및 분석, 식품, 의약품에 응용하기 위해서는 호스트 분자가 **너무 강하지도 약하지도 않은 적당한 힘으로 분자를 포착해서 어느 특정 자극으로 게스트 분자를 쉽게 풀어주는 역할**을 할 수 있어야 한다. 적당한 힘으로 게스트 분자를 붙잡고 필요한 때 게스트 분자를 풀어줄 수 있는 호스트 분자의 대표격이 이번 장에서 소개할 **'사이클로덱스트린'**이다.

도넛형 올리고당 사이클로덱스트린이란? ○

사이클로덱스트린('사이클로'란 '고리 모양'을 의미하며 '시클로덱스트린'이라고도 부른다)은 녹말에 효소를 작용시켜 만드는, 식물에서 얻어낸 환상올리고당이다. 〈그림 7-1〉에서처럼 D-글루코오스가 6, 7, 8개로 이루어진 사이클로덱스트린이 대표적이며, 각각 6, 7, 8사이클로덱스트린이라 불린다. 이들 사이클로덱스트린은 내경 0.5~0.9나노미터(1나노미터는 1미터의 10억분의 1) 크기의 도넛형 구멍을 가지고 있으며, 이 구멍의 모양과 크기에 맞는 분자를 그 속에 가두는 성질을 지닌다(〈그림 7-2〉). 이 성질을 '포접'이라 부른다. 사이클로덱스트린의 포접 능력은 혼합물 중에서 특정 분자를 선택적으로 포착하기 위한 분리 재료나, 특정 분자를 검출하기 위한 센서, 혹은 생체 내에 존재하는 효소 기능을 해명할 때 이용하기 위한 모델로 학술 분야에서 널리 연구되어왔다. 또 앞서 설명한 것처럼 사이클로덱스트린은 적절한 힘으로 분자를 포접할 수 있으며, 생체나 환경에 대해 높은 안정성을 지니기 때문에 식품, 화장품, 의약품 등 다양한 분야에 이용되었다. 예를 들면 초밥을 먹을 때 쓰는 '튜브형 고추냉이'에 사이클로덱스트린의 포접 능력이 이용된다. 고추냉이를 다질 때 나오는 코가 찡할 정도의 매운 성분은 쉽게 휘발(증발)되기 때문에 그 형태 그대로 보존하기 어렵지만, 사이클로덱스트린의 구멍 속에 가두면 휘발되는 것을 억제하고 오래 보존할 수 있다. 구멍 속에 가두어진 매운 성분은 입속에서 타액과 만나면서 방출된다. 이것이 장기보존된 고추냉이가 매운맛을 유지하는 방법이다. 그 외에도 물에 잘 녹지 않는 '코엔자임 Q10'과 같은 건강식품을 사이클로덱스트린의 구멍 속에 가둬 물에 쉽게 녹도록 만들거나, 체내로의 흡수율을 높이기도(가용화 작용)한다. 또한 공중에 떠다니는 악취 물질을 사이클로덱스트린의 구멍 속에 가둬 냄새를 제거하는 데도 쓰인다. 이를 마스킹 작용이라고 한다(예컨대 시판되는 탈취제 '페브리즈'에 사이클로덱스트린의 마스킹 작용이 이용된다).

이처럼 사이클로덱스트린은 여러 분야에서 이용되지만, 게스트 분자의 형태나 크기에 맞추어 유연하게 모양이나 크기를 바꾸는 것이 어렵기 때문에 적용할 수 있는 게스트 분자의 종류가 한정적이다. 필자는 이 사이클로덱스트린의 약점을 극복하고 용도를 확대하기 위해 사이클로덱스트린의 구멍을 이루는 도넛형 고리 골격에 여러 가지 파트(이후 스페이서라 부름)를

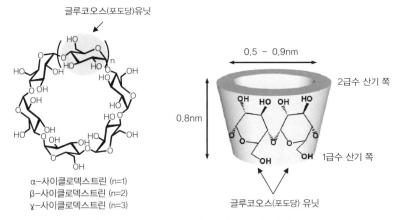

글루코오스(포도당)유닛

0.5 ‒ 0.9nm

2급수 산기 쪽

0.8nm

1급수 산기 쪽

α‒사이클로덱스트린 (n=1)
β‒사이클로덱스트린 (n=2)
γ‒사이클로덱스트린 (n=3)

글루코오스(포도당) 유닛

〈그림 7‒1〉 사이클로덱스트린의 화학 구조(좌)와 모식도(우)

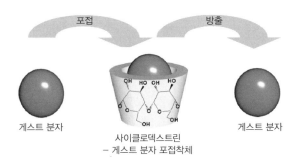

포접

방출

게스트 분자

사이클로덱스트린
‒ 게스트 분자 포접착체

게스트 분자

〈그림 7‒2〉 사이클로덱스트린에 의한 게스트 분자의 포접과 방출의 모식도

끼워 넣어 구멍의 형태와 크기를 바꾸는 방법을 생각해보았다. 다음에서 '스페이서 삽입 사이클로덱스트린'에 대해 상세하게 알아보자.

스페이서를 삽입하여 사이클로덱스트린 구멍의 형태와 크기를 바꾸다

○

(1) 스페이서 삽입 사이클로덱스트린의 개발

필자가 '스페이서 삽입 사이클로덱스트린'의 연구에 착수하기 전에 이미 관련된 2개의 선행 연구가 존재했다. 그러나 그 연구에서 이용된 합성법은 모두 반응 단계가 많아 매우 수고스러운 과정을 거쳐야 했다. 뿐만 아니라 합성된 스페이서 삽입 사이클로덱스트린의 포접 능력에 대해서도 거의 조사하지 않았다. 그래서 필자는 좀 더 적은 반응 단계로 간단히 스페이서 삽입 사이클로덱스트린을 합성할 수 있는 방법을 구상했다. 사이클로덱스트린을 구성하는 글루코오스끼리의 결합을 한 곳만 절단(1점 개열)하고, 그 절단한 곳에 스페이서를 끼워 넣어 다시 고리로 만드는 방법이다(《그림 7-3》). 즉, **도넛 고리의 한 부분을 절단한 후 거기에 다른 스페이서를 끼워 넣고 다시 이어서, 크기나 모양이 다른 '도넛(모양)'으로 만든다는 생각이다.** 그러나 사이클로덱스트린에서 글루코오스 간의 결합은, 사이즈가 작은 α-사이클로덱스트린의 경우에도 6개나 있다. 또 이들은 화학적으로 같은 성질을 가지기 때문에 그중 한 부분만을 선택적으로 절단하는 것은 매우 어려울 것으로 예상되었다. 결합 중 하나만 절단해도 남은 5개의 결합이 연이어서 절단되기 때문이다. 필자는 이 한 점에서의 개열 반응(고리가 풀리는 반응을 말한다—옮긴이)을 여러 반응 시약과 반응 조건을 이용하여 검토한 결과, 산성 시약 중 하나인 '과염소산'을 이용해 수용액 속에서 반응을 일으키면 순조롭게 반응이 진행되는 것을 발견했다. 일반적으로 사이클로덱스트린에서 글루코오스 간 결합의 절단 반응은 산성 시약으로 공급된 프로톤(수소양이온)이 글루코오스끼리 연결하는 산소에 추가되며 시작된다고 알려져 있다. 이 산소는 사이클로덱스트린의 구멍 안쪽에 존재하기 때문에 구멍 속에 쉽게 끼워지는 산성 시약(여기에서는 과염소산)을 이용하면 산소에의 프로톤 추가가 쉽게 일어나게 되며 절단(개열) 반응이 빠르게 진행된다.

한편, 고리가 개열된 뒤에는 과염소산분자와 사이클로덱스트린을 접근시킬 구멍이 더 이상 존재하지 않기 때문에 2점째의 개열 반응이 진행되는 것은 억제될 것이다. 즉, 사이클로덱스트린 구멍에 산성 시약의 포접 현상을 이용해서 한 점에서만 개열 반응을 이끌어낼 수 있었다. 이 방법을 '메틸화 α-사이클로덱스트린'에 적용하자, 글루코오스 간 결합 중 한 부분만을 선택적으로 절단(개열)한 화합물에서 원하는 반응을 얻어낼 수 있었다. 이와 같은 개열 반응에서 글루코오스 사슬의 말단에 2개의 수산화기(OH기)가 새롭게 생겨났다. 때문에 이 수산화기와 여러 가지 스페이서의 화학 반응을 이용하여 다시금 고리로 만들어서 스페이서 삽입 사이클로덱스트린을 간단히 합성할 수 있었다. 이때 **스페이서 삽입을 위해 필요했던 반응은 개열과 재고리화라는 고작 두 단계에 불과하기 때문에, 지금까지의 방법보다 시간과 수고가 대폭 줄어들었다.**

스페이서 삽입 사이클로덱스트린의 포접 능력을 조사한 결과, 포접 능력은 삽입된 스페이서의 영향을 크게 받는다는 사실을 알 수 있었다. 또 스페이서 삽입 사이클로덱스트린은 원래 사이클로덱스트린보다도 높은 포접 능력을 보이고, 삽입된 스페이서와 게스트 분자 간에 작용하는 힘이 포접 착체[6]를 형성하도록 촉진하는 것을 발견했다. 이런 스페이서 삽입 사이클로덱스트린의 합성법을 이용해서 여러 형태와 크기의 구멍을 가진 사이클

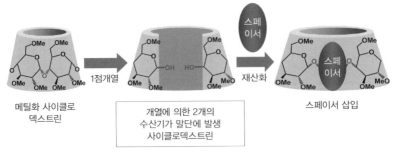

<그림 7-3> 스페이서 삽입 사이클로덱스트린의 합성 원리

로덱스트린 호스트 분자를 만들 수 있었으며, 포접할 수 있는 게스트 분자의 종류도 비약적으로 확대되었다.

한편 자극에 응답하는 파트를 스페이서로 이용하면 새로운 타입의 자극 응답성 사이클로덱스트린을 개발할 수 있다. 다음으로는 응답하는 사이클로덱스트린에 대해 간단히 설명해보겠다.

(2) 자극 응답성 사이클로덱스트린의 개발

요즘에는 약물을 표적세포로 확실히 옮기기 위한 약물 전달 시스템DDS이나 약물 및 향료의 서방담체徐放担体[7] 등에 적용하기 위해서, **사이클로덱스트린의 구멍 속에 가둔 게스트 분자를 빛, pH(산성도), 열 등의 자극을 이용하여 방출하는 연구**도 이루어지고 있다.

6　게스트 분자가 호스트 분자에 접촉하여 생겨난 복합체를 말한다.

7　보존하고 있는 약이나 향 성분을 천천히 방출시키는 기능을 가진 물질을 말한다. 약물 서방담체를 이용하면 약효가 장기간 유지되기 때문에 약의 복용 횟수를 줄일 수 있다. 또 약의 혈중농도가 급격히 상승하지 않기 때문에 부작용이 억제된다.

이황화물　　　　　　　　　　　　　　　　디티올형

〈그림 7-4〉 환원을 이용한 사이클로덱스트린 고리의 개열 모식도

　필자는 유황원자가 2개 결합한 이황화물(S-S)기를 스페이서로 해서 사이클로덱스트린 고리 골격에 삽입하고, 환원 반응을 통해 이황화물을 디티올(-SH)로 변환시켜서 갇혀 있던 게스트 분자의 방출을 제어할 수 있는 자극 응답성 사이클로덱스트린을 개발했다(〈그림 7-4〉). 이 자극 응답성 사이클로덱스트린을 이용하면 고리가 개열됨에 따라 게스트 분자가 방출되었다. 예컨대 생체 내에 존재하는 환원제[8]인 디티오트레이톨DTT을 이 자극 응답성 사이클로덱스트린의 수용액에 첨가해보면, 이황화물기가 디티올기로 환원되어서 고리의 개열이 일어난다. 이 개열의 속도는 환원제 농도를 바꿈으로써 제어할 수 있다. DTT 첨가에 따른 사이클로덱스트린 고리의 개열을 이용해서, 구멍 안에 포접되어 있던 게스트 분자를 방출시키는 데도 성공했다. 따라서 자극 응답성 사이클로덱스트린은 약물 등의 서방담체로 널리 이용될 것으로 기대된다.

8 　상대를 환원시키는 물질(백신은 산화함)을 말한다. 식품첨가물로 친숙한 비타민C를 예로 들 수 있다.

기름 속에서 작용하는
사이클로덱스트린을 만들다 ○

앞에서는 사이클로덱스트린 구멍의 모양이나 크기를 자유자재로 바꾸는 방법과, 이를 이용해 사이클로덱스트린의 게스트 분자 방출 능력을 제어하는 방법을 소개했다. 이번에는 사이클로덱스트린의 또 하나의 약점인 **작용할 수 있는 환경의 한계를 극복하는 방법**에 대해 설명하려 한다.

(1) 기름 속에서 작용하는 사이클로덱스트린의 개발

사이클로덱스트린의 포접 능력은 지금까지 널리 이용되어왔으나, 물속이나 기름 속과 같이 모든 환경에서 사이클로덱스트린의 구멍에 게스트 분자의 포접이 일어나는 것은 아니다. 포접은 주로 물속에 한정되어 일어나며, 비극성 용매[9]나 기름 속에서의 포접은 극히 어렵다고 생각되었기 때문에 그동안 전혀 실현되지 않았다. 이는 사이클로덱스트린의 구멍이 기름과 친한 '친유성'을 가지고 있고, 비극성 용매 및 기름 속에 다량으로 존재하는 용매나 기름의 분자가 게스트 분자 포접의 강력한 경쟁 상대가 되어서 게스트 분자 포접에 크게 방해가 된다고 생각되었기 때문이다. 〈그림 7-1〉에 나타나 있듯 사이클로덱스트린에는 고리의 위아래에 다수의 수산기(OH기)가 존재한다. 필자는 그 속의 **1급수 산기 쪽(사이클로덱스트린 고리의 입구가 좁은 측)의 수산기를 화학적으로 수식하는 사이클로덱스트린을 이용하면 비극성 용매 속의 게스트 분자를 잘 포접할 수 있다는 것을 발견했다.**

---

9 극성(전하의 치우침)을 가지지 않은 용매분자를 말한다. 헥산이나 벤젠이 이에 해당한다.

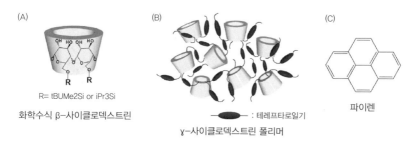

(A)

OH HO OH HO

R R

R= tBUMe2Si or iPr3Si

화학수식 β-사이클로덱스트린

(B)

━━━ : 테레프타로일기

γ-사이클로덱스트린 폴리머

(C)

파이렌

〈그림 7-5〉 (A)화학수식 β-사이클로덱스트린과
(B)γ-사이클로덱스트린 폴리머의 모식도, 그리고 (C)파이렌의 화학구조.

특히 7개의 글루코오스로 이루어진 β-사이클로덱스트린의 1급수 산기를 화학수식한 화합물(〈그림 7-5〉 A)이 비극성 용매 속에 용해되어 있는 염소화방향족화합물, 파이렌(화학구조는 〈그림 7-5〉 C 참조), 나프탈렌 류와 효과적으로 포접착체를 형성하는 것을 명확히 알 수 있었다. 이들 화합물의 게스트 분자를 선택하는 것은, 이용하는 비극성 용매의 종류에 따라 크게 영향을 받았다. 예컨대 벤젠 용매 속에서는 1, 2-사이클로벤젠보다도 1, 3-사이클로벤젠에 대해 높은 포접 능력을 보였던 반면, 사이클로헥세인 용매 속에서는 거꾸로 1, 2-사이클로벤젠에 대해 높은 선택성을 보였다. 또 이들 화학수식 사이클로덱스트린은 벤젠 혹은 사이클로헥세인 용매 속에서 파이렌과 2 대 1의 포접착체를 형성하고, 이들 사이의 결합정수[10]는 종래 수계에서의 β-사이클로덱스트린과 파이렌의 결합정수보다도 40배 이상 높은 식을 보였다. 이것은 사이클로덱스트린의 구멍에 파이렌을 가두는

---

10 복수의 화합물을 가역적으로 결합·해리할 때 그 결합의 강약을 보이는 식이다. 회합정수라고도 부른다. 결합(회합)정수가 클수록 화합물 간의 결합이 강하다.

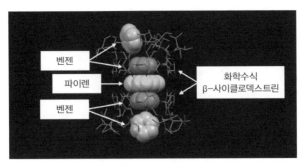

벤젠

파이렌

벤젠

화학수식
β−사이클로덱스트린

〈그림 7-6〉 벤젠 속에서 형성된 화학수식 β−사이클로덱스트린−파이렌 흡착체의 결정구조

것이 물속보다 비극성 용매 속에서 더욱 효과적으로 일어난다는 것을 의미한다. 벤젠 용매 속에서 형성된 화학수식 사이클로덱스트린과 파이렌의 2 대 1 포접착체의 단결정 X선 구조해석[11](〈그림 7-6〉)에서, 그 착체에서는 사이클로덱스트린 2분자가 서로의 2급수산기 간의 수소결합을 통해 캡슐을 형성하고, 이 캡슐의 빈 구멍 한가운데에 2개의 벤젠 용매 분자 사이에 낀 채로 파이렌 분자가 가둬지는 것을 알 수 있다. 또 **이 포접 현상을 이용하여 기름 속에서 염소화방향족화합물을 제거하는 데도 성공했다.**

예컨대 100피피엠[12] 농도의 염소화벤젠과 저염소화폴리염화바이페닐 PCB(화학구조는 〈그림 7-7〉 참조)이 용해된 절연유[13] 속에 화학수식 β−사이클로덱스트린을 고체인 상태로 넣어 몇 시간 교반하고, 고체와 절연유를 분

---

11 결정에 X선을 입사하면 결정구조에 응한 회절반점을 얻을 수 있다. 이 회절반점을 측정하고 해석함으로써 분자의 구조를 결정하는 방법을 말한다.
12 ppm은 100만분의 1을 의미하는 parts per million의 줄임말이다. 어떤 양이 전체의 100만분의 얼마를 점하는지를 나타낼 때 이용한다.
13 액상 절연재 중 하나다. 기름을 넣은 변압기, 컨덴서, 케이블 등 많은 전기기구의 절연재로 이용되고 있다.

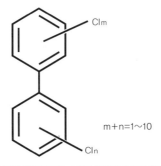

Clm

m+n=1~10

Cln

〈그림 7-7〉 PCB의 화학구조(209종의 화합물로 이루어짐)

리하자 절연유 속의 염소화방향족화합물이 대부분 제거되었다. 한편, 3개 이상의 염소가 결합한 중-고염소화 PCB에 대해서 사이클로덱스트린은 거의 제거 능력을 보이지 않았다. PCB의 분자 크기가 β-사이클로덱스트린의 구멍 크기보다도 크기 때문에 포접되지 않은 것이라 생각된다. 이러한 결과를 기초로 해서 절연유 속에 용해되어 있는 PCB에 대한 흡착제로써, 좀 더 큰 구멍을 가진 γ-사이클로덱스트린(8개의 글루코오스로 구성된)으로 이루어진 γ-사이클로덱스트린 폴리머(《그림 7-5》 B)를 설계 및 합성했다. 이 폴리머에는 γ-사이클로덱스트린의 구멍 크기보다 큰 PCB에 대해 복수의 γ-사이클로덱스트린이 상하좌우에서 감싸는 듯한 형태로 PCB 분자를 포접할 수 있게 된다. 이 γ-사이클로덱스트린 폴리머에 대해 흡착제를 사용하여 절연유 속의 PCB에 대한 흡착 능력을 검토한 결과, 고염소화 PCB를 포함한 여러 PCB를 절연유 속에서 거의 완전히 제거할 수 있었다(《그림 7-8》). 또 실제로 일본에서 처리되지 못한 채 보관되어 있던 PCB 오염 절연유에서도 PCB가 거의 완전하게 제거되어, **PCB 오염 절연유 속에 혼합되어 있는 PCB를 제거하는 데 효과적이라는 것을 알 수 있었다.** 또한 흡

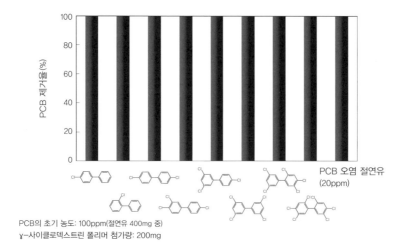

PCB의 초기 농도: 100ppm(절연유 400mg 중)
γ-사이클로덱스트린 폴리머 첨가량: 200mg

〈그림 7-8〉 γ-사이클로덱스트린 폴리머에 의한 절연유 속의 PCB 제거

착이 이루어진 γ-사이클로덱스트린 폴리머를 용제로 세정함으로써 흡착된 PCB를 거의 완전히 회수할 수 있었다. 세정한 후 γ-사이클로덱스트린 폴리머는 30회 이상 반복하여 이용할 수 있다. 이 폴리머를 칼럼[14] 내에 채우고 그 속을 PCB 오염 절연유가 통과하는 시스템으로 구축하여, 오염 절연유 속의 PCB를 효율적으로 분리·농축하는 데도 성공했다. 그러면 다음에서 필자가 제거 대상으로 삼은 PCB가 어떤 화합물인지 자세하게 설명해보겠다.

(2) PCB란?

PCB는 전기절연성, 화학적 안정성에 우수하며 불연성이라 지금으로부터

---

14 물질의 분리 등에 이용되는 원통형의 용기를 말한다.

제2부 도넛의 구멍을 배우는 일

50여 년 전까지는 전기기구의 절연유, 가열 및 냉각용 열매체, 감압기 등에 널리 이용되었다. 그러나 1968년 발생한 '카네미 유증 사건'[15]에 의해 그 독성이 세상에 드러났다. 이후 제조가 중지되었으며 1974년에는 제조·수입·신규 사용 모두가 금지되었다. PCB는 화학적으로 대단히 안정된 화합물이지만, 소각 처리할 경우 독성이 좀 더 강한 다이옥신이 될 위험성이 있다. 이후 약 30년에 걸쳐 전력회사를 비롯한 수많은 사업장에서 사용하고 난 PCB를 미처리된 상태로 보관해왔다. 1998년에 탈염소화분해법, 수열산화분해법 등의 화학처리법이 PCB의 폐기처리 방법으로 인정되면서, 일본환경안전사업㈜과 각 전력회사에서 PCB 처리가 개시되었다. 그러나 처리가 신속하지 못했던 탓에 수 피피엠에서 수십 피피엠의 미량 PCB가 섞인 오염유는 현재도 아직 미처리된 상태 그대로 일본 각지에 대량으로 보관되어 있다(미처리된 PCB 오염유의 양은 대략 50만 톤 이상이라 추측된다). 문제는 보관용기의 열화·부식이나 지진과 같은 자연재해에 의해 PCB가 환경에 누설될 우려가 있다는 것이다. 따라서 **대량의 PCB 오염유를 빠르게 무해화할 수 있는 기술을 개발해야 한다.** 일본 환경성에서는 미량 PCB 오염유를 신속하게 처리하기 위해 2006년 3월부터 기존의 산업 폐기물 소각 처리시설에서 실증시험을 실시하여 미량 PCB 오염유를 안전하고 확실하게 소각 처리할 수 있는 것을 확인했다. 그리고 2010년 6월부터 현재까지 8개의 소각 처리시설을 PCB 무해화 처리시설로 인정하고 있다. 그러나

---

15 1968년 후쿠오카 현 기타큐슈 시에 있는 카네미창고㈜에서 제조된 식용유(쌀유, 미당유)에 열매체로 사용되던 PCB가 배관부에서 흘러나와 섞여서, 이 기름을 먹은 사람들에게 안면 색소침착이나 염소좌창(크롤아크네)과 같은 피부의 이상, 두통, 손발 저림, 장기능 장애 등이 발생했다. 또 임신 중에 이 기름을 먹은 환자에게서 피부에 색소가 침착된 상태의 아기가 태어났다.

지역 주민 설득이나 지자체의 대응, 보관 장소에서 처리시설까지 PCB 오염유를 안전하게 운반할 체제의 확립과 처리 비용 등, 소각 처리를 널리 보급하기 위해서는 아직 해결해야 할 과제가 많이 남아 있다. 또 소각 처리에서 PCB 오염용기 등의 세정에 이용된 대량의 절연유나 탄화수소계 용제는 재이용이 불가능해, 이에 대한 처리 방법을 개발하는 것도 과제로 남아 있다. 이러한 점에서 **좀 더 안전하고 신속하게 미량 PCB 오염유를 처리하고, PCB를 제거한 기름을 재이용할 수 있는 새로운 처리 기술의 개발이 강하게 요구되고 있다.**

(3) PCB 문제 해결을 향해

필자가 개발한 γ-사이클로덱스트린 폴리머에 의한 PCB 분리·농축 기술을 이용하면 환경에 부담을 주지 않고 대량의 PCB 오염유로부터 PCB를 효율적으로 분리·농축하는 것이 가능하다. 따라서 그동안 일본에 대량으로 보관되어 있던 PCB 오염유의 전량 폐기에 공헌할 수 있을 것이다. 또한 유해물질을 제거하고 난 기름은 지금까지 폐기물로 소각되었지만 이를 재이용할 수 있어, 온실가스 배출량을 대폭 줄여 지구 환경 보전에도 공헌할 수 있을 것으로 예상된다.

끝으로   O

사이클로덱스트린은 30년 이상 연구된 대표적인 호스트 분자다. 또 높은 생체 적합성 및 환경 적합성 덕분에 공업적으로도 널리 이용되었다. 그러나 유연하게 분자를 설계하기 어렵고, 기름 속에서는 거의 포접 능력을 보이지 않을 것이라는 고정관념이 그동안 사이클로덱스트린의 적용 범위를 크게 한정시켜왔다.

이번 장에서는 지금까지 생각하던 사이클로덱스트린 능력의 한계를 깨고, 새로운 사이클로덱스트린 화학을 탄생시키는 데 기초가 될 기술을 소개했다. 필자가 개발한 스페이서 삽입 사이클로덱스트린을 이용하면 게스트 분자의 구조에 맞추어 포접 공간을 제어할 수 있기 때문에, 포접 가능한 게스트 분자의 종류도 비약적으로 확대할 수 있다. 또 유기용매나 기름 속에서 포접 능력을 보이는 화학수식 사이클로덱스트린을 이용해서 기름 속에 섞여 있는 PCB나 트랜스지방산 등의 유해물질도 제거할 수 있다. 동시에 유기용매 속에서의 여러 가지 화학반응에도 이용이 가능하다. **환경에도 부담이 적으며 재활용성과 생분해성을 함께 가진 환경 적합성 기능 재료인 사이클로덱스트린의 새로운 기능을 개척하고, 그 구멍을 좀 더 효과적으로 이용한다면 학술적 진전과 동시에 산업의 안정화에도 크게 공헌할 수 있을 것이다.**

이번 장을 읽고 도넛형 올리고당인 '사이클로덱스트린'을 이용해 사람과 사회에 도움이 되는 물질을 개발하고자 하는 연구자들의 노력을 조금이라도 느껴주었다면 매우 기쁘겠다.

북가이드
▪도다 후지오 감수, 우에노 아키히코 편, 『사이클로덱스트린: 기초와 응용』, 산업도서, 1995.
▪사이클로덱스트린학회 편, 『나노물질 사이클로덱스트린』, 요네다출판, 2005.
▪쓰쿠베 히로시 편저, 『분자 인식화학: 초분자로의 접근』, 산쿄출판, 1997.

사이클로덱스트린이란 무엇일까?

야마시타 에리카 山下英里華
오사카대 이학부 3학년

사이클로덱스트린

물질을 구멍에 가두는 '포접'이 가능하다
즉 가둔 물질을 보호하거나 불필요한 것을 구멍에 가두어서
제거할 수 있다
→ 도넛형 올리고당 사이클로덱스트린이란?(161쪽으로!!)

〈약점 1〉
구멍의 형태나 크기가 정해져 있어
한정된 물질만 가둘 수 있다.

여러 물질을 구멍에 가두기 위해
구멍의 형태나 크기를 바꾼다!

1. 도넛의 한 부분을 자른다.

2. 잘라낸 부분에
스페이서를 넣는다.

3. 구멍의 모양이나 크기가
스페이서의 종류에 의해 변화된다.

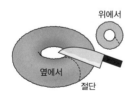

위에서

옆에서

절단

위에서

옆에서

이음
(스페이서의 삽입)

스페이서

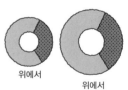

위에서

위에서

→ 스페이서 삽입 사이클로덱스트린의 개발(164쪽으로!!)

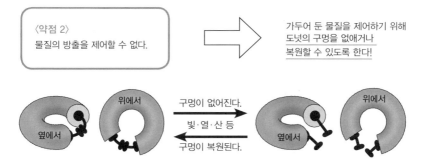

〈약점 2〉
물질의 방출을 제어할 수 없다.

가두어 둔 물질을 제어하기 위해
도넛의 구멍을 없애거나
복원할 수 있도록 한다!

위에서

옆에서

구멍이 없어진다.

빛·열·산 등

구멍이 복원된다.

위에서

옆에서

→ 자극 응답성 사이클로덱스트린의 개발(166쪽으로!!)

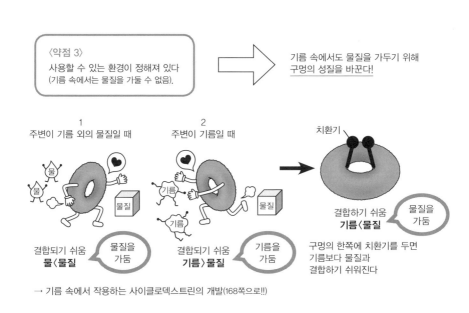

〈약점 3〉
사용할 수 있는 환경이 정해져 있다
(기름 속에서는 물질을 가둘 수 없음).

기름 속에서도 물질을 가두기 위해
구멍의 성질을 바꾼다!

1
주변이 기름 외의 물질일 때

2
주변이 기름일 때

치환기

물질

기름

물질

결합되기 쉬움
물〈물질

물질을
가둠

결합되기 쉬움
기름〉물질

기름을
가둠

결합하기 쉬움
기름〈물질

물질을
가둠

구멍의 한쪽에 치환기를 두면
기름보다 물질과
결합하기 쉬워진다

→ 기름 속에서 작용하는 사이클로덱스트린의 개발(168쪽으로!!)

세 계 의 도 넛
브라질 편

그 도넛은 브라질에서! 폰 데 라이조의 매력

삼바와 축제의 나라 브라질. 브라질 하면 커피를 떠올리는 사람이 많을 겁니다. 커피와 도넛, 정말 최고의 조합이죠. 이번에 소개할 도넛은 현지인에게도 여행객에게도 무척 사랑받는 음식입니다. 그 이름은 '폰 데 라이조'입니다. 어라? 어디선가 이 이름을 들어본 적이 있지 않나요? 그렇습니다. 도넛 체인점인 미스터 도넛에서 엄청난 인기를 자랑하는 '폰데링'이 바로 폰 데 라이조를 참고해서 개발한 것이라고 합니다. 대단히 의외이지요?

폰 데 라이조는 도넛이라기보다 빵에 가까운 음식입니다. 브라질에서 주요한 식재료로 쓰이는 '카사바 뿌리'를 가루로 만들어 계란이나 우유를 섞어 반죽한 다음 구워서 만듭니다. 반죽을 갤 때 치즈를 넣는 것이 특징으로, 치즈의 양이나 종류에 따라 여러 가지로 맛이 달라집니다.

폰 데 라이조는 브라질에서 아주 유명한 음식이라 전국 어디서든 가까운 음식점에서 접할 수 있습니다. 그중에서도 '카사 도 폰 데 퀘이조'라는 체인점이 폰 데 라이조를 전문적으로 판매하고 있는데, 브라질에서 가장 먼저 이 빵을 팔기 시작했다고 합니다. 브라질에 가면 꼭 한번 이 가게에 가보시길 추천합니다.

폰 데 라이조와 일본의 폰데링의 가장 큰 차이점은 '달지 않다'는 점입니다. 애초에 브라질 요리에는 단 음식이 거의 없고 '짭짤한' 맛의 음식이 많다고 합니다. **본래 쌀이 주식이기 때문에 공들여 맛을 내지 않고 소재를 그대로 살려서 조리**하는 방법이 동아시아인에게도 친숙합니다. 싱글벙글 웃는 얼굴로 이야기하는 미나미타니 선생님의 말씀에 따르면 오사카에서는 신사이바시의 '바루밧코아'라는 가게나 사카이의 '세리아하우스'라는 가게에서 정통 브라질 요리를 맛볼 수 있다네요.

인터뷰이 미나미타니 가오리 선생님
협력 하야시다 마사시 선생님
집필 히라노 유타

폰 데 퀘이조 pao de queijo

미나미타니 가오리: 린쿠 종합의료센터에서 국제진료과 부장과 건강관리센터장으로 일했고 현재는 오사카대 부속병원 미래의료개발부 '국제의료센터' 부센터장으로 재직 중이다. 1976년부터 1992년까지 브라질에서 거주했으며, 브라질과 일본 양국에서 의사면허를 취득했다.

아침으로 딱! 아프리카 어머니의 손맛, 만다지

웅장한 자연 속 지평선에 천천히 잠겨가는 새빨간 태양, 떼 지은 얼룩말, 이를 쫓는 사자. 당장 이 좁은 방을 떠나 아프리카의 푸른 하늘을 날고 싶은 당신에게 전하는 맛있는 아프리카. 동아프리카의 '만다지'를 소개합니다.

만다지는 동아프리카 국가에서 널리 먹는 튀긴 빵으로 밀가루, 코코넛밀크, 이스트, 설탕, 카더멈을 섞어 만듭니다. 단맛을 절제했기에 식사 대용으로, 혹은 가벼운 간식으로도 즐겨 먹습니다. 모양은 원, 사각, 마름모꼴 등 여러 가지입니다만, 그중에서도 삼각형이 일반적입니다. 손바닥만 한 사이즈로 아이들도 먹기 쉬워서 네다섯 개는 눈 깜짝할 사이에 먹을 수 있답니다. 기름에 튀겼기 때문에 겉은 바삭하고 속은 쫄깃쫄깃 부들부들합니다. 그리고 코코넛과 카더멈 향이 식욕을 자극합니다. 한입 베어물면 부드러운 단맛이 입속 가득 퍼지는데요. 초등학생 시절에 맛있게 먹었던 간식 생각이 절로 난답니다. 추억을 부르는 그리운 맛이죠. 본고장에서는 설탕을 듬뿍 넣은 진한 밀크티와 함께 먹는 것이 일반적인 아침 식사라지요. 아침 식사 시간이 되면 커다란 소쿠리 속에 만다지나 카리마티(만다지 표면에 설탕을 뿌린 것), 사모사(얇은 반죽에 소를 넣어 기름에 바싹 튀긴 인도 요리의 일종)를 산더미같이 쌓아두고 팔기 때문에 마음에 드는 것을 골라 걸으면서 먹는 것도 참 즐거운 일입니다.

만다지는 동아프리카에 사는 무슬림에게는 특별한 음식이기도 합니다. 라마단(금식월) 직후에 열리는 큰 축제 '이드'에서도 즐깁니다. 단식을 끝내고 모스크에서 아침기도를 마치면 언제나 만다지와 차이 그리고 필라우나 필라야나라 하는 음식을 잔뜩 준비해서 가족이 함께 먹는다고 합니다. 매일 먹는 만다지

라도 이 시기만큼은 각별한 의미가 있겠지요.

탄자니아나 케냐의 여자아이들은 모두(어지간히 게으른 사람이 아닌 한) 어머니에게 배워 만다지를 만들 수 있다고 합니다. 일본의 된장국이나 고기감자조림 같은 것일까요? **마음을 편안하게 하는 고향의 맛은 어느 나라에서나 이렇듯 이어져 오는 것인가 보네요.** 이런! 음식 이야기에 빠져 있다 보니 그만 원고에 침이……. 하쿠나 마타타(걱정 없이)! 만다지는 집에서 간단히 만들 수 있다고 하니, 오늘 간식으로 하나 드셔보세요.

인터뷰이 자이나브 선생님
협력 고모리 준코 선생님
집필 소네 지사토

자이나브 선생님과 만다지

8

법률가는 검은 것도 희다고 한다?:
법의 패러독스가 가져온 것들

오쿠보 구니히코 大久保邦彥

오사카대 대학원 국제공공정책연구과 교수

1963년 출생으로 오사카부립 기타노고등학교를 거쳐 교토대 법학부를 졸업했다. 이후 교토대 대학원 법학연구과에서 박사후과정을 수료하고 교토대 조수, 고베학원대학 강사 및 조교수와 고난대 교수를 거쳐, 2008년부터 오사카대 대학원 국제공공정책연구과에서 교수로 재직 중이다. 1999~2001년에는 오스트리아 빈 대학 법학부 민법연구소에서 객원연구원을 지낸 바 있다.

고등학교 시절에는 수학과 물리를 잘했지만, 친구들이 문과를 지망하는 바람에 어쩌다 운 좋게 법학부에 진학했다. 평범한 샐러리맨이 되고 싶지는 않아서 사법시험에 응시했지만 낙방하고 대학원에 진학했다. 학부 시절에는 형법과 민사공소법을 연구하는 연구실에 있었고, 대학원에서는 가장 취직이 잘 되는 민법을 전공했다. 처음에는 청구권경합론이라는 민법과 민사공소법의 교차 영역을 연구했지만, 유학 중에 오스트리아의 법학방법론을 공부하면서 민법이 아닌 법학방법론에 관심이 있다는 것을 깨달았다(청구권경합론 자체도 법학방법론과 관계가 있다). 민법에 관해 쓴 몇 안 되는 나의 저작도 기본적으로 법학방법론을 민법에 응용한 것이다. 최근에는 방법론에서 사상 쪽으로 관심이 옮겨가고 있다.

이번 장에서는 '도넛을 구멍만 남기고 먹는 방법'이라는 질문과 마주한 법률가(나)가 어떻게 행동하는지를 소개함으로써 법학의 특징과 법학자의 사고방식을 그려보고자 한다. 이 법률가는 먼저 '도넛'을 키워드로 해서 법령과 판례를 검색했다. 그 결과 '도넛 사건'을 발견했으며, 이 사건의 판결을 기초로 삼아 '도넛을 구멍만 남기고 먹는 방법'을 알아냈다. 여기에서 그치지 않고 자신이 떠올린 방법에 대한 세간의 비판(억지 혹은 궤변이라는 비판)까지 예상해, 법이 궤변이나 거짓을 이용해 발전해왔다는 점까지 밝혀냈다.

법령　　　　　　　　　　　　　　　　　　　　　　○

법학은 법령1의 조문에서 출발한다. 따라서 먼저 '도넛'이라는 용어가 나오는 법령을 찾아보았다. 그러자 소매물가통계조사규칙·의장법시행규칙·상표법시행규칙이라는 3개의 법령이 발견되었으나, 이들 법령은 '도넛을 구멍

---

1 '법령'이란 '법률'과 '명령'의 총칭이다. 국회(입법기관)가 제정한 '법률', 국가의 행정기관이 제정한 '명령'을 말하며 '법령'은 최고법원의 규칙, 지방자치단체가 제정한 조례, 조약 등을 포함하기도 한다. 일상용어에서 '법'과 '법률'은 구별되어 있지 않으나, 엄밀하게 말해 '법'은 '법령'외에도 관습법 및 판례법과 법 이념·법 원리·입법 취지 등을 포함한 넓은 개념이다.

만 남기고 먹는 방법'이라는 질문에 대한 대답으로는 충분하지 않았다.

　그동안 법령을 찾을 때는 중요한 법령을 체계적으로 수록한 『육법(전서)』2에서 찾았다. 일반적으로 『육법』에 실려 있지 않은 법령은 『현행법규총람』이라는, 바인더 파일처럼 중간에 끼워 넣을 수 있는 가제식 서적이나, 모든 법령이 연월일 순으로 간행된 『법령전서』에서 찾았다. 그러나 『육법』이 지금까지도 사용되는 반면, 『법령전서』는 거의 사용되지 않는다. 대신 총무성이 운영하는 종합행정포털사이트 'e-Gov'에 있는 '법령데이터제공시스템'3에서 대부분의 법령을 간단히 검색할 수 있게 되었다. 독자들도 이 사이트를 이용하여 궁금한 법령을 검색해보길 바란다. 가령 '국민의 휴일에 관한 법률'을 보면 각각의 휴일이 지닌 의미를 알 수 있다. 일본에는 "『육법전서』에 고의4는 있어도 사랑(사랑戀의 일본어 발음은 고의와 마찬가지로 '코이'라고 읽는다 — 옮긴이)은 없다"라는 말이 있지만, 오늘날에는 '연애'라는 용어가 나오는 법률도 있다. 형법이나 경범죄법을 보면 어떤 행위가 범죄로 취급되고 이에 대해 어떤 형벌이 부과되는지 알 수 있다. 살인죄(형법 199조)보다도 중한 형벌이 부과되는 범죄도 있다.

　법학이 주로 다루는 '법해석'이란 법령의 의미와 내용을 명확히 밝히는 작업을 말한다. 가령 헌법 제9조 제2항 전단은 "전항의 목적을 달성하기 위해 육해공군 외의 전력은 보유하지 않는다"라고 쓰여 있는데, 이때 '전

2　'육법'이란 본래는 헌법·민법·형법·상법·민사소송법·형사소송법이라는 6개의 대표적 법률을 의미하지만 『육법(전서)』에는 이들 외의 법령도 등재되어 있다. 영어 수업에 영어사전을 갖고 오는 것처럼 법대 학생이라면 늘 휴대하는 필수 법전이다.

3　http://law.e-gov.go.jp/cgi-bin/idxsearch.cgi

4　형벌이나 손해배상책임은 원칙적으로 가해자의 악의적 의사를 비난할 수 있을 때만 가해진다(형법 38조, 민법 709조). '고의'는 '일부러'와 함께 악의적 의사를 가리킨다.

력'이란 무엇인지, 애초에 제9조가 어떠한 목적에서 만들어졌는지(법적 취지)를 탐구하는 작업이 바로 '법해석'이다. 법해석학은 법령이 전제가 되며 이에 구속된다는 점에서 성서를 전제로 하는 신학과도 공통점이 있다. 신학에서도 성서를 전제로 복음서에 나타난 비유적 이야기를 어떻게 해석할 것인가, 예수는 신인가 인간인가와 같은 문제를 논의하기 때문이다. 그래서 법해석학은 법교의학法教義學이라고도 불린다. 법학은 도메스틱domestic[5]한 학문이며, 다른 많은 학문(자연과학이나 경제학)이 세계에 하나뿐인 것과 달리, 같은 민법학도 일본의 민법학과 독일의 민법학은 전혀 다른 별개의 것이다. 뭐, 나치 시대에는 독일 물리학과 유대 물리학이 각각 존재하기는 했지만.[6]

판례 〇

다음으로 **판례(재판의 선례)[7]를** 찾아보았다. '도넛'이라는 단어가 나온 판례는 200건 정도였는데, 그중에서 '도넛'의 의의에 대해 논쟁한 것을 찾을 수 있었다. 다음 장에서 소개할 이 사건은 '도넛 사건'이라 불린다.[8] 이 사건의

---

5 공항에 가면 International(국제선)과 Domestic(국내선)의 표시가 있다. 도메스틱의 의미는 이로써 이해할 수 있을 것이다.

6 노벨상 수상자 필리프 레나르트Philipp Lenard는 1936년에 『독일 물리학 4권Deutsche Physik in vier Bänden』을 정리했다.

7 '판례'란 재판(판결·결정)의 선례를 말한다. 구속력이 있는 것을 '판례(법)', 없는 것을 '재판례'라 구분하기도 하나 본문에서는 구분 없이 '판례'라는 단어만을 사용했다. 일본에서는 판례에 법적 구속력이 없다는 설이 유력하지만, 본 책에서는 법 이념을 근거로 판례에 일정한 법적(규범적) 구속력을 인정한다는 설을 따른다.

판결이 '도넛'이라는 단어의 의미에 대해 논하는 최근 문헌 중 가장 상세한 것이다.

판례는 각종 판례집에 게재되어 있는데 요즘에는 판례를 제법 편하게 찾을 수 있게 되었다. 내가 대학원생이던 시절에는 『판례체계』와 같은 가제식 판례요지집이나 1년간 공판된 판례의 요지를 모은 『판례연보』를 찾아봐야 했지만, 지금은 판례도 데이터베이스화되어 있어서 쉽게 컴퓨터로 검색할 수 있다.[9]

일찍이 형법 제200조에서는 부모살해(존속살해)를 보통 살인보다 중하게 처벌하고 있었다. 그러나 최고법원은 존속살해의 형이 지나치게 무겁다는 이유로, 형법 제200조가 법 아래의 평등을 규정한 헌법 제14조 제1항에 위배되기 때문에 무효라고 판단했다(최고법원 1973년 4월 4일 판결[형집 27권 3호 265항]). 법원 웹사이트에서 이 판결을 실제로 검색해보고 왜 딸이 아버지를 살해했는지, 최고법원이 무슨 이유로 형법 제200조를 위헌이라 판단했는지 직접 확인해보길 바란다.

판례를 찾아보는 이유는 선례를 따르는 것이 세 가지 법의 이념(정의·법적 안정성·합목적성)에 적합하기 때문이다. 먼저 정의란 '같은 것을 같게 다루는' 것을 추구하기 때문에, 선례와 같은 종류의 사건을 상이하게 판단하

---

8 이무라 도시아키, 「상표관계공소: 상표적 사용 등의 논점을 중심으로 하여」, 『페이턴트』 65권 11호 107항, 2012. 도넛 사건 외에도 브라질의 '흑설탕 도넛막대'라는 상표(등록번호제5076547)와 나나오제과의 '막대로 도넛 흑설탕'이라는 이름이 유사한지 여부가 문제가 된 사건이 있다(오사카 지방법원 2011년 9월 15일 판결, 지적재산고등재판소 2011년 3월 24일 판결[판례시보2121호 127항]).

9 오사카에서는 도요나카 캠퍼스의 법학부 자료실에서 'LEX/DB인터넷'을 이용하면 된다. 법원 웹사이트인 '재판례정보' 페이지에서도 다양한 재판례를 검색할 수 있다. http://www.courts.go.jp/search/jhsp0010?action_id=first&hanreiSrchKbn=01

는 것은 정의에 반하는 일이다. 다음으로 법적 안정성에서는 법이 안정되는 것과, 선례가 충실히 적용되는 것을 추구한다. 선례가 적용되지 않는다면 재판 결과에 대한 예측과 기대가 무용지물이 된다. 마지막으로 선례를 따르면 법원은 처음부터 모든 상황을 판단하지 않아도 되기 때문에, 법원의 서비스라는 희소한 재화를 효율적으로 사용할 수 있어서 합리적이다. 물론 사실 상황 및 법 상황의 변화와 같이 선례를 폐기할 만한 충분한 이유가 있는 경우에는 선례로부터 벗어날 필요가 있다. 그러나 그렇지 않은 한 선례를 따라야만 한다. **법령의 구속력에는 비할 바 아니지만 선례에도 일정한 구속력이 있다.**[10] 또한 법률가가 아니더라도 어떠한 문제에 직면했을 때는 먼저 선례를 찾아봐야 한다. 선례를 찾아보지 않고 선례와 다른 판단을 내린다면 정의에 반한다는 비판을 받을 가능성이 있다. 선례를 반드시 지킬 필요는 없지만, 선례로부터 벗어날 충분한 이유를 찾지 못했다면 그에 따르는 편이 좋다.

도넛 사건[11]　　　　　　　　　　　　　　　○

(1) 사건의 개요

니시카와산업(원고)과 템퍼재팬(피고)이라는 침구업계의 두 저명한 기업 간에 벌어진 상표권 침해 분쟁을 살펴보자. 이 사건에서는 **피고의 '도넛 쿠**

---

10 Franz Bydinski, *Grundzüge der juristischen Methodenlehre*, 2.Aufl., 2012, SS.116ff. 이 책은 오스트리아 법학방법론에 관한 개설서다.

〈그림 8-1〉 템퍼재팬의 표장　　　　　　〈그림 8-2〉 니시카와산업의 상표

션'이라는 표장(〈그림 8-1〉)이 원고의 '도넛' 로고타입(〈그림 8-2〉)의 상표권을 침해했는지 여부가 쟁점이 되었다. 결론적으로 **법원은 원고에 대한 피고의 상표권 침해를 인정**하지 않았다. 따라서 원고가 패소, 피고가 승소했다. '상표trademark'란 문자·도형·기호·입체적 표상이나 이들의 결합 또는 이들과 색채의 결합(표장)을 가리키며, 상품의 생산·증명·양도를 업으로 삼는 자가 그 상품에 대해 사용하는 것을 말한다(상표법 제2조 제1항). 요즘에는 특허청 사이트에서 상표를 검색할 수 있다.[12] 〈그림 8-2〉에 나오는 니시카와산업의 상표등록 번호는 제822951호다. '오사카대' '오사카'나 오

11　이 재판에 대해 더 알고 싶은 독자는 제1심 도쿄지재 2010년 10월 21일 판결(판례시보 2120호 112항), 항소심 지재고재 2011년 3월 28일 판결(판례시보 2120호 103항)을 살펴보라. 법원 웹사이트에 이 판결이 게재되어 있다. 본문에서는 부정경쟁방지법 위반에 관한 부분은 생략했음을 밝힌다. 또한 니시카와산업의 '도넛 베개'와 템퍼재팬의 '도넛 쿠션'이 어떤 상품인지에 대해서는 인터넷으로 확인해보길 바란다. 판결문에서는 "'도넛 쿠션'은 저반발소재를 이용한 본체와 커버 등으로 이루어져 있으며, 본체의 모양은 가로 약 40센티미터 세로 약 42센티미터 높이 약 5센티미터의 직방체(8개의 모서리 중 4개의 각이 둥그스름한 형태를 한 입체)다. 아울러 중앙에는 탈착이 가능하도록 본체와 분리된 원통형의 쿠션이 들어 있다. 이 중앙 부분을 떼어낸 후의 본체는 중앙에 타원형의 구멍이 뚫린 모양이 된다"고 설명하고 있다.

12　http://www1.ipdl.inpit.go.jp/syutsugan/TM_AREA_A.cgi

사카대 교표(은행잎 모양) 및 와니 박사(오사카대의 상징으로, 악어 모양을 한 마스코트 캐릭터다—옮긴이)도 상표등록이 되어 있다(권리자를 '국립대학법인 오사카대학'으로 해서 검색해보라). 상표등록을 하려는 자는 특허청장관에게 상표를 지정하여 출원하고(제5조), 심사 이후 등록되면 상표권을 취득할 수 있다(제18조 제1항). 상표권은 등록상표와 유사한 상표를 지적 상품과 같은 용도로 사용하는 것을 금지할 수 있는 권리다(제25조·제36조·제37조).

원고는 〈그림 8-2〉의 로고타입을, 쿠션·베개·이불을 지정 상품으로 해서 상표등록하고 '도넛 베개'를 판매했다. 한편 피고는 〈그림 8-1〉의 표장을 상품의 포장에 그려서 '도넛 쿠션'을 판매했다. 이에 원고는 피고의 표장이 원고의 등록상표와 유사하고, 피고의 판매행위가 등록상표와 유사한 상표의 사용에 해당하기 때문에 원고의 상표권을 침해한다고 주장했다. 그리고 피고에 〈그림 8-1〉의 표장을 포장에 넣은 상품의 판매를 정지할 것과 상표권 침해라는 불법행위에 대한 2310만 엔의 손해배상을 요구했다. **원고의 주장에 따르면, 피고의 〈그림 8-1〉 표장을 보고 소비자가 피고의 상품을 원고의 상품이라 오해하여 구입하고 있기 때문에 표장의 사용을 그만두어야 한다는 것이다.**

법원은 먼저 상표의 본질적 목적은 그 상표가 사용된 결과 어떤 업무에 관한 상품임을 수요자가 인식할 수 있는 것(제3조 제2항)으로 기능하는 일, 즉 상품의 출처를 표시하고 식별하는 표식으로써 기능하는 것에 있다고 해석했다. 다음으로 상표가 이러한 출처 표시기능 및 출처 식별기능을 다하는 데 이용된다고 할 수 없는 경우, 이것이 형식적으로 상표법 제2조 제3항 각호에 열거된 행위에 해당하더라도 그 행위는 상표의 '사용'에 해당하지 않으며 타인의 상표권을 침해하지 않는다고 해석했다. 그러므로 피고의 표장이 상품의 출처 표시기능·출처 식별기능에 이용되고 있는지, 아니면 본래의 상표로 '사용'되는지 여부에 대해 판단하기로 했다.

이에 대한 선례가 된 것은, 텔레비전 만화 「잇큐씨」의 캐릭터 상품인 가루타 상자 왼쪽 위에 작게 '테레비만화テレビまんが'라고 표기하는 행위가, 오락용구 지정상품인 등록상표 '테레비만화テレビマンガ'를 침해했는지 여부가 문제가 되었던 사건이었다. 법원은 피고인 '테레비만화テレビまんが'의 표장에 대해, 피고가 판매하는 가루타는 널리 알려진 옛이야기 「잇큐씨」를 텔레비전 만화영화화 한 「잇큐씨」를 기초로 해서 만들어진 것이고, 그림으로 표현된 등장인물 캐릭터도 그 텔레비전 만화영화에서 유래했다는 점을 표시한 것에 지나지 않는다고 판단했다. 따라서 자·타상품의 식별 표식으로서의 기능을 다하는 것으로 사용되었다는 주장을 인정할 수 없다고 판단하고 상표권 침해를 부정했다.[13]

도넛 사건에서는 피고가 사용한 〈그림 8-1〉 표장이 출처 표시기능 및 출처 식별기능을 다하는 데 이용되는지, 아니면 단순히 형상 표시기능만을 하고 있는지가 쟁점이 되었다. 그리고 이 쟁점 가운데 가장 문제가 된 것은 '도넛'의 의의에 대한 것이었다.

(2) 원고의 주장

먼저 원고는 상표권 침해를 증명하기 위해, 피고에 의한 표장의 사용은 형상 표시기능이 아니라 출처 표시기능 및 출처 식별기능을 한다는 주장을

---

13 도쿄지법 1980년 7월 11일 판결(「무체재산권관계민사·행정재판례집」 12권 2호, 304항) 참조. 이 판결도 법원 웹사이트에 게재되어 있다.

펼쳤다.

'도넛'이라는 단어에서는 밀가루·설탕·계란 등으로 만든 반죽을 기름에 튀긴 양과자가 떠오르며 그 형상도 원형·고리 모양·공 모양처럼 다양하다. 도넛 중에서 동그란 고리 모양의 형상을 한 것이 많기 때문에, '도넛'이라는 말에서는 동그란 고리 모양의 양과자라는 관념도 만들어진다. 그러나 **'도넛'이라는 말을 들었을 때 상기되는 것은 어디까지나 양과자 혹은 동그란 고리 형태를 한 양과자이지, 동그란 고리 모양의 '형상' 그 자체는 아니다.**

(3) 피고의 주장

이에 대해 피고는 '판초콜렛'이 '판 모양의 초콜렛'이라는 보통명사로 쓰이는 것과 마찬가지로, '도넛 쿠션'이라는 표장은 '도넛 모양의 쿠션'을 가리키는 형상 표시기능만을 할 뿐 쿠션이라는 상품에 대해 자·타상품 식별력을 갖지 않는다고 주장했다. 소비자는 〈그림 8-1〉의 **표장을 봐도 그 상품이 '도넛 모양'이라 생각할 뿐이지 니시카와산업의 상품이라고는 생각하지 않는다**는 주장이었다.

① '도넛'이라는 표장은 일반적으로 도넛 모양의 사물 형상을 간결하게 나타내는 말로 사용된다. 이 부분은 여러 사전에서 '도넛'이라는 항목에 '도넛 판' '도넛 현상' '도넛 모양'과 같은 사용법이 명확히 기재되어 있다는 점을 보면 명백하다. 또 '도넛〇〇'이라는 말은, 중앙부의 뚫린 부분 내지는 한가운데가 움푹 패여 있는 방석 및 의자, 애견용 쿠션, 간호용 침상, 짐볼이나 그 외 사물의 형상을 가리키는 데도 사용된다.

② '도넛'이라는 표장이 쿠션이라는 상품에 사용될 경우는 다음과 같다.

중앙부에 뚫린 부분이 없거나 움푹 패여 있는 형상의 쿠션인 도넛형 쿠션을 간결하게 표시하는 것(표상 표시)이나, 요통·치질의 예방 및 개선 그 외의 효능을 가진 케어 용품의 품질과 용도를 간결하게 표시하는 것(품질·용도 표시)으로써 일반 소비자에게 널리 이용되고 업계에서도 오래전부터 관습적으로 사용되고 있다.

③ 따라서 〈그림 8-1〉의 표장은 피고가 판매하는 도넛형 쿠션에서 사용하더라도 자·타상품 식별력이 있다고 할 수 없다.

(4) 도쿄지법의 판단

도쿄지법은 '도넛'의 의의를 다음과 같이 설명하면서 **피고의 주장을 대체로 인정했다.**

① '도넛'에는 다음과 같은 의미가 있다. "밀가루에 설탕·버터·계란·우유·베이킹파우더/이스트 등을 섞어 반죽하고 고리 모양이나 원형으로 만들어 기름에 튀긴 양과자"(고지엔 제5판) "밀가루에 설탕·계란·우유·베이킹파우더 등을 섞어 반죽해서 고리 모양으로 만들어 기름에 튀긴 양과자"(다이지센 제1판) "밀가루에 설탕·버터·계란 등을 섞어 반죽해서 동그란 고리로 만들어 기름에 튀긴 과자. '~ 모양'"(다이지린 제3판)이다.

② '도넛'이라는 단어를 사용한 복합어로는 '도넛 현상' '도넛 판'이 사전에 등재되어 있다. '도넛 현상'은 다음과 같은 의미가 있다. "대도시의 거주인구가 중심부에서 교외로 이동하여 인구 배치가 도넛 모양이 되는 것. 도넛화 현상"(고지엔 제5판) "대도시 중심부의 거주인구가 땅값 상승이나 생활환경 악화 등의 이유로 감소하고 주변부의 인구가 증대되어 인구 분포가 도넛 모양이 되는 현상. 도넛화 현상"(다이지센 제1판) "땅값 상승이나 생

활환경의 악화 등으로 대도시 중심부의 인구가 줄고 주변부의 인구가 증가하는 현상"(다이지린 제3판)의 의미다. '도넛 판'에는 다음의 의미가 있다. "직경 17.5센티미터, 1분간 45회의 회전을 하는 레코드의 속칭. EP레코드. 중심부의 구멍이 크고 그 형태가 도넛과 닮았기 때문임"(고지엔 제5판) '1분간 45회전하며 연주되는 레코드 중 중심부가 38밀리미터인 것"(다이지린 제3판)의 의미다.

③ 2009년 9~11월 당시 인터넷 웹사이트에서 '도넛 의자' '도넛 시계'처럼 도넛이라는 단어를 이름으로 사용한 상품이 판매되었다. '도넛 의자' '도넛 체어'는 착석 부분 가운데에 동그란 고리 모양의 구멍이 있거나 착석 부분이 고리 모양인 의자다. '도넛 시계'는 문자판의 중앙 부분에 원형의 구멍이 뚫린 손목시계다. 또 '도넛'이라는 단어가 포함된 복합어 중에는 피겨 스케이트에서 상체를 얼음과 나란히 되게 굽히고 한쪽 발을 머리에 닿게 만들어 고리 모양을 만들어서 회전하는 '도넛 스핀'이라는 말도 쓰인다.

④ 이상의 ①~③을 종합해보면 **'도넛'이라는 말에서 상기되는 것은 밀가루에 설탕·버터·계란 등을 섞어 반죽하고, 고리 모양·원형으로 만들어서 기름에 튀긴 양과자라는 관념이다. 또 '도넛'이라는 단어를 사용한 복합어에서는 중앙 부분에 구멍이 뚫린 원형·고리 모양의 형상을 한 물건이나 이러한 원형·고리 모양과 닮은 형상의 물건이 상기된다.**

⑤ '도넛'이라는 단어에서 중앙이 뚫렸거나 움푹 패인 사물의 형상이라는 관념이 생겨난다는 피고의 주장에 대해, 원고는 이러한 추상적 형상은 동그란 고리 형태뿐만 아니라 지쿠와, 낫토, 밥그릇, 되, 상자와 같은 형상도 전부 포함되기 때문에 '도넛'이라는 단어에서 이러한 형상의 관념이 상기된다고는 생각하기 어렵다고 반론했다. 하지만 도쿄지법은 다음과 같이

판단했다. '도넛'이라는 말이 중앙 부분에 구멍이 있거나 움푹 패인 사물의 형태를 가리킨다는 내용은 사전에 실려 있지 않다. 따라서 단지 중앙이 움푹 팬 사물의 형상이라고만 주장한다면 해당 사물의 외연이나 사물 전체가 특정되지 않는다. 또한 움푹 팬 형태에 여러 가지 모양이 있다는 점을 생각해보면 이러한 사물의 형태는 광범위하게 존재한다. 따라서 '도넛'이라는 말에서 특정한 사물의 형상이 상기된다는 것은 인정하기 어렵다.

도쿄지법은 ①~⑤와 같이 말하고 피고에 의한 〈그림 8-1〉의 표장의 사용은 상표로써의 사용에 해당하지 않는다며 원고의 청구를 기각했고, 피고는 승소했다.

지적재산고등법원의 판단

지적재산고등법원(이하 지재고법이라 줄여서 표기한다 — 옮긴이) **역시 '도넛'의 의의를 포함하여, 도쿄지법과 대체로 같은 이유에서 원고의 청구를 인정하지 않았다.**

① '도넛'에서 구멍이 뚫린 원형·고리 형태의 모양으로부터 형상과 연결되는 사물의 관념이 생겨난다. '도넛 판', '도넛 의자'처럼 '도넛'을 사용하는 복합어의 용례를 감안해보면 '도넛'을 사용한 복합어에는 '도넛' 뒤에 연결되는 말을 이어주는 '형', '모양'과 같은 단어가 생략되더라도 '중앙 부분에 구멍이 뚫린 원형·고리 모양'이라는 관념이 상기된다.

② 원고는 LP레코드와 EP레코드가 동일하게 중앙에 구멍이 있다고 주장한다. 그러나 LP레코드 중심부의 구멍은 EP레코드의 중심부의 것과 비교해보면 미관상 그 구멍을 무시해도 될 정도로 극히 작다. 이에 반해 EP레코드의 중심부에 있는 커다란 구멍은 인상에 강하게 남는다. 이러한 점

을 참고한다면 EP레코드만이 '도넛 판'이라 불리는 것도 ①의 결론에 반하는 것이 아니라 극히 자연스러운 용례라 할 수 있다.

③ 또 원고는 '도넛 의자', '도넛 워치', '도넛 스핀'과 같은 용례는 특수한 것이며, 이러한 용례가 있다 하더라도 '도넛'에서 '중앙 부분에 구멍이 뚫린 원형·고리 모양의 형상의 물건 혹은 그러한 원형·고리 모양과 닮은 형상'이라는 관념이 생기지 않는다고 주장한다. 그러나 원고의 이러한 주장도 받아들일 수 없다. 인터넷 웹사이트 '야후 쇼핑'의 '우디스토어·아쿠아'에서 판매되는 '도넛 의자', '도넛 체어'는 중앙 부분에 구멍이 있는 원형의 의자로, 중앙에 구멍이 없는 '구형 의자'와는 구별된다. 또 주식회사 니즈의 홈페이지에서도 중앙 부분에 구멍이 있는 의료용 구형 의자를 '도넛체어'로 표기하고 있다. 뿐만 아니라 '도넛 스핀' 역시 피겨스케이트의 스핀 기술 명칭으로 널리 알려져 있다. 그 외, '도넛 워치', '도넛 성운 M57', '도넛 턴'(자동차의 운전 방식)과 같은 용례는 어느 것이나 중앙에 빈 부분을 가진 형상의 사물을 가리키는 말로 사용된다. 이들 **'도넛'을 사용하는 복합어의 용례는 '중앙 부분에 구멍이 뚫린 원형·고리 모양의 형상의 물체 혹은 이러한 원형·고리 모양과 닮은 형상'이라는 관념을 가졌다**는 점에서 공통적이므로, 따라서 **원고의 주장에는 근거가 부족하다.**

'도넛을 구멍만 남기고 먹는 방법' ○

'도넛을 구멍만 남기고 먹는 방법'이라는 질문에서 '도넛'이란 밀가루에 설탕·버터·계란 등을 섞어 반죽하고 고리 모양으로 만들어서 기름에 튀긴 양과자라는 것을 전제로 한다. 도넛에도 여러 형태가 있다. 니시카와산업의 '도넛 베개'는 중앙부에 움푹 들어간 데가 있지만 구멍은 뚫려 있지 않다. 템퍼재팬의 '도넛 쿠션'은 사각형이면서 중앙 부분을 제거할 수 있게 되어 있다. **고리형태 외의 형상을 한 도넛을 상정해보면 '도넛을 구멍만 남기고 먹는 방법'에 대해서도 새로운 지평이 열린다.**

① **'도넛 베개' 모양을 한 (구멍이 뚫려 있지 않은) 도넛의 가운데 부분만을 먹고 구멍을 뚫는다.** 도넛을 먹은 부분만을 보면 '구멍만 남기고 먹었다'고 할 수도 있다.

② '도넛 쿠션'처럼 **구멍이 뚫려 있지 않은 도넛의 가운데 부분을 도려낸 뒤 그 부분을 '구멍'이라 부르고 그 밖의 부분을 먹는다.** 이때의 '구멍'은 '도넛을 구멍만 남기고 먹는 방법'이라는 질문에서 상정하는 '구멍'과는 의미가 상이하다. 같은 개념이 별개의 의미에서 사용되는 이러한 종류의 궤변을 '매개념 애매의 허위'라고 부른다.[14]

'구멍'의 다양성에 주목하면 이에 더하여 다음과 같은 방법도 생각할 수 있다.

③ '구멍'에는 결함이 있는 불완전한 부분이라는 의미가 있기에(고지엔), 가령 **도넛의 탄 부분도 '구멍'이라 부를 수 있으니 그 부분을 남기고 먹는다.**

④ '구멍'에는 움푹 들어간 부분('함정'을 생각해보라)이라는 의미가 있기에(고지엔), 가령 **설탕을 볼에 넣고 도넛으로 이를 푹 눌러서 들어가게 한 뒤 도넛을 먹는다.**

---

14 노자키 아키히로, 『궤변논리학』, 주코신쇼, 1976, 93~94항. 여기에서는 '소금은 물에 녹는다. 여러분은 세상의 소금이다. 따라서 여러분은 물에 녹는다'라는 예를 들고 있다. '세상의 소금'이란 쓸모 있다는 이미이며, 수위 '산 위의 수훈(설교)'(마태복음 제5장)에서 유래했다.

이런 말이나 하고 있으니 법률가가 '나쁜 이웃' '삼백대언[15]' '법비[16]'로 불리고, '법률가는 검은 것도 희다고 한다'며 비난받는 것일 테다.

『베니스의 상인』[17]   ○

그러나 **이러한 억지와 궤변도 현명한 행동으로 칭찬받는 경우가 있다.** 셰익스피어의 명작 희곡 『베니스의 상인』에서 베니스의 젊은 상인 안토니오는 사랑으로 고민하는 친구 밧사니오를 위해 유대인 악덕 고리대금업자인 샤일록에게 자신의 가슴살 1파운드를 담보로 잡고 빚을 진다. 그리고 '만일 기한까지 돈을 갚지 못하면 안토니오는 **심장 가까운 곳에서 가슴살 1파운드를 도려내어 샤일록에게 주어야 한다**'는 증서에 서명했다. 그러나 상선이 폭풍에 조난당해 재산을 모두 잃어버린 안토니오는 빚을 변제할 수 없게 되었다. 밧사니오가 빚을 3배로 갚겠다고 애원했지만, 샤일록은 안토니오의 가슴살을 취하겠다고 고집을 부렸다. 이에 재판관 포샤는 샤일록에게

---

15 메이지 시대 전반부에는 변호사를 '대언인代言人'이라 불렀다. '삼백대언三白代言'이란 대언인의 자격이 없으면서 얼마의 금액으로 타인의 변호를 수임하는 자를 가리켰으며, 현재에는 변호사에 대한 멸칭蔑稱이 되었다. 오쿠다이라 마사히로, 『일본변호사사』(유히카쿠쇼보, 1914, 166항)에는 '무학무식한 자들이 차례차례 이 직업에 종사하여 (…) 풍습이나 체면 무엇도 신경 쓰지 않고 푼돈 삼백 문 또는 현미 한 되의 보수로 변호를 맡는 많아서 이들을 부르는 삼백대언이라는 말이 생겨나기에 이르렀다'라 한다.

16 제2차 세계대전 전에 만주에서 일본 군부가 '비적' 토벌이라 부르는 군사행동을 일으킨 적이 있다. 그 후 일본의 관료가 만주에 건너가 법률을 차례로 제정할 때, 만주의 엘리트들이 일본인을 '법비'라 이름 붙이고 욕했던 것이 이 단어의 유래다. 시바타 고조, 『법의 명분과 본심』(유희카쿠센쇼, 1983, 162항)에는 1980년 전후의 '네오NEO 법비'에 의한 사법계의 불상사가 소개되어 있다.

17 재판 장면은 제4막 제1장에 나온다. 본문의 인용은 셰익스피어, 『베니스의 상인』(후쿠다 즈네아리 옮김, 신초분코, 1993)에 따르지만 표기가 바뀐 부분이 있다.

다음과 같은 판결을 내렸다.

"이 상인의 가슴살 1파운드는 당신의 것이다. 당 법정은 이를 허락하며 국법이 보장한다. 따라서 당신은 그 남자의 가슴을 도려내도 된다. 법률이 인정하고 당 법정이 이를 허가한다."

샤일록이 칼을 쥐고 안토니오에게 다가가자, 포샤가 이어서 말했다.

"기다려, 아직 내 말이 끝나지 않았다. 증서에 의하면 **단 한 방울의 피도 허가되지 않았다.** 증서에는 확실하게 '1파운드의 살'이라고만 적혀 있다. 좋다, 증서대로 하는 게 좋겠다. 증오스러운 남자의 살을 도려내도록 하라. 그러나 크리스천[안토니오]의 피를 한 방울이라도 흘렸다가는 당신의 토지와 재산 모두를 베니스 법률에 따라 국고에 몰수하겠다. 자, 살을 취하도록 하라. 그러나 피를 흘려서는 안 되며, 많고 적고를 떠나 무게는 반드시 1파운드에서 조금도 달라져서는 안 된다. 만일 조금이라도 이에 넘치거나 모자랄 때는 단 1푼의 차라 하더라도, 혹은 1푼의 20분의 1의 차라도, 아니 머리카락 한 올의 차이로 저울이 기울더라도 생명을 잃고 재산이 몰수될 각오를 해야 할 것이다."

예링의 『권리를 위한 투쟁』[18]   ○

저명한 법률가인 예링은 명저 『권리를 위한 투쟁』에서 포샤의 궤변을 다음

---

18 예링, 『권리를 위한 투쟁』, 무라카미 준이치 옮김, 이와나미 분코, 1982. 본문 내용은 이 책의 96행고 17 10항(서문)에서 인용했다

과 같이 비판한다.

"법률가는 이에 대해, **증서가 미풍양속에 반하기 때문에 그 자체가 무효**라고 비판할 수 있다. 따라서 재판관은 처음부터 증서를 파기해야 했다. 그러나 재판관이 그러지 않은 이상, 즉 '현명한 다니엘 님(포샤)'이 그럼에도 불구하고 이 조문이 유효하다고 선언한 이상, 살아 있는 몸에서 1파운드의 살을 도려낼 권리를 인정받은 자에게 절단에 따르는 유혈을 금지하는 것은 샤일록을 볼썽사납게 골탕 먹이는 일이자 쓸모없는 삼백대언 같은 농간에 불과하다."

예링은 자신의 비판에 대해 공격이 쇄도하자 다음 판의 '서문'에 다음의 내용을 추가했다.

"내가 비난하는 것은 재판관이 샤일록의 증서가 유효하다고 인정한 부분이 아니다. **재판관이 증서의 유효성을 인정한 이상, 나중에 판결을 집행하는 데 있어서 더러운 책략으로 이를 무용지물로 만들어서는 안 된다**는 것이다. 재판관은 증서가 유효하다고 인정할 수도, 무효라고 인정할 수도 있는데 그중 최선의 길을 고른 것이다. 하지만 셰익스피어는 이런 판단만이 법을 준수하는 것인 양 상황을 그리고 있다. 베니스에서는 누구도 증서의 유효성을 의심하지 않았다. 안토니오의 친구도, 안토니오 자신도, 총독도, 법원도, 모든 이들이 이 유대인을 합법적 권리를 가진 자로 인정했다. 샤일록은 모두가 인정하는 자신의 권리를 분명하게 믿었기 때문에 법원에 구조를 요청했고, '현명한 다니엘 님'은—복수를 갈망하는 이 채권자의 권리를 무효화하려다 실패한 후에—이 권리를 인정했다. 그리고 판결을 내려서 이 유대인의 권리에 대한 의문들이 제거되고, 권리에 대해 더 이상 어떤 이의도 주장할 수 없게 했다. 이로 인해 총독을 포함한 출석자 전원이 판결의 힘에 복종하게 되고, 샤일록은 자신의 것을 취하게 되었다고 믿고 판결이 인정한 권리를 실행하려 한 것이다. 그런데 그 순간, 지금 막 그의 권리를 장엄하게 승인한 재판관이, 진지하게 반론할 필요도 없는 허술한 책략 같은 이의를 제기하면서 권리를 무용지물로 만들어버렸다. 피가 없는 살이라니 말도 안 되는 이야기다. **재판관은 안토니오의 몸에서 1파운드의 살을 도려낼 권리를 샤일록에게 인정했을 때, 살에 따르는 피도 함께 주었다고 할 수 있다.** 또한 1파운드를 도려낼 권리를 가진 자는 **원한다면 1파운드보다 적은 양을 도려낼 수도 있다.** 그러나 이 유대인에게는 그중 어느 것도 허락되지 않았다. 그에게는 피를 취하지 않고 육체만을, 넘치지도 모자라지도 않게 정확히 1파운드만 도려내야 한다는 명령이 내려졌다. 이 유대인을 속여서 권리를 빼앗은 거라고 하면 너무 지나친 이야기일까? 물론 도의(인도)를 위해 내린 판결이기는 하나, 도의(인도)를 위해서라면 불법도 불법이 아니게 되는가? 신성한 목적하에 수단이 정당화된다 하더라도, 어째서 판결의 과정에서 행하지 않고 판결을 내린 후에 행하는 것인가?"

법의 궤변

현재에 만약 같은 사건으로 재판이 열린다면 법원은 '문제의 증서는 미풍양속에 반하기 때문에 무효이며 가슴살 1파운드를 도려낼 권리는 인정되지 않는다'고 판결할 것이다[19]. 포샤처럼 궤변을 인정해버리면 법에 대한 사람들의 존경심이 실추되기에, 현재의 정통 법학에서는 궤변을 허락하지 않는다. 그렇기 때문에 예링의 비판은 맞는 이야기다.

그러나 예링이 활약했던 19세기 후반과 『베니스의 상인』이 쓰인 16세기 말은 법 시스템이 서로 다르다. 따라서 예링의 비판은 역사적 배경을 무시한 것이라 볼 수 있다.[20] **법은 종종 의제나 거짓을 통해 발전한다.**[21] 예컨대 고대 로마에서는 기형아를 사람이 아니라 괴물로 받아들였기 때문에, 기형아를 살해한 어머니에게 살인죄를 묻지 않았다. 또한 협의이혼을 인정하지 않는 구미 국가에서 부부가 이혼하기 위해서는, 이혼 공소를 제기한 후 법적으로 이혼 원인에 해당하는 사실이 있는지를 증명하는 연극을 해야 했다. 그리고 이 연극에 재판관이 속으면 이혼이 가능했다. 물론 사실상 진상에 의구심을 품은 채 이혼 판결을 내려야 하는 경우가 더 많았을 것이다.[22]

최근 일본에서는 민법에서의 채권법(계약법) 개정 작업이 진행되었다. 개정 추진파의 중심인물이었던 우치다 다카시[23]에게 개정 반대파는 입법을 실현하기 위해 궤변을 늘어놓고 있는게 아니냐고 비판했다.[24] 만일 이것이 정당한 비판이라면, (앞서 말한 것과는 궤변이 쓰인 경우가 다르지만) 우치다의 민법 개정이 궤변에 의해 법이 발전하는 또 하나의 사례가 된다. **민법은 소**

---

19 일본 민법 제90조도 '공공질서 혹은 선량한 풍속에 반하는 것을 목적으로 하는 법률행위[계약]은 무효로 한다'라고 규정하고 있다.

20 무라카미 준이치, 『'권리를 위한 투쟁'을 읽다』, 이와나미쇼텐, 1983, 7~10항.

21 스에히로 이즈타로, 『스에히로저작집Ⅳ 거짓의 효용(제2판)』, 니혼효론샤, 1980, 3~39항.

22 이혼에 관한 영·독·프의 최근 동향에 대해서는 모리야마 히로에, '결혼의 성립' 57항 이하와 모리야마 히로에, '결혼의 성립에 관한 각국의 상황' 323항 이하(오무라 아쓰시 외 편, 『비교가정법연구: 이혼·친자·친권을 중심으로』, 쇼지호무, 2012)에 수록된 내용을 참조.

23 우치다의 민법 개정에 관한 저작 중 가장 구하기 쉬운 것은 우치다 다카시, 『민법 개정: 계약의 룰이 백년 만에 변하다』(지쿠마신쇼, 2011)를 들 수 있다.

24 스즈키 히토시, 『민법 개정의 진실: 스스로 무너지는 일본의 법과 사회』, 고단샤, 2013. 이 책은 흥미로운 소재를 통해 일본에서 정책이 어떻게 결정되는지 알려준다.

유권·계약·손해배상·혼인·상속 등에 대해 정하기 때문에 사회의 가장 중요한 인프라 중 하나이기도 하다.

키워드

법의 이념 법 전체가 실현해야 하는 궁극적 가치를 '법의 이념'이라 부른다. 법의 이념으로는 정의·법적 안정성·합목적성의 세 가지를 들 수 있다. 정의는 '같은 것을 같게, 같지 않은 것을 같지 않게 취급'하도록 요구한다. 법적 안정성은 평화나 질서 외에도 법 자체의 안정과 재판의 결과가 예측 가능할 것을 가리킨다. 합목적성은 법이 그때그때 추구되는 개별 목적을 실현하기 위해 적절한 수단을 쓸 것을 요구한다.

학문은 눈에 보이는 것(경험)을 눈에 보이지 않는 것(법칙이나 원리)으로 설명하는 작업이다. 가령 사과의 낙하와 천체 운행을 보고 만유인력의 법칙을 발견하거나, 우리가 말하거나 쓰는 말에서 문법을 발견하는 작업과 같다. 그리고 뉴턴의 만유인력 법칙이 갈릴레오의 낙하물의 법칙과 케플러의 혹성운동의 법칙을 통일한 것처럼 학문은 체계화를 목표로 한다. 그러나 체계의 정점이 꼭 단일할 필요는 없다. 실제로 유클리드 기하학은 5개의 공준을 전제로 한다.

유클리드 기하학의 5개의 공준─① 어떠한 두 점 사이에서도 하나의 선을 그을 수 있다. ② 선분은 원하는 대로 연장할 수 있다. ③ 원하는 점을 중심으로 원하는 반경의 원을 그릴 수 있다. ④ 직경은 어느 것이나 같다. ⑤ 직선 밖의 한 점을 통과하여 그 직선에 평행한 직선은 단 하나만 그을 수 있다(하시즈메 다이사부로, 「처음 만나는 구조주의」, 고단샤현대신서, 1988, 135항의 정식에 따름)─은 서로 모순되지 않는다. 그 결과 많은 명제(정리)가 연역적으로 증명되며 정답은 하나뿐이다(애초에 공준은 증명 과정 없이 승인되는 명제이기 때문에, 유클리드의 공준을 인정하지 않고서는 다른 기하학도 성립하기 어렵다).

법학은 법령이나 판례에서 도출해낸 법 원리를 법의 이념으로 정리한다. 법의 이념은 법체계의 정점이다. 그러나 유클리드 기하학의 공준과는 다르게 정의·법적 안정성·합목적성이라는 3개의 이념은 서로 충돌하지 않는다. 오늘날 일본에서는 빚을 갚지 않아도 재산을 압류당하지 않지만, 예전에는 노예가 되거나 생명을 빼앗기는 일도 종종 있었다. 셰익스피어가 살던 시대에도 샤일록의 증서는 유효하다고 여겨졌다. 증서의 내용대로 가슴살 1파운드를 심장 근처에서 도려낸다면 생명을 잃을 가능성이 높다. 그러나 한편으로 포샤의 궤변이 갈채를 받는 것을 보면 당시에도 증서의 유효성을 인정하는 것이 법의 정의에 반한다는 관념이 존재했음을 알 수 있다. 포샤의 판결은 법적 안정성의 관점을 우선하고 정의에 반하는 법을 충실히 적용한 결과다. 한편 예링은 정의의 관점을 우선하면서 증서를 무효로 하는 방법을 설명했다. 이 예시에서 증서의 효력을 둘러싼 법적 안정성과 정의는 상호 간에 충돌하고 있지만, 나라나 시대에 따라 어느 쪽을 우선시할지는 달라진다. 자연과학과 달리 법학에서 정답을 하나로 한정하지 않는 이유는, 법의 이념과 원리가 서로 충돌하므로 조정 방법이 하나로 정해질 수 없기 때문이다.

북가이드

■ 법의 궤변에 흥미가 생긴 독자에게는 입문서로 스에히로 이즈타로, 『스에히로저작집IV 거짓의 효용(제2판)』(니혼효론샤, 1980)를, 본격적으로 공부하고 싶은 독자에게는 구루스 사부로, 『법과 픽션』(도쿄대 출판부, 1999)을 추천한다.

■ 법학 자체에 흥미를 느낀 독자에게는 수많은 입문서 중 P.G. 비노그라도프, 『법에서의 상식』(스에노부 산지·이토 마사미 옮김, 이와나미분코, 1972)을 추천한다. 또 예링, 『권리를 위한 투쟁』(무라카미 준이치 옮김, 이와나미분코, 1982)은 법학과 학생의 필독서인 만큼 한번쯤 읽어보면 좋을 것이다.

■ 법률가가 완전히 싫어진 독자에게는 톨스토이, 『부활(상)(하)』(기무라 히로시 옮김, 신초분코, 2004)을 추천한다. 법률가가 호되게 당하는 모습을 볼 수 있다.

도넛화 현상과 경제학:
새로운 사회를 만들기 위한 준비

마쓰유키 데루마사 松行輝昌
오사카대 학제융합교육연구센터 준교수

요코하마국립대 벤처·비즈니스·래버러토리 강사와 도요대 국제공생사회연구센터 객원연구원 등을 거쳐 오사카대에서 교수로 재직 중이다.

전공 분야는 미시경제 이론, 산업조직론, 기업가정신, 건축과 경제학이다. 최근에는 건축가 등과 공동으로 주거의 형태와 커뮤니티의 관계에 관한 학제 연구를 하고 있다.

시작하며 ○

대학에서 경제학을 연구하고 가르치는 교수인 내가 '도넛을 구멍만 남기고 먹는 방법'을 들었을 때 제일 먼저 떠올린 것은 '도넛화 현상'이었다. 도넛화 현상이란 대도시 중심지의 인구가 감소하고 교외로 인구가 이동하는 현상을 가리키는데, 일본에서 이 현상은 고도 성장기부터 버블기에 걸쳐 두드러지게 나타났다. 일본에서는 주로 도넛화 현상이라는 용어를 쓰지만, 일반적으로는 '교외화'나 '도심부의 황폐화(공동화)'라고 부른다. **이번 장에서는 도넛화 현상의 뒤에 있는 일본의 경제성장과, 이를 가능하게 했던 전후 일본의 경제 시스템에 대해 다룰 것이다.** 저출산과 고령화 현상이 성숙기에 접어든 현대의 일본에서 도넛화 현상은 이제 과거의 일이 되었다. 우리는 도넛화 현상 대신 나타난 새로운 사회적 과제에 직면해 있다. 이러한 과제에 대처하기 위해, 지금까지 없었던 서로 다른 분야 전문가 간의 협업이 중요하다. 이번 장에서는 건축가와 사회과학자의 협동을 통해 사회적 과제를 해결하려는 시도를 예로 들어, 서로 다른 분야 간의 융합이 갖는 매력과 가능성을 살펴볼 것이다.

도넛화 현상과 현대의 사회적 과제 　　　　　　　　○

전후 일본의 경제성장과 함께 도넛화 현상이라는 인구 이동에 따른 교외화가 나타났고, 도넛화가 진행되면서 여러 문제가 발생했다. 도심부에서는 기업의 사옥이나 상업시설이 집중되어 소음이나 배기가스 문제가 발생해 주거 환경이 악화되었다. 이에 따라 도심부에 사는 사람들, 특히 아동의 수가 감소해 초·중학교가 통폐합되는 등 커뮤니티가 약화되거나 붕괴되는 문제가 생겨났다. 한편 교외에서는 거꾸로 거주 인구가 급격하게 증가하면서 초·중학교가 부족해졌고, 교외의 개발이 진행됨에 따라 직주분리職住分離 경향이 강화되어 출퇴근 시 혼잡과 소요 시간이 증가하는 문제가 나타났다.

　전후 부흥기와 고도 성장기에 일본에서는 지방에서 도쿄, 오사카와 같은 대도시로 유입되는 인구가 기하급수적으로 늘어났다. 전쟁 때문에 많은 주거지가 소실된 대도시에 대량의 인구가 유입면서 주거지 부족이 심각한 사회문제가 되었다. 이른바 자가소유정책持ち家政策이라 불린 전후 주택정책의 목적은 이와 같은 주택 부족의 해소와 경제성장을 동시에 달성하는 데 있었다.[1] 인구가 유입된 결과, 일극집중一極集中이라고 불릴 정도로 도쿄를 위시한 대도시에 산업 자원과 인구가 집중되었다. 이 시기에 일억총중류一億總中流(국민의 90퍼센트 이상이 자신을 중류층, 중산층으로 생각한다는 말이다―옮긴이)라는 말이 유행할 만큼 사회에 많은 중산층이 생겨났다. 도시에 사는 사람들은 결혼하여 가정을 이루면 장기 대출을 받아서

1　전후의 주택정책, 특히 자가소유정책의 개요에 대해서는 히라야마(2009)를 참조하기 바란다.

'마이 홈my home'을 구입했는데, '마이 홈'의 대부분은 이 시기에 개발된 교외에 건설되었다. 그리고 중산층에 의한 주택 구입이 일본의 고도 경제성장을 뒷받침한 원동력이었다.

도넛화 현상과, 전후의 고도 경제성장, 그리고 주택정책은 밀접하게 관련되어 있다. 이 시기 일본인의 전형적인 '라이프코스life course'는 다음과 같다. 남성은 종신고용이나 연공서열을 보장해주는 회사에 다닌다. 주택 구입을 위해 대출을 받을 때는 회사가 보조해주고 그것은 곧 회사에 대한 충성으로 이어진다. 또한 (남성) 가장은 집을 소유함으로써 사회적으로 제 몫을 다한다는 것을 인정받는다. 한편 여성은 결혼을 계기로 '경사스럽게 퇴사'하여 가정에서 육아, 노인 돌봄, 가사를 담당한다. 사람들은 집을 구입함으로써 경제성장에 공헌한다.

이처럼 정형화된 삶의 방식에는 다양성이 결여되어 있었다. 사회는 정형화된 삶을 뒷받침해주는 동시에, 다른 삶의 방식에는 냉담한 반응을 보였다. 고도 성장기 동안 표준화된 삶의 방식을 선택한 사람들은 윤택한 생활을 영위할 수 있었다. 이와 같은 '표준 라이프코스' 및 사회 시스템의 설계는 제도적으로 상부상조할 수 있도록 잘 만들어져 있었다. 실제로 전후 경제 시스템을 연구한 학자[2]들에 의하면 이 시기의 사회 시스템에는 제도적 보완성이 강하게 작동하고 있었다. 이처럼 **도넛화 현상의 배경에는 고도 경제성장을 이루어낸, 대단히 정교하게 만들어진 전후 일본의 경제 시스템이 존재한다.**

잘 알려진 가설 중에는 전후 일본의 경제 시스템이 1940년 전후의 전

---

2 오카자키·오쿠노(1993)가 대표적인 연구다.

시 체제에 기원을 둔다는 '1940년 체제'[3] 가설이 있다. 예컨대 주택의 경우 전쟁 전에는 집을 소유하기보다 빌려서 사는 사람의 비율이 높았으나, 1930~1940년대에 가임통제령家賃統制令이 실시되자, 수많은 임대업자가 세입자에서 주택을 팔아넘겼다. 임대료의 상승을 통제하여 임대업이 성장하지 못하게 했기 때문이었다.

전시체제를 정비하기 위해 발포된 가임통제령은 전후 경제 시스템에서 중요한 역할을 하게 될 자가소유정책의 기원이 되었다. 그 외에도 1930~1940년대에 연공임금제, 종신고용제, 기업별 노동조합, 메인뱅크 제도, 호송선단 방식 같은 산업 정책이 실시됨으로써 정부와 기업의 상호보완적 관계가 실질적으로 시작되었다.

경제성장을 달성한 일본은 버블기를 겪은 후, '잃어버린 20년'이라 불린 경제 침체기를 경험했다. 1970년대의 제2차 베이비붐 이후로 신생아 출생 수가 감소하는 한편, 전체 인구 중 노인의 비율이 계속 상승하면서 **일본은 선진국 중 가장 먼저 '소자고령사회**小子高齢社会'**에 진입했다.** 세계 각국이 소자고령화사회로의 이행에 두려움을 느끼는 이유는 이제까지 경험한 적 없는 상황에 직면했기 때문이다. 일본의 경우에는 전후 경제 시스템이 제도적 보완성을 통해 매우 정교하게 만들어져 있었기 때문에, 새로운 경제 시스템으로 이행하기가 더욱 어려웠다. 그렇다면 새로운 사회를 설계하기 위해서는 무엇을 생각해보아야 할까?

최근 '역도넛화 현상' 또는 도심 회귀 현상이 나타나고 있다. 지금까지

---

3 1940년 체제에 대해서 자세히 알고 싶다면 노구치(2010) 및 오카자키·오쿠노(1993)를 참고하길 바란다.

대기업이나 정부 기관이 소유하고 있던 사원 기숙사 같은 직원 복지시설과 그 외의 자산이 매각되면서, 대도시 중심부의 가장 비싼 지역에 재개발이 시작되고 있다. 이곳에 초고층 아파트 등이 건설되면서 도심에 거주하는 인구도 증가 추세다. 또 예전에는 넓은 캠퍼스를 갖추기 위해 교외로 이전했던 유명 대학이 토지를 매각하고 도심지로 캠퍼스를 옮기려는 움직임도 나타나고 있다. 이와 같은 변화는 전후 경제 시스템이 새로운 시스템으로 이행하고 있음을 상징한다. 고도 성장기에 기업이 사원에게 제공한 복지시설과 여러 가지 특혜는 회사에 대한 사원의 충성심을 이끌어냈다. 그러나 시대의 흐름에 따라 기업은 이와 같은 시설을 포기할 수밖에 없게 되었다. 기업에는 더 이상 안정성장 시대와 같은 복지시설을 유지할 여유가 없다. 또 주식 보합(모치아이持ち合い라고 불리며 기업 간에 서로 상대의 주식을 보유하는 형태를 말한다—옮긴이)이 해소되면서, 단기적으로 이익을 창출하기 어려운 복지시설의 매각을 주주가 원하는 경우도 있다. 이 때문에 1990년대 이후 도심부의 입지 좋은 시설들이 매각되기 시작했다.

예전에는 당연한 것으로 여겨졌던 종신고용도 지금 취업활동을 하고 있는 대학생들에게는 과거의 역사가 되었다. 이와 같은 역도넛화 현상을 때로는 '단팥빵화 현상'이라고도 부른다. 주거지나 대학 등 도시를 떠났던 중요한 시설들이 도심부로 되돌아오고 있기 때문이다. **도시는 도넛이 되거나 단팥빵이 되면서 사회의 변화에 대응하여 역동적으로 변화하고 있다.** 이처럼 새로운 사회로의 이행기에 있는 우리는 어떻게 새로운 사회를 설계할 수 있을까.

다시 전후 경제성장 시스템으로 이야기를 되돌려보자. 당시에는 주로 지방에서 대도시로 올라온 사람들이 가정을 이루고 하나의 (핵)가족이 하나의 주택(독채나 빌라)에 사는 게 일반적이었다. 현대에 사는 우리에게는 이같은 주거 방식이 당연하지만 전쟁 전 사회에서는 3세대가 동거하는 것이 자연스러운 일이었다. 이처럼 사람들의 삶의 방식은 그 시대를 반영한다. 뿐만 아니라 전후의 주택정책은 경제성장에 크게 공헌했다. 예컨대 아파트의 구조도 2DK, 3LDK와 같이[4] 규격화되었다. 건설회사 등이 제공하는 표준화된 주택을 구입하는 경우에 비해, 자기 취향대로 독특한 구조나 디자인을 반영한 주택을 만들면 더 많은 비용이 소요된다. 주택이 가진 여러 가지 기능 중에는, 집 안에 있는 것만으로도 마음이 편안해지는 것과 같이 우리의 생활을 풍요롭게 만드는 기능도 있다. 주택을 매입할 때는 상당한 비용이 들지만, 저렴한 집세의 임대주택이 더 많이 제공되어 주택 가격이 지금보다 낮아진다면 이 같은 부담도 경감될 것이다. 어쨌든 자가소유 정책은 경제성장기에 적절한 정책이었다. 안정성장기에 있는 시대에는 이를 대신할, 시대에 맞는 정책이 다시 만들어져야 한다.[5]

전후에 주택을 구입한 사람들에게 단독 주택은 근대적이고 프라이버시가 확보된 이상적인 주택이었을 것이다. 그러나 예전에 존재했던 지역 커뮤니티가 쇠퇴하고 있으며, 소자고령화와 같은 이유로 1인 가구가 증가하는 오늘날에는 다른 형태의 주거 공간이 필요하다. 그렇다면 과연 어떠한 주거공간을 만들어야 할까? 새로운 주거 공간을 고안해내면, 새로운 사회의 디자인이 가능해질지도 모른다. **새로운 사회로의 이행기에 사는 우리는 자**

---

4 앞의 숫자는 방의 수를, L은 거실인 living room, D는 식당인 dining room, K는 부엌인 kitchen을 각각 가리킨다. ─ 옮긴이

5 안심하고 거주하는 권리에 관한 논의로 거주복지의 논의가 있다. 자세한 내용은 하야카와(2007)를 읽어주시길 바란다.

신의 아이디어로 새 사회를 구축할 수 있는 기회를 가졌다고도 말할 수 있다. 그래서 지금부터는 필자가 참여하고 있는, 미래의 주택과 커뮤니티를 구상하는 '지역사회권'에 대한 연구를 소개하려 한다. 지역사회권에서는 경제성장기를 거친 사회에 적합한 집합 주택을 구상한다. 건축가나 건축물만이 아니라 그곳에서 발생하게 될 커뮤니티도 함께 구상하기 위해 사회학과 경제학 등 다양한 분야의 전문가가 이 연구에 참여하고 있다. **미래의 사회를 설계하기 위해 경제학도가 어떤 공헌을 할 수 있을지 살펴보자.**

지역사회권 ○

지역사회권[6]이란 건축가 야마모토 리켄이 주장한 집합 주택의 양식을 말한다. 하나의 주택에 하나의 가정이 산다는 전후의 방식은 고도 성장기 이전까지는 대단히 잘 작동했으나, 고도 성장기에 들어서면서 표준 라이프 코스처럼 가족이 집을 구입하고 회사가 이에 도움을 주는 방식으로 바뀌었다. 따라서 무엇인가 어려운 일이 생기면 지역 커뮤니티가 아닌 가족이나 회사에 의지하게 되었다. 따라서 **지역에 뿌리를 둔 예전의 커뮤니티는 존재가 희미해졌으며, 주거 형태도 프라이버시를 중시하는 방향으로 바뀌면서 이웃에 사는 사람들과의 접점도 줄어들게 되었다.** 현대 아파트의 표

---

6 지역사회권에 관한 기본적인 내용을 다루는 논문으로는 야마모토·나카무라·후지무라·하세가와·하라·가네코·아즈마(2010) 및 야마모토·가네코·히라야마·우에노·나카·스에미쓰·Y-GSA·마쓰유키(2013)가 있다.

준설계인, 51C형[7]이라 불리는 2DK, 3LDK와 같은 양식도 전후에 확립되었다. 일반적인 아파트에서는 안과 밖이 문 하나로 나뉜다. 철제로 만들어진 문을 열고 방에 들어서면 그곳은 바깥과 차단된 공간이 되며, 이웃과 공유하는 공간도 복도처럼 극히 한정된 부분에만 존재한다. 아파트 같은 집합 주택이 이런 구조를 갖게 된 이유는 과거에 목조 주택에서 화재가 잦았기 때문에 방화 성능을 높이고, 프라이버시의 확보를 원한 당시 사람들의 바람을 반영한 것이라 여겨진다.

그러나 오늘날에는 소자고령화의 진행, 1인 가구의 증가로 기업도 예전과 같이 종신고용을 유지하기 어려워졌다. 전후 사회의 중간체(서로를 기반으로 하는 일정 규모의 집단)였던 가족과 회사마저 흔들리고 있는 오늘날 우리는 어떤 주거 공간을 만들어야 할까? 지역사회권에서는 이와 같은 문제의식에서 수백 명 규모의 집합 주택을 구상한다. 다음에서 지역사회권의 몇 가지 특징을 살펴보자.

공간 디자인과 공 − 공 − 사, 공유 그리고 유연성

지역사회권의 가장 큰 특징은 넓은 공유 부분이다. 점유(사유) 부분은 꽤 좁지만 그 대신 다른 거주자나 외부인과 공유하는 부분이 넓다. 가령 많은 주민이 물을 사용하는 장소(목욕탕, 수도, 화장실)나 부엌을 공유한다. 이처럼 공유 부분이 넓은 집합 주거 형태에는 최근 일반화된 공유 주택(셰어 하우스)이 있다. 공유 주택에서는 개인 방과 공유 공간이 나뉘어 있어서, 대형

---

7 51C형에 대해서는 스즈키·우에노·야마모토·후노·이가라시·야마모토(2004)나 스즈키(2006)를 참조.

〈그림 9-1〉 지역사회권 레스토랑 대여

텔레비전과 같은 전자제품이나 대형 가구처럼 혼자 살 때는 갖기 어려운 물건을 공동으로 소유할 수 있다. 또 공간뿐만 아니라 개인의 소유물을 가족 외의 타인과 공유하도록 돕는 서비스도 출현했다. 가령 리브라이즈8는 자신이 소유한 책을 공유하고 다른 사람과 연합해 지역 '도서관'을 열 수 있는 방법을 알려준다. 이처럼 **오늘날에는 물건을 공유하는 문화가 보편화되고 있으며, 지역사회권에서도 공유 부분을 넓힘으로써 공유를 권하는 구조를 만들어두고 있다.**

이외에도 집합 주택에서는 레스토랑이나 카페 대여가 가능해서 자신의 가게를 열 수도 있다(〈그림 9-1〉). 이때 전유專有 부분(집)은 '침실'과 '가게'로 나뉘어 있는데, 가게에서는 '소규모 장사'를 할 수 있도록 되어 있다. 가

---

8 http://librize.com

〈그림 9-2〉 지역사회권 소규모 장사

령 영어 회화가 특기인 사람은 주말에 영어 회화 교실을 열 수 있고, 재봉이 특기인 사람은 양복 수선 가게를 할 수 있다. 손님이 찾아오기 때문에 가게에서는 사람들과의 교류가 자연스럽게 일어난다. 또 회사에 근무하는 사람들도 주말에는 제2의 일을 할 수 있다(〈그림 9-2〉).

히라야마 요스케(2009)는 표준 라이프코스가 사람들의 선택지나 '소속의 유연성flexibility'을 감소시켰다고 지적한다. 즉, 전후의 일본에서 개인은 사회에서 '○○ 사의 과장이며 2명의 자녀를 둔 아버지', '◎◎ 씨의 부인'과 같이 불리면서, 사회의 중간체인 회사나 가족에서의 역할로 그 사람의 사회적 입장을 나타냈다. 표준 라이프코스는 경제성장을 달성하는 과정에서는 적절했지만, 오늘날의 사회에서는 사람들의 생활에 풍요로움을 주기 위해 소속의 유연성을 만드는 구조가 필요하다. 공간을 공公-공共-사私⁹로 분류해보면 우리 사회에는 아직 공유 부분이 극단적으로 적다는 것을 알 수 있다. 아파트의 구조를 봐도 자기가 사는 방을 나서면 복도나 엘리베이터, 현관과 같은 약간의 공유 부분이 있을 뿐이며, 현관을 나서면 바로 공공의 공간이 나온다.

또 공−공−사의 경계가 명확하다. 아파트의 방과 복도는 문 하나로 구역을 나누고, 아파트와 공공 도로의 경계에는 입구 형태의 문이 있어 구역을 나눈다. 최근에는 입구의 보안도 강화되어 열쇠가 없으면 들어가지 못하는 아파트도 많다. 지역사회권에서는 공−공−사와 공유 부분을 늘리는 것뿐만 아니라 공−공−사의 경계도 희석시키고자 한다. 즉, 집합 주택의 일부분에 외부 사람들이 들어올 수 있도록 하는 것이다. 단순히 사람이 사는 것뿐만 아니라 소규모의 상업이 이루어지도록 함으로써 외부 사람이 유입되도록 하는 구조다. 또 외부에서 들어올 수 없는 부분에도 거주민과 함께라면 들어와 공유 부분에서 생활의 일부를 함께 할 수 있다. 그 외에 건물의 입구를 여러 개 만들거나 입구에서 방으로 이어지는 경로를 여러 개 준비함으로써, 방으로 가는 방법도 다양하게 마련해둔다. 이처럼 공간 디자인을 통해 사람들의 행동 방식에 유연성을 더하고, 사람들 사이의 다양한 교류를 활성화시킴으로써 새로운 커뮤니티를 만들 수 있다. 이와 같은 예는 공−공−사라는 구분의 공간 디자인을 변화시켜서 사람들의 행동을 바꾸고 사람과 사람의 교류를 낳는다는 아이디어에 기초한 것이다.

커뮤니티, 공유의 단위, 계층성

오늘날 소자고령화에 따라 1인 가구가 증가하면서 가족을 대신할 사회적

---

9 Public−Common−Private

중간체나 안전망safety net에 대한 요구가 높아지고 있다. 과거에는 곤란한 일이 생기면 회사나 가족에게 의지했지만, **독신자가 늘어난 현대사회에서는 회사나 가족 외에 새로운 사회의 중간체 혹은 커뮤니티가 필요하다.** 이에 지역사회권에서는 수백 명 규모의 집합 주택을 구상하고 있다. 거주 공간을 새롭게 디자인해서 수백 명의 주민이 서로 돕는 커뮤니티가 자연스럽게 생겨나는 구조를 고안하는 것이다. 그러나 사회의 중간체로서 수백 명 규모의 커뮤니티가 과연 어울릴까? 수십 명에서 100명 정도의 아파트 관리조합에서도 합의를 이끌어내기 어려운데, 수백 명 규모의 커뮤니티가 제대로 기능할 수 있을까? 이런 여러 의문이 떠오르겠지만 지역사회권의 구상은 실험적인 것이기에 실제로 해보기 전까지는 알 수 없는 부분이 많다.

우려가 많은 만큼, 커뮤니티를 어떻게 하면 잘 기능하게 할 수 있을지에 대한 고민이 계속되고 있다. 먼저 공유에 대해 다시 한번 생각해보자. 커뮤니티에서는 여러 가지가 공유된다. 먼저 부엌, 화장실, 샤워실 등의 물을 쓰는 공간이 있다.

또 지역사회권에서는 에너지의 생산도 이루어진다. 대규모 발전소에서 전기를 만들고 송전하는 구조가 아니라, 커뮤니티에서 재생형 에너지를 생산하고 에너지를 분산하는 시스템을 만드는 작업이 진행 중이다. 전후 일본의 사회 시스템은 중앙집권적이었다. 이와 같은 시스템의 문제 가운데 하나는 대규모 발전소에서 전력을 공급하는 구조가 자연재해에 취약하다는 것이다. 중앙집권적 구조에서 분권형 사회로 이행하고 환경 부담을 줄이기 위해서, 분산형 에너지 시스템을 구축하는 일은 대단히 중요하다. 이를 위해 솔라 패널을 사용한 태양광 발전이나 음식물 쓰레기를 미생물로 발효시켜 전력을 만드는 바이오매스biomass 발전 등이 시도되고 있다. 물론 현 시점에서는 아직 재생에너지를 일상생활에 사용하기에 여러 가지 제약이 있으며, 이상적인 분산형 에너지 시스템을 구축하기도 어렵다. 그러나 에너지 시스템을 구상하는 일은 지역사회권이 분권형 사회의 중간체로 기능하기 위해 매우 중요한 부분이다.

공유의 이야기로 돌아가보자. 재생형 및 분산형 에너지 시스템에도 적당한 공유의 규모가 존재한다. 예컨대 태양광 발전에서는 30명에서 45명 정도가 하나의 에너지 폼(태양광 발전기 등을 포함한 시스템)을 공유하는 방안을 구상하고 있다.

그 외에는 생활 인프라를 공유한다. 주민이 하루 단위로 레스토랑 혹은 카페를 열 수 있는 비스트로나 키친, 대중목욕탕과 같은 커다란 목욕탕, 세탁기, 소지품을 수납할 수 있는 사물함 같은 코먼common 수납[10] 등은 120명에서 150명 정도가 공유할 수 있다. 또 코제너레이션cogeneration[11]이라는 발전 장치를 도입하면 120명에서 150명 정도가 에너지를 공유할 수 있다(앞서 말한 에너지 폼보다 큰 규모가 필요하다).

코먼 수납을 설치하는 이유는 이동의 편리성을 높이기 위해서다. 지금까지는 주택에 여러 물건을 구입해서 보관하는 것이 일반적인 생활 방식이었다. 보관된 물건은 대부분 개인이 보유하고 사용하거나 가족이 공유해서 사용했다. 그 외에는 책이나 CD, DVD 등을 친한 친구들과 주고받는 정도가 전부였다.

---

10 코먼 수납이란 자기 소유물을 보관할 수 있는 장소를 말한다. 지역사회권 내에서 이사를 할 때 코먼 수납에 보관해둔 것은 그대로 둘 수 있다.
11 코제너레이션은 열병합 발전이라 불리며, 보통 발전 시에 배출되는 열을 재이용하는 발전 방법을 말한다.

〈그림 9-3〉 지역사회권 생활 편의점

　주택을 구입할 때는 보통 그곳에 오래 사는 것을 전제로 한다. 가족 대상의 임대주택 시장이나 중고주택 시장이 발달하지 않은 일본에서 거처를 옮기려면 많은 비용이 들기 때문이다. 그래서 **지역사회권에서는 '단출하게' 생활하는 환경을 조성하고자 한다.** 먼저 될 수 있는 한 개인의 소유물을 줄이고 생활에 필요한 여러 가지 물건을 공유하는 방식을 권장한다. 또 개인이나 가족의 소유물도 집 안에 쌓아두지 않고 코먼 수납을 사용하여 보관한다. 이렇게 짐을 줄이면, 예컨대 기분 전환을 하고 싶을 때 건물 내에서 편리하게 방을 바꿀 수도 있다. 전유 부분에 물건이 얼마 없기 때문에 단출하게 이사할 수 있는 것이다. 또 결혼해서 아이가 태어나면 건물 내에서 더 넓은 방으로 이사하기도 쉽다. 이와 같은 단출함에서 주거에 관한 유연성이 생겨난다. 지금까지는 일단 주택을 구입하면 좀처럼 그 지역을 벗어날 수 없었으나, 지역사회권의 구조를 사용하면 사는 곳을 쉽게 바꿀 수 있다. 이 건물에서의 삶이나 커뮤니티가 마음에 들지 않으면 다른 건물로 간단히 이동할 수도 있다. 이 역시 사회적인 소속의 유연성을 낳는 구조가 된다.

'생활 편의점'이라 불리는, 생활 지원을 위한 시설도 공유한다(《그림 9-3》). 하나의 생활 편의점은 500명 정도가 공유한다. 생활용품을 판매하는 가게 외에 생활 편의 시설이나 돌봄·육아 공간을 설치해서, 이를 아울러 생활 편의점이라고 부른다.

이곳에는 상담 시설, 탁아 시설, 진찰실도 있다. 또 서포트 리더, 매니저, 생활 서포터라 불리는 사람들이 있어 이용자들을 도와준다. 또한 이곳에는 서로 돕는 커뮤니티가 형성되어 있으며, 집합 주택에 사는 주민이나 지역 주민이 직접 생활 서포터가 되고, 또 간단한 케어를 받을 수도 있다. 이때 생활 서포터는 적절한 교육을 이수한 사람만 될 수 있는데, 입주자들의 생활을 돕는 대가로 소정의 보수를 받는다. 그러나 보수 금액은 시장가격보다 낮게 설정되어, 금전적 이득보다는 사회공헌이나 봉사를 통해 보람을 얻고자 하는 사람이 참여할 수 있도록 한다.

전후의 커뮤니티가 쇠퇴하면서, 새로운 커뮤니티를 만들어야 할 필요성은 꾸준히 제기되었다. 그러나 사람들의 라이프스타일과 가치관이 변화한 오늘날에는 새로운 커뮤니티가 만들어지더라도 과거의 마을 공동체처럼 친밀한 커뮤니티가 되기는 어렵다. 그렇다 하더라도 사람들 사이의 모든 거래가 시장을 통해서만 이루어지는 건조한 커뮤니티도 현실적으로 유지되기 어려운 일이다. 따라서 지금 필요한 것은 양자를 절충해서 설계한 커뮤니티다. 이러한 커뮤니티를 만들기 위해서는 생활 서포터의 역할이 중요하다. 이들이 어떻게 활동하느냐에 따라 커뮤니티의 친밀도가 달라지기 때문이다. 이런 이유로 생활 서포터를 선발할 때는 외부의 직업 도우미보다 커뮤니티 구성원을 우선순위에 두고, 금전적인 보상보다 사회적 공헌 및 자아실현에 대한 만족을 더욱더 중요시하는 사람을 선택한다.

전후의 중앙집권적 사회 시스템의 특징 가운데 '수직적 행정'이 있다. 이는 국가기관이나 관공서가 정해진 관할 범위 외에는 참견하지 않는 것을 말한다. 이 구조는 중앙집권적 사회에서는 잘 기능하지만, 관할을 넘어선 횡적 연대를 이루어야 할 요즘 시대에는 제대로 기능하지 못한다. 따라서 현대와 같은 이행기에는 횡적 연대를 촉진하여 유연한 사회를 만들어야 한다. 지역사회권에서 **아직까지 긴밀한 연대가 이루어지지 않은 돌봄, 육아, 장애인 지원을 서로 융합시킨 것에는 큰 의미가 있다.** 가령 돌봄이 필요한 노인은 돌봄 시설에 입주하여 일방적으로 케어를 받는다. 그러나 돌봄 시설에 입주해 있는 노인도 사회를 위해 할 수 있는 역할이 있을 것이다. 건강 상태에 따라 다르겠지만, 노인도 아이를 돌보거나 장애인 지원의 일부를 담당하는 것은 충분히 가능하다.

이처럼 돌봄, 육아, 장애인 지원의 기능을 융합시킴으로써 노인이 사회에 주체적으로 참여할 기회를 제공하고 노인의 생활에 활력을 불어넣을 수 있다. 또한 새로운 사회에서 아이나 장애인의 역할을 만드는 것도 가능해진다. 물론 이를 실현하기 위해서는 법 규제부터 시작해 여러 가지 장애물을 넘어야할 것이다. 어쨌든 **돌봄, 탁아, 장애인 지원 시설을 공간적으로 융합하여 그것이 제대로 기능하도록 하는 사회적 구조를 만듦으로써 소속의 유연성을 낳는다니, 재미있는 아이디어가 아닌가.**

지금까지는 건축가나 디자이너가 공간을 디자인하고, 커뮤니티 형성에 대한 연구는 사회과학자 같은 연구자에 의해 이루어졌다. 그러나 시대의

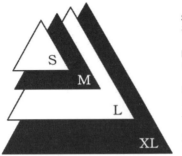

S (5~7인)
작은 부엌, 화장실, 샤워실 등

M (30~45인)
태양광 발전 시스템 등

L(120~150인)
비스트로, 키친, 코먼 수납
코제너레이션 등

XL(500인)
지역사회권 커뮤니티 전체

〈그림 9-4〉 공유의 계층성

흐름에 걸맞은 사회를 만들기 위해서는 여러 분야의 사람들이 협동해야
한다. 행정뿐만 아니라 사회 전체적으로, 지금까지는 없었던 협동이나 협업
을 통해 새로운 사회를 만들어야 할 시대가 도래했다. 지역사회권과 같은
새로운 집합 주택에 생활 편의점처럼 횡적인 연결을 촉진하는 구조를 도입
하는 일 속에, 수직적인 사회를 수평적인 사회로 바꿀 수 있는 가능성이
존재한다.

지금부터는 공유의 계층성에 대해 살펴보자. 먼저 공유의 최소 단위인
5~7명(S라 하자)이 생활하기 위한 기초적인 그룹을 형성한다. 다음으로 에
너지 폼은 30~45명(M이라 하자)이 공유한다. M은 S가 6개 정도 모여서 만
들어진다. 생활 인프라는 120~150명(L이라 하자)이며 이는 M이 4개 정도
모인 것이다. 마지막으로 생활 편의점은 500명(XL라 하자)으로 이루어지며
L이 4개 정도 모여서 만든다. 이때 500명의 커뮤니티는 계층구조를 이루
고 있다. 이처럼 공유의 단위에는 S, M, L, XL의 네 가지가 있으며 이를 기
초로 해서 계층구조가 형성된다.

여기서 주목할 것은 단순히 500명이 사는 커뮤니티가 존재하는 것이 아

제2부 도넛의 구멍을 배우는 일

니라, 공유라는 행위를 통해 커뮤니티가 하나로 뭉치는 것을 상정한다는 는 것이다. 좋은 커뮤니티를 유지하기 위해서는 여러 가지 구조가 필요하다. 앞에서는 서로 간에 자연스럽게 돕는 커뮤니티를 상정했지만, 실제로 이런 커뮤니티에서는 무임승차free riding의 유혹이 있을 수 있다. 즉, 자신은 게으름을 피우면서 다른 사람의 노력에 기대기만 하려는 사람이 나올 가능성이 있다. 따라서 중기적으로 무임승차자가 나오지 않는 좋은 커뮤니티를 만들기 위해서는 지켜야 할 규칙을 만들어야 한다. 가령 무임승차를 한 사람에게 일정한 페널티를 부과하는 벌칙을 정하는 것이다. 사전에 무임승차를 한 사실이 발각되면 페널티가 부과된다는 것을 알리고, 무임승차를 하지 않도록 규칙을 만든다. 실제로 누가 무임승차를 했는지를 완벽하게 파악하기는 어렵다. 하지만 무임승차를 방지하기 위해서는 규칙을 만들어둘 필요가 있다. 이렇듯 **장기적으로 좋은 커뮤니티를 만들기 위해 규칙을 제정하는 방식에는 경제학에서 연구하는 게임이론 가운데 '반복게임'이 유효하다.**

다음에서 반복게임의 단순한 모델을 살펴보겠다. 두 사람의 플레이어가 서로 협력하면 이익을 얻을 수 있지만, 상대가 협력하고 나만 배신하면 그보다 더 큰 이익을 얻을 수 있는 상황을 가정해보자.

	C	D
C	5, 5	2, 8
D	8, 2	3, 3

〈표 9-1〉 죄수의 딜레마 표

〈표 9-1〉은 유명한 죄수의 딜레마를 표로 나타낸 것이다. 왼쪽의 숫자를 플레이어1의 이득, 오른쪽을 플레이어2의 이득이라 하자. 전략은 C(협력)와 D(배신)의 두 가지가 있다. 일반적으로는 이 두 가지를 일정한 확률로 (제비를 뽑아서) 플레이하는 혼합 전략(예컨대 C를 0.3의 확률, D를 0.7의 확률로 하여 무작위로 플레이하는 전략)도 생각해볼 수 있으나 여기에서는 단순화하기 위해 혼합 전략은 고려하지 않겠다.

게임이론에서는 내시 균형[12]이라는 개념을 사용하여 이 게임에서 도달하려는 상황을 나타낸다. 내시 균형이란 서로의 전략이 최적 반응(자신이 선택한 전략이 상대방의 전략에 대한 최선의 선택인 경우)이기 때문에 혼자 전략을 변경하더라도 아무런 이득이 없는 상태라고 정의할 수 있다. 〈표 9-1〉의 죄수의 딜레마에서는 (D, D)가 유일한 내시 균형이다. (D, D)에서 각 플레이어는 3의 이득을 가진다. 하지만 어느 한 플레이어가 이 상태에서 이탈하여 C를 플레이하면 이득은 2로 줄어들고 만다. 또 (C, C)에서는 각 플레이어의 이득이 5가 되기 때문에 이상적인 상황이 만들어지지만, 이때는 내시 균형이 이루어지지 않는다. 왜냐하면 플레이어1이 여기에서 이탈하여 D를 플레이하면 이득이 8로 늘어나므로 (C, C)의 상태에서 혼자만 빠져나갈 가능성이 높기 때문이다. (C, D) 역시 내시 균형이 될 수 없다. 왜냐하면 이 사태에서 플레이어1이 D로 전략을 바꾸면 이득이 2에서 3으로 늘어나기 때문이다. 마찬가지의 이유에서 (D, C) 역시 내시 균형이 아니다.

죄수의 딜레마적 상황은 사회적인 문제를 분석할 때 많이 나타난다. 이

---

12 내시 균형Nash's Equilibrium은 상대의 전략을 예상할 수 있을 때 자신의 이익을 최대화하는 전략을 선택하여 형성된 균형 상태를 말한다. 게임이론의 한 형태로, 미국의 수학자 존 내시가 개발하였다. ─옮긴이

한 번뿐인 관계에서는 협력이 이루어지지 않지만
장기적으로 관계가 지속되면 협력할 수 있다.

〈그림 9-5〉 반복게임 개념도

번에는 죄수의 딜레마가 무한 번 반복해서 플레이된다고 가정해보자. 이
와 같은 게임을 반복적인 죄수의 딜레마라 한다(《그림 9-5》).

이 게임에서 한 번뿐인 관계에서는 협력이 이루어지지 않지만 장기적으
로 관계가 계속되면 협력할 수 있다. 이때 각 플레이어의 전략은 첫 게임의
행동 전략이자 언제 끝날지 알 수 없는 미래까지 이르는 매회의 행동 전략
이 된다. 각 플레이어가 발생할 수 있는 모든 케이스를 미리 예상하고 각
각에 대응해서 C 혹은 D 중 한쪽을 고른다고 가정해보자. 또한 단순화를
위해 매번 각 플레이어는 지금까지 플레이어가 한 행동을 완전하게 관측
할 수 있고, 장래 이익의 할인인자를 $\delta(0 < \delta < 1)$이라 해보자. 가령 1년의 이
자율이 5퍼센트라고 하면 내년에 받을 수 있는 100엔은 현시점에서 실질
적으로 100/1.05의 가치밖에 없다. 이 예에서 할인인자는 1/1.05가 된다.
이 게임에서 제1회, 제2회, 제3회, ……로 계속되는 죄수의 딜레마는 무한
번 반복(이를 부분게임이라 하자)되면서 러시아 인형인 마트료시카처럼 포개

져 있다. 이때 각각의 부분게임에서 내시 균형이 달성된 것처럼 보이는 상태를 부분게임 완전 균형이라 부르며, 이를 균형개념이라 한다. 균형개념을 사용하는 이유를 설명하면 다음과 같다. 이 게임에서는 배신하는 플레이어에 대한 일정한 벌칙을 설정함으로써 각 플레이어가 배신할 유인을 제거하는 것이 중요하다. 그러나 벌칙이 '헛된 위협'으로 끝나는(실제로 벌칙단계가 되었을 때 플레이어가 마땅히 취해야 할 행동을 하지 못하는 상태) 경우가 있다. 따라서 그런 경우를 없애기 위해 내시 균형보다 정교하고 치밀한 개념인 부분게임 완전 균형이 필요한 것이다.

그러면 반복적 죄수의 딜레마로 협력(각 플레이어가 매번 C를 플레이함)을 달성할 수 있을지 생각해보자. 이때는 다음과 같은 전략을 생각해볼 수 있다. '제1회에는 C를 플레이한다. 제2회에는 지금까지 아무도 D를 플레이한 일이 없으면 C를 플레이한다. 누군가가 과거에 한번이라도 D를 플레이한 적이 있으면 D를 플레이한다.'

이는 배신이 발생한 경우 (D, D)를 영원히 플레이한다는 벌칙을 설정함으로써 배신을 예방하려는 전략이다. 양자 모두 이 전략을 취하는 것이 부분게임의 내시 균형이 됨을 알 수 있다. 상대가 이 전략을 취할 때 배신을 선택해서 얻는 최대 이득은 제1회에 D를 선택하고, 이후에는 이 전략에 따라 D를 선택할 때의 이득이며 그 값은 $8+3\delta+3\delta^2+3\delta^3+\cdots\cdots=8+(3\delta)/1-\delta$가 된다(이를 ①이라 하자). 한편 상대가 이 전략을 취할 때 자신도 이 전략을 따르는 경우의 이득은 $5+5\delta+5\delta^2+5\delta^3+\cdots\cdots=5/(1-\delta)\cdots\cdots$②가 된다(이를 ②라 하자). 따라서 ②〉①, 즉 $\delta〉3/5$가 두 플레이어가 모두 이 전략을 취해서 협력을 달성하는 조건이다. 이것이 부분게임의 균형이 되는 이유는 다음과 같다. 각 부분게임에서 한 번도 배신이 없었을 경우 게임

전체가 같은 구조가 되며, 배신이 있을 경우에는 (D, D)가 죄수의 딜레마에서의 내시 균형이기 때문에, 부분게임에서도 매번 (D, D)를 플레이하는 것이 내시 균형이 된다.

각 플레이어는 (할인인자가 어느 정도 높고 장래의 이득이 일정한 중요성을 가질 경우) 배신하면 단기적인 이익을 얻을 수 있지만, 그 경우 바로 벌칙 단계에 빠져 장기적으로는 손해를 입을 것을 알기 때문에 매번 C를 선택할 것이다. 반복적 죄수의 딜레마 연구는 제법 진척이 되어 있어서, 각 플레이어의 행동이 충분히 관측되지 못한 경우나 플레이어가 배신하는 경우에도 일정한 조건하에서 협력한다는 것을 알 수 있다. 단, 어떠한 경우에도 플레이어가 배신할 때 벌칙 단계를 설정하는 것이 특징이다.

그러면 지역사회권의 이야기로 되돌아가보자. 지역사회권은 공유 부분의 면적을 늘려 서로 자연스럽게 돕는 커뮤니티를 만드는 것을 목적으로 한다. **커뮤니티에서 다른 사람을 돕는 경우는 이타적인 감정이나 타자를 돕고 싶다는 욕구에서 행해지기도 하지만, 장래에 자신이 어려움에 처했을 때 다른 사람에게서 도움을 얻을 수도 있다는 기대에서 이루어지는 경우도 있다.**

반복적 죄수의 딜레마에서 각 플레이어가 매번 D를 취하는 것도 부분게임의 내시 균형이 된다. 이는 퇴폐한 커뮤니티를 대표한다. 각 플레이어가 이기적으로 행동하면서 (D, D)라는, 사회적으로 비효율적인 상태에 빠질 가능성은 언제나 존재한다. 마찬가지로 지역사회권에서도 경우에 따라 서로 돕지 않는 상황이 나타날 수 있다. 따라서 커뮤니티 구성원이 서로 돕기 쉬운 공간 디자인과 함께, 커뮤니티 내에 적절한 제재 수단 또는 규칙을 설정하는 것이 필요하다. 경제학에서의 반복게임에 대한 연구는 이에 중요한 역할을 해준다. 앞서 언급한 반복적 죄수의 딜레마도 다양한 상황에서 분석되었으며, 협력을 달성하기 위한 방법도 잘 알려져 있으니 참고하기 바란다.

한편 지역사회권처럼 서로 돕거나 협력을 유지해야 할 공간을 디자인하는 데에는 건축가의 역할이 매우 중요하다. '어떤 설계를 해야 사람이 쉽게 모일까? 구성원 간의 교류를 원활히 하기 위해서는 어떤 설계를 해야 할까?'와 같은 문제를 해결하기 위해서는 건축가의 도움이 반드시 필요하다. 가장 이상적인 모습은 건축가는 공간을 디자인하고, 경제학자는 사회적 규칙을 디자인함으로써 사람들이 자연스럽게 협력하는 커뮤니티를 만들어가는 것이다.

전후 경제 시스템과 보완성 　　　　　　　　○

전후 일본의 경제 시스템은 종신고용제, 연공임금, 계열기업, 하청제도, 메인뱅크 제도, 간접금융으로 대변되는 일종의 '특수한' 시스템이었다. 오카자키 데쓰지·오쿠노 마사히로(1993)[13]가 상세히 설명하고 있는 것처럼 이런 다양한 구조는 상호보완성을 지니고 있다. 그리고 **게임이론 중에는 보완성이 존재하는 상황을 모델화한 '코디네이션 게임'이 있다.** 가령 인도를 걸어가는 사람을 생각해보자. 대부분의 사람이 인도에서 우측통행을 하면,

---

[13]　전후 일본의 경제 시스템에 비교제도분석을 행하여 금융 시스템, 메인뱅크 시스템, 기업 시스템, 노사관계, 재정 시스템, 농업 시스템 등에 대해 분석하고 있다.

	R	L
R	5, 5	0, 0
L	0, 0	5, 5

〈표 9-2〉 코디네이션 게임

마찬가지로 오른쪽으로 걸어야 다른 보행자와 덜 부딪힌다. 또한 좌측통행이 일반적이라면, 왼쪽으로 걷는 편이 여러모로 편리하다.

〈표 9-2〉는 이와 같은 상황을 게임으로 표현한 것으로 코디네이션 게임이라 불린다. 단순화를 위해 여기에서는 두 명의 플레이어가 우측통행 또는 좌측통행을 고르는 상황만을 가정해보자. R은 우측통행, L은 좌측통행을 나타낸다. 이 게임에서 (R, R)과 (L, L)의 두 경우가 내시 균형이 된다. 이때 알 수 있는 것은 **보완성이 존재하는 상황에서는 균형이 복수로 존재할 가능성이 있으며, 어떤 균형이 실제로 달성되는지는 역사적 경위나 인간의 공통 인식, 문화 등에 따라 달라진다는 것이다.** 실제로 도쿄에서는 좌측통행을 하지만 오사카에서는 우측통행을 한다. 오래전부터 그렇게 해왔고 또 앞으로도 사람들이 그렇게 행동할 것이라고 믿는 한, 보행 방향은 바뀌지 않을 것이다. 무사가 칼을 차고 다니던 에도 시대라면 또 모르겠지만(칼은 신체의 왼쪽에 차기 때문에 좌측통행을 더 편하게 생각했다), 현대에는 좌측통행과 우측통행 중에 우열을 가리기 어렵다.

이번 장에서 이야기한 자가소유정책은 전후 일본 경제 시스템 속에서 보완성을 가지고 있었다. 종신고용제도나 연공임금은 직원의 회사에 대한 충성심을 높였고, 표준 라이프코스의 형성에 기여했다. 마찬가지로 장기주택대출을 (때로는 회사의 원조를) 받아 마이 홈을 구입하는 것은, 전후 일본의 노동 시스템과 상호보완적인 관계에 있었다. 앞서 언급했듯이, 자가소유정책은 1930년대부터 시작된 가임통제령에서 시작되었다. 전쟁 전의 일본에서는 집을 임대해 사는 사람이 많았지만, 전시체제하에서는 임대료를 올려서 생길 사회적 혼란을 방지하기 위해 가임통제령을 실시했다. 그 결과 많은 임대업자가 주택을 세입자에게 판매했는데, 이것이 자가소유정책의 기초가 되었다. 이런 의미에서 자가소유정책도 '1940년 체제'의 한 축을 담당했다고 할 수 있다.

지금까지 전후 일본의 경제 시스템은 '특수'한 것이며, 구미 특히 앵글로·색슨 국가들의 경제 시스템(앵글로·색슨형 시스템)과는 다르다고 여겨져왔다. 그러나 오카자키·오쿠다(1993) 등의 연구에 의하면, 전후 일본의 경제 시스템은 합리성이 결여된 특수한 시스템이 아니라 전시체제라는 역사적 경위 속에서 생겨난, 앵글로·색슨형과는 또 다른 균형이라고 생각하는 편이 자연스럽다. 현재 일본은 경제성장을 끝내고 성숙된 사회로의 이행을 시작하고 있다. 앞서 말한 것처럼 전후 일본의 경제 시스템은 각종 구조들이 상호보완성을 갖는 시스템이었다. 고도 경제성장을 달성하는 데 훌륭하게 기능했던 지금까지의 시스템에서 새로운 시스템으로 이행하려는 지금, 우리는 무엇에 유의해야 할까?

코디네이션 게임에는 2개의 균형이 있다. 하나의 균형에서 또 다른 균형으로 이동하기 위해서는 무엇이 필요할까? 가령 현재 우측통행을 실시하고 있는 오사카에서 좌측통행으로 통행 방향을 변경하기 위해서는 어떻게 해야 할까? 각 개인이 원하는 시점에 좌측통행을 시작하도록 두기(그렇게 하면 큰 혼란이 일어날 것이다)보다는, 날짜를 정해서 좌측통행을 실시(서로 의견을 조정하면서)하는 편이 나을 것이다. 지역사회권은 새로운 주거 공간의 디자인인 동시에 커뮤니티, 케어(노인 돌봄, 육아, 장애인 지원 등), 소속의 유연성, 에너지 시스템 등을 포괄적으로 제안한다. 새로운 사회로 이행해가는 현시점에서 이런 여러 가지 구조를 제안하는 것은 경제학에도 이익이 되는 일이다.

여기에서도 건축가의 시점과 경제학자의 시점이 제도 설계라는 공통의 장에서 융합하고 있음을 알 수 있다. 이러한 시대이기 때문에, 지금까지 협업하는 일이 적었던 건축가와 경제학자라는 전문가가 협동해서 새로운 사회를 구성하는 일은 매우 큰 의의를 가진다.

끝으로　　　　　　　　　　　　　　○

이번 장에서는 도넛화 현상을 시작으로 전후 경제 시스템에 대해 이야기했다. 고도 경제성장을 지탱해왔던 자가소유정책과 같은 경제 시스템이 무너지고 있는 상황에서, **새로운 사회를 만들기 위해 주거 디자인에 변화를 도입하려는 지역사회권의 구상을 소개했다.** 건축과 경제는 밀접하게 관련되어 있고, 건축학과 경제학의 협업이라는 지금까지 이루어진 적 없는 협동을 통해 새로운 사회를 구상하는 것은 대단히 중요하다. 독자 여러분이 이 글을 통해 사회에 대해 조금이나마 이해하게 되었고, 건축학과 경제학의 매력이 무엇인지 느낄 수 있었다면 필자에게 최고의 기쁨이 될 것이다.

키워드

게임이론 서로 상대가 어떻게 나올지 예상하는 상황(전략적 상황)에 대해 분석하는 수리적인 도구이며, 경제학과 응용수학에서 공통적으로 다루는 분야다. 경제학에서는 산업조직론, 거시경제학, 노동경제학, 조직경제학과 같은 많은 분야에서 응용되고 있다. 게임이론이 발전하면서 경제학의 연구 대상이 대폭 확장되었다.

비교제도분석 경제학에서 게임이론 등을 이용하여 사회제도를 분석하는 방법을 말한다. 게임이론, 특히 그중 한 분야인 계약이론이 발전함에 따라 내부조직에 대한 이론적 연구가 이루어졌다. 그리고 이 연구의 결과를 기초로, 경제학에서 사회제도에 대한 수리적인 분석이 활발히 행해지게 되었다. 관련 분야에는 경제사를 게임이론으로 분석하는 비교역사제도분석이 있다.

북가이드

▪ 게임이론은 대개 대학의 거시경제학 수업에서 가르친다. 거시경제학 입문서에는 좋은 책이 많은데 그중 다음을 추천한다.
핫타 다쓰오, 『거시경제학』, 도요게이자이, 2013.
▪ 같은 저자가 쓴, 좀 더 심화된 거시경제학의 교과서로는 다음을 들 수 있다.
핫타 다쓰오, 『거시경제학 I, II』, 도요게이자이신포샤, 2008.
▪ 게임이론 입문서에도 좋은 책이 많지만 여기에서는 다음 두 권을 추천한다.
마쓰이 아키히코, 『고교생을 위한 게임이론』, 지쿠마프리마신쇼, 2010.
오카다 아키라, 『게임이론 입문』, 유히카쿠, 2008.

▪ 게임이론을 본격적으로 배우고 싶다면 다음 책을 읽어보기 바란다.
오카다 아키라, 『게임이론』, 유히카쿠, 2011.
▪ 경제학적 측면의 제도분석에 대해서는 다음의 세 권을 읽으면 도움이 된다.
아오키 마사히코·오쿠노 마사히로, 『경제 시스템의 비교제도분석』, 도쿄대 출판부, 1996.
나카무라 마사유키·이시구로 신고 편, 『비교제도분석·입문』, 유히카쿠, 2010.
▪ 비교역사제도분석에 대해서는 다음이 대표적이다.
애브너 그라이프, 『비교역사제도분석』, NTT출판, 2009.

참고문헌

오카자키 데쓰지·오쿠노 마사타카 편, 『현대 일본 경제 시스템의 원류』, 니혼게이자이신분샤, 1993.
스즈키 시게후미, 『51C백서』, 스마이노토쇼칸출판국, 2006.
스즈키 시게후미·우에노 지즈코·야마모토 리켄·후노 슈지·이가라시 다로·야마모토 기미에, 『'51C' 가족을 받아들인 상자의 전후와 현재』, 헤이본샤, 2004
히라야마 요스케, 『주택정책의 어디가 문제인가』, 고분샤, 2009

노구치 유키오, 『1940년 체제(증보개정판)』, 도요게이자이신포샤, 2010.
하야카와 가즈오, 『거주복지』, 이와나미쇼텐, 2007.
야마모토 리켄·가네코 마사루·히라야마 요스케·우에노 지즈코·나카 도시하루·스에미쓰 히로카즈·Y-GSA·마쓰유키 데루마사, 『지역사회권주의 증보개정판』, LIXIL 출판, 2013.
야마모토 리켄·나카무라 히로시·후지무라 류지·아즈마 히로키, 『지역사회권 모델』, INAX 출판, 2010.

* 그림9-1, 9-2, 9-3 일러스트: 나루노 하루미

10

도넛으로부터 근대를 생각하다:
세계사를 통해 도넛의 구멍을 배운다

미야하라 교宮原曉
오사카대 글로벌 컬래버레이션 센터(GLOCOL) 부센터장, 준교수
오사카대 외국어학부 필리핀어 전공 대표, 오사카대 대학원 인간과학연구과 글로벌 인간학 전공 겸임
('초역지역론' 담당).

오사카 외국어대 외국어학부 인도네시아·필리핀어과를 졸업하고 도쿄도립대 대학원 사회과학연구과 박사후
기과정을 거쳐 사회인류학으로 박사 학위를 받았다.

전공은 사회인류학 및 화교·중국인 연구다. 요즘은 16세기에 멕시코에서 필리핀제도로 전해진 초콜릿이 어떻게 식량의 일종으로 보급되었는지, 또 이에 관여한 사람은 누구인지를 알아보는 연구에 매진하고 있다. 16세기의 동아시아·동남아시아에서는 가톨릭을 시작으로, 유럽으로부터 여러 가지 새로운 기술이나 사상이 유입되었다. 이는 해당 지역의 사회관계나 문화적 조건, 그리고 자연환경을 극적으로 변화시키는 계기가 되었다. 초콜릿을 소재로, 동아시아에서 근대 문화가 싹트게 된 배경과 오늘날 동아시아의 부흥에 의한 세계의 재편을 다각적으로 탐구하고 있다.

도넛이 언제 처음 만들어졌는가에 대해서는 여러 가지 설이 있다. 도넛의 본질을 어디에서 찾는가에 따라 도넛을 보는 방식이 바뀌기 때문이다. 보는 사람에 따라 도넛은 원 모양으로도, 고리 모양으로도 보인다. 시대가 변하면 사물을 보는 시각이 달라진다는 것은 곧 도넛의 역사를 '**인류는 도넛을 어떻게 보아왔는가**'라는 문제로 볼 수도 있다는 것을 의미한다.

만약 도넛을 이 책이 기획된 출발점이기도 한 4차원을 떠올리게 하는 입체(3차원에 존재하지 않는 것을 상상해보도록 하는 계기가 된 입체)라고 본다면, 도넛은 분명히 '**근대**'의 상상력을 통해 발명되었다. 고대나 중세의 세계관에서 도넛은 지금 우리가 보고 있는 것처럼 보이지 않았다. 이번 장에서는 그 이유가 무엇인지, 여러 방법을 통해 설명해보겠다.

도넛의 공간　　　　　　　　　　　　　　　　　　○

'도넛 모양'이라는 말을 사용하지 않고 어떻게 도넛의 형상을 표현할 수 있을까? 기하학적으로 엄밀하게 표현하면 어떻게 될지 모르겠지만, '원통'이나 '나사' 모양에 빗댈 수도 있겠다. 하지만 필자는 이번 장에서 도넛을 '클라인의 병'에 빗대 설명해보려고 한다.

클라인의 병을 드는 순간 이번 장에서 무엇을 말하려 하는지 알았다면,

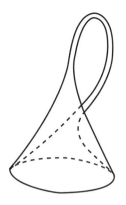

〈그림 10-1〉 클라인의 병
아사다(1983:108)의 그림에 기초해서 필자가 작성

아마 필자와 같은 세대 사람일 것이다. 클라인의 병이란 뫼비우스의 띠를 입체화시킨 도형이다. 즉 도형의 표면을 따라가다 보면 어느새 뒷면에 도달하는, '안'이 어느 새인가 '밖'이 되어버리는 입체를 말한다. 현실에서 뫼비우스의 띠를 재현할 수는 있지만, 클라인의 병은 보통의 3차원 공간에서는 재현할 수 없다.

아사다 아키라[1]는 표지에 클라인의 병 그림을 삽입한 자신의 저서 『구조와 힘』에서, 이 병을 통해 '근대'를 그려냈다.

근대의 특징은 탈脫코드화[2] 운동이다. 이는 (…) 공동체의 상징 질서를

---

1 뉴아카데미즘의 기수 중 한 사람으로, 1983년에 저술한 『구조와 힘』이 베스트셀러가 되어 유명세를 탔다. 당시 많은 인문계 학생이 이 책을 읽었다(혹은 읽은 척을 했다).
2 근대를 특징짓는 '탈코드화 운동'을 이해하기 위해서는 '법의 지배'를 떠올리면 된다. 근대 이전의 신권神權, 왕권王權, 부권父權에 의한 지배가 사라지고 '법의 지배'가 확립되자 왕이나 성직자도 법 아래에서 평등하게 대우받게 되었다. 봉건제도하에서는 아버지가 자식을 살해하는 경우와 자식이 아버지를 살해하는 경우 형벌이 달라지기도 했으나 근대에 와서는 그러한 구별이 사라졌다.

침식하고 해체해가는 과정에 불과하다. (…) 근대의 자본성은 확립됨과 동시에 끝도 없는 팽창 운동을 시작하여 역逆코드화의 전면적인 전개에까지 이르렀다(아사다, 1983:194~195).

이 과정에서 전근대의 '신' '왕' '부父'와 같은 상징질서가 해체되고, 대신 화폐가 가장 중요한 수단으로 등장했다(아사다, 같은 책:195).

이처럼 클라인의 병에서 겉면이 안쪽으로 이어지는, 학의 머리처럼 가늘고 긴 부분을 계기로 해서 등장한 화폐가 모든 것을 바꿔버렸다.

우리가 근대의 출발점으로 삼은 공간과 시간의 이원성은 본질적으로 해소되었다. 질서/혼탁, 내/외, 상/하, 표층/심층, 일상/비일상이라는 대립 그 자체가 클라인의 병에 포함되어 조금씩 진행되어간다(아사다, 같은 책:197).

도넛이 클라인의 병 이미지에 기초해 고안되었다는 것이 역사적으로 사실인지 여부는 중요한 문제가 아니다. 공간적으로 근대를 클라인의 병 이미지로 이해할 수 있다면, 마찬가지로 도넛을 통해 클라인의 병을 떠올리면서 안정적으로 근대를 설명할 수 있기 때문에 그걸로 충분하다. 또는 도넛은, 이를 클라인의 병으로 보고 판단하면서 이렇다 할 위화감을 느끼지 않는 시대에 고안되었다고 추측할 수도 있다.

어쨌든 도넛은 근대에 모양이 만들어진 다른 여러 가지 이미지들과 연결된다. 그중 하나가 화폐—영어의 'dough'에는 빵 반죽 외에 '돈'이라는 의미도 있다—이며, 그 밖에도 근대국가가 도넛 모양을 하고 있다고도 주장할 수 있다.

아사다는 가라타니 고진[3]의 말을 인용하여 근대 공간의 특징을 '반전이 생길 수밖에 없는 어떤 공허'라고 표현한다(아사다, 같은 책:199). 이는 근대 국민국가를 발터 벤야민의 '균질하고 공허한 시간homogeneous empty time'의 관념으로 파악한 베니딕트 앤더슨Benedict Anderson[4]의 견해와도 통하는 면이 있다(Anderson, 1991:24 ; 앤더슨, 1997:50).

국민과 국가의 관계는 이중적 의미에서 **안과 밖이 반전**된다. 어느 나라의 국민인 당신이 왜 그 나라의 국민인지, 한 국가가 어떤 이유에서 그 국가인지와 같은 질문은 간단히 대답하기 어렵다. '그곳에서 태어났으니까' '오랫동안 살아왔으니까'라고 대답하는 것으로는 충분하지 않다. 그곳에서 태어난 외국인도 있고, 당신보다 오래 그 장소에서 살아온 외국인도 있을 것이기 때문이다. 아마도 '부모나 조상이 그랬으니까' 같은 대답이 가장 많을 테지만, 같은 질문을 부모나 조상에게도 해볼 수 있다. 유일한 정답은 인류는 모두 아프리카에서 왔다는 대답뿐이다. 하지만 수만 년 전 우리 선조가 아프리카를 떠났을 때에는 아직 국가와 국민의 개념이 없었다. 억지를 부리는 것처럼 들리더라도 이 질문에 대해서는 '당신이 어느 나라의 국민인 이유는 다른 나라의 국민이 아니기 때문이다' '어느 국가가 그 국가인 이유는 다른 국가가 아니기 때문이다'라고 대답할 수밖에 없다.

이와 같은 문답을 통해서, 안쪽을 계속 따라가면 어느새 바깥쪽에 닿는 도형, 즉 클라인의 병을 떠올릴 수 있다. 따라서 '국민국가는 도넛 모양을 하고 있다'는 이번 장의 주제도 그렇게 도전적인 이야기만은 아닐 것이다.

---

3 일본을 대표하는 세계적인 비평가이자 사상가.
4 인도네시아, 필리핀을 중심으로 활동하는 하는 지역연구자. 그의 책 『상상의 공동체』는 반드시 읽어봐야 할 책이다.

도넛 이전 ○

근대에 들어와 도넛이라는 공간적 이미지를 상상할 수 있게 되었다면, 근대 이전에는 그런 이미지가 존재하지 않았다고 볼 수 있다. **그렇다면 근대 이전 시대의 공간적 특징은 무엇일까?**

아사다는 이에 대해서도 이원론적인 상징질서를 도식으로 그려 명쾌하게 설명한다. 평평한 평면이 도식의 기본인데, 여기에서 **초월적 중심과 추방당한 희생양**(《그림 10-2》)이 분리되면서 상징질서가 만들어진다(아사다, 앞의 책:188). **본래 평평한 상태는 모든 사람이 대등함**을 나타낸다. 여기에서 분리된, 상하좌우에 위치하는 존재가 나타남으로써 **대등한 상태에는 존재하지 않았던 질서**가 생겨난다.

가톨릭 대성당이나 왕궁에는 이와 같은 상징질서가 잘 구현되어 있다. 사진의 대성당은 신성로마제국에서 황제의 대관식을 거행하던 아헨 대성당이다. 어느 곳의 대성당이든 마찬가지로, 가톨릭교회는 입체감을 이용해서 신과 인간, 혹은 신과 왕, 왕과 신민 간의 상징질서를 표현해두었다.

일반 주택은 어떨까? 고층건물은 유럽, 아시아 할 것 없이 고대와 중세 모두에 존재했다. 그러나 주택의 경우에는 다르다. 고대 로마의 인술라 같은 6, 7층 높이의 고층주택을 예외로 친다면, 친족관계가 아닌 개인이나 가족이 함께 거주하는 고층주택은 대체로 19세기가 되어서야 만들어졌다.

이런 주택은 대부분 도시인구가 증가하면서 자연발생적으로 나타났다는 게 정설이지만, 생각해보면 서로 전혀 알지 못하는 사람들이 같은 건물에, 그것도 위아래로 층층이 거주한다는 것은 부자연스러운 일이다. 중국 남부나 대만에도 삼합원三合院 양식이라는 건축양식이 있지만, 여기에는 선

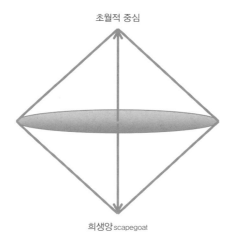

초월적 중심

희생양 scapegoat

〈그림 10-2〉계층적 도식
아사다(1983:108)의 그림에 기초해 필자가 작성

아헨 대성당

삼합원(푸젠 성 난안 시)

투러우 외관(푸젠 성 융딩)

투러우 내부(푸젠 성 융딩)

조의 위패를 모신 사당을 두도록 정해져 있었다. 푸젠 성 융딩 현이나 난징 현 등에 나타나는 투러우土樓나 광둥 성 카이핑 시의 댜오러우碉樓처럼, 같은 선조를 모시는 많은 세대가 거주하는 고층화된 주택도 기본적으로는 사당이 복수로 배치된 것에 지나지 않는다. 어쨌든 투러우나 댜오러우 역시 19세기 이후에 화교들의 송금으로 지어졌으며, 근대의 영향을 받아 고층화된 것이라고 할 수 있다.

도넛 이후 ○

도넛 이후 근대 이전의 거주 공간은 어떻게 변화했을까? 오늘날 중국이나 홍콩, 대만에서는 대규모 고층주택 단지를 쉽게 찾아볼 수 있다. 이 중 홍콩은 1953년에 일어난 섹킵메이 대화재로 수많은 인명 피해와 이재민이 발생하자, 거주환경 개선을 위해 공공주택을 건설했다.

당시 홍콩에는 중국의 혼란을 피해 난민이 대거 유입되었는데 이들의 거주환경이 매우 열악해서 화재가 빈발했다. 이런 상황을 개선하고 치안대책을 겸해서 화재 발생 지역을 정비한 것이 제1형, 제2형으로 불리는 6, 7층 높이의 공공주택이었다.

6, 7층 높이의 공공주택은, 공간이 매우 좁아서 5인 가족당 11.15평방미터밖에 할당되지 않았다. 화장실과 욕실은 공동 사용이었으며, 방에는 물이나 전기도 공급되지 않았다(예·월, 2003:46). 뿐만 아니라 제1형, 제2형 주택은 도넛이 아니라 H형, '日' 모양이었다.

잘 살펴보면 유럽이나 미국, 일본에서도 **근대 이후 도넛처럼 보이는 건**

축물이 증가했는데, 특히 만국박람회의 파빌리온 중에는 오사카 만국박람회의 오스트레일리아관처럼 지어진 건물이 많았다. 근대에는 도넛 형태를 한 공간을 창조할 수 있게 된 것이다.

풍수지리에 민감한 중국계 주민들은 주거지나 주택을 고르는 기준 중 하나로 '동향East Facing'을 고려한다. 풍수 때문이든 다른 이유에서든 주택의 건축양식에 민감했던 사람들이 왜 주택의 고층화에는 개의치 않았던 것일까, 생각해보면 신기한 일이다.

근대란 ○

아직까지 '근대'란 무엇인가에 대해 본격적으로 다루지 않았다. 도넛의 기원처럼 '근대'의 기원에도 여러 가지 설이 있다. 단적으로 말해 도넛을 낳은 공간은 '근대'를 낳은 공간이기도 하다. 지리적 발견을 큰 도넛의 발견이라 하기에는 좀 억지스럽지만, 근대의 태동은 곳곳에서 발견할 수 있다. 종교적으로는 **종교개혁**에 의한 기독교의 세속화, 가톨릭의 예수회에 의한 **과학적 인식과 상대주의적 관점의 획득**을 들 수 있으며, 정치적으로는 17세기의 웨스트팔리아 체제(주권국가 체제)에서 비롯된 세속 국가의 영역 통치 확립 등이 있다.

근대국민국가라는 관점에서 가장 대표적으로 근대를 나타내고 있는 것은 **프랑스혁명**이지만, 그보다 앞서 **중남미의 스페인 식민지**에서 공간 인식의 전환이 나타난 사실은 주목할 만하다. 스페인 계승전쟁으로 인해 합스부르크 왕가에서 부르봉 왕가로 권력이 이양되면서, 18세기 전반 스페인

식민지에서는 대규모의 식민지 경영 개혁이 단행되었다. **부르봉 개혁**이라 알려진 이 식민지 개혁에서는 무역의 관리, 신대륙 출신의 관료를 대신한 본국 출신의 관료의 등용, 페루 부왕령副王領의 분할과 같은 식민지 경영의 효율화가 시도되었다. 개혁의 전제 중 하나는 출생지에 따라 관료의 서열을 정하는 것이었는데, 같은 스페인 사람이라도 중남미에서 태어난 크리올creole이나 필리핀에서 태어난 필리피노, 그리고 이베리아 출신의 반도인은 다른 대우를 받았다.

말하자면 오늘날 일본 관료제에서의 커리어career와 논커리어non-career[5]의 구별과 유사하다. 앤더슨에 의하면, 논커리어인 크레올 관료가 식민지 안의 세분화된 지역을 임지로 순회하면서, 오늘날의 중남미 국가에서 볼 수 있는 국경을 기준으로 한 국가의식이 배양되었다고 한다(앤더슨, 1991:54~55 ; 앤더슨, 1997:100).

필리핀의 경우를 보면, **중국인과 필리핀인의 혼혈**이 더 일찍 **중간층으로서의 국가의식**을 자각했다. '중국계 메스티소'라 불린 이 혼혈인들은 18세기 중반 기독교로 개종하고 현지 여성과 결혼한 중국계 상인의 자손이었으며, 필리핀 섬의 유통을 담당하고 있었다. 중남미의 크레올이 중간관료로서 임지 경험을 통해 국민의식을 형성했던 것처럼, 중국계 메스티소는 **섬 사이의 유통을 담당하면서 지리적 인식을 획득**하고 국민의식을 갖게 되었다.

'도넛이 발명된' 국가인 네덜란드도 근대의 태동에 또 다른 형태로 관여

---

5 일본 경찰의 출신과 관련된 용어이다. 한국의 행정고시에 해당하는 국가공무원 시험 I종 합격자 중 경찰직에 배속되어 경부보로 임관된 사람을 '커리어'라고 부른다. 한편 경찰관 공개채용 시험에 합격해서 순사부터 경찰직을 시작한 사람이 '논커리어'다. ―옮긴이

했다. 네덜란드는 1581년 독립을 선언한 후 길고 긴 독립전쟁을 거쳐 스페인으로부터 독립했다. 이 사실에서 훗날 중남미에서 나타난 것과 같은 국민의식의 배양을 발견하기에는 무리가 있지만, 네덜란드가 지닌 **스페인이나 가톨릭교와의 거리감(세속성)**이나, 세계를 무대로 활동한 **동인도회사와 서인도회사의 활약**은 네덜란드가 근대로 가는 길을 선도한 국가 중 하나였음을 말해주고 있다.

도넛의 원형인 '**오일 케이크**'는 네덜란드계 이민자에 의해서 당시에는 ('뉴욕'이 아니라) '뉴암스테르담'이라 불리던 맨해튼에 도착했다. 훗날 구멍이 뚫린 도넛을 고안한 핸슨 그레고리Hanson Gregory가 네덜란드계 미국인 선원이었다는 설도 존재한다. 근대에 네덜란드는 뉴암스테르담 외에도 자바 섬과 말루쿠 제도의 암본 섬[6] 등을 거점으로 하는 무역 대국이었다. 신대륙의 크레올과는 다른 방식일지라도, 네덜란드인들의 눈에 근대의 세계상이 비춰지고 있었던 것은 분명하다.

네덜란드인은 세계를 독특한 관점에서 바라본다. 오늘날 우리는 어렵지 않게 '종교가 없다'고 말하는 네덜란드인과 만날 수 있다. 또한 유럽 어디에서나 볼 수 있는 교회와 광장이 네덜란드에는 많지 않다. 마치 그 자리만 뻥 뚫려 구멍이 생긴 것처럼, 여느 유럽 국가와 달리 네덜란드에서는 무교성이 수용되었다. 또한 이를 통해 세속적인 모습의 전형을 구축했다. 물론 오늘날의 무교와 과거의 세속성은 다르지만, 일반 유럽 국가와는 확연히 다른 거리의 분위기를 볼 때면 네덜란드인들이 일찍이 (무교의 인정을 통해) 도넛의 구멍을 만든 것이 아닌가 하는 생각이 든다.

---

6 말루쿠 제도의 암본 섬은 정향나무나 후추, 육두구 등의 향료를 재배하는 섬이다.

도넛의 구멍 ○

18세기 중반 이후의 **산업혁명**은 근대 유럽의 발전을 이끈 최대 원동력으로 꼽힌다. 이 글에서는 자본주의와 공업화의 기나긴 이야기를 반복하지 않겠다. 대신 산업혁명의 여러 국면 중 하나인 '근대', 특히 '근대적 소유 및 영유의 관념'에 대해 필자가 예전부터 의문을 가졌던 부분에 대해 이야기하고 글을 마무리하려 한다. 유럽이나 스페인 식민지에서 근대는 다양한 모습으로 나타났는데, 특히 **'소유'나 '영유'의 개념**이 어떻게 표준화되었는지에 대해 필자는 의문을 갖고 있다.

'소유 및 영유'의 개념이라 하면 아마도 영국에서 일어난 **제1차, 제2차 인클로저**enclosure 운동이 떠오를 것이다. 하지만 이 글에서는 유럽 영주들의 토지 영유에 대해 다뤄보고자 한다.

'영토'와 '소유'라는 개념은 **웨스트팔리아 체제**에 의해 만들어졌으며, **신성로마제국과의 관계** 속에서 세속적으로 확립되었다. 그러나 '영유'의 개념이 유럽 영주들 간에 표준화된 형태로 공유되었는지에 대해서는 의문이 남는다.

오늘날에도 조상으로부터 물려받은 토지는 가처분권이 애매하다. 마찬가지로 근대 이전의 토지 영유에도 필연적으로 틈이 존재한다. 콜럼버스나 마젤란과 같은 항해자는 히스파니올라 섬이나 세부 섬에 십자가를 세우거나 이름을 붙이는 행위를 통해, 그 토지에 대한 어떤 권리를 얻었을까? 식민지에서 식민植民이나 증세, 포교, 토지 경영의 권리를 얻은 것은 어떠한 형태의 영유일까? 또 웨스트팔리아 조약에 의해 알자스-로렌 지역이 신성로마제국으로부터 떨어져 나오고 프랑스가 해당 지방을 일부 획득한 것은, 봉건적인 토지 소유와 자유로운 상거래에 의한 토지 교환 사이에서 어떤 단계에 위치할까?

1789년 프랑스혁명 당시에 채택된 **프랑스 인권선언**은 자유와 평등, 주권재민, 언론의 자유, 삼권분립을 주장했다. 또한 **사적 소유권**을 규정했다. 물론 혁명 이후 프랑스에서 제대로 사적 소유권의 개념이 실현된 것은 아니었지만, 소유 개념에 근거해서 토지가 상거래의 대상이 되었다. 이처럼 어느 정도 표준화된 형태로 소유가 확립된 것은 근대가 성립하는 중요한 요건이 되었다. 이런 점에서 **나폴레옹 보나파르트**의 존재는 중요한 의미가 있다.

나폴레옹은 유럽을 '영유'하려 했다. 당시 영유의 확실한 공표는 무력에 의한 점령이고, 점령을 통해 소유의 명의 변경이 진행되었다. 가령 슬로베니아의 블레드 성은 1809~1813년 사이에 나폴레옹이 영유했는데, 역사는 그 내력을 다음과 같이 설명하고 있다.

800년의 역사를 가진 슬로베니아 블릭센의 주교령은 1803년에 오스트리아 대공국에 합쳐져 국유화되었다. 이후 1809~1813년 사이 나폴레옹이 슬로베니아를 점령하면서, 슬로베니아 영토는 프랑스 황제이며 이탈리아 왕인 나폴레옹의 소유로 명의가 변경되었다. 나폴레옹의 슬로베니아 점령 후 오스트리아는 1838년에 주교령을 반환했으나, 봉건 지배가 끝난 1858년에 주교는 주교령을 철공업자에게 다시 매각했다.

이처럼 처음에 주교가 지배하던 토지가 나폴레옹 시대를 거치고, 이런저런 교환을 거치는 과정 속에서 차례로 **'소유' 개념이 생겼다**는 점은 대단히 흥미로운 부분이다.

슬로베니아와 네덜란드는 나폴레옹에 점령당한 경험이 있다. 프랑스혁명 후의 유럽에서 왜곡된 형태나마 근대국민국가라고 부를 수 있는 나라는 (한때의) 프랑스뿐이었으며, 나중에는 공국과 왕국 같은 여러 통치 형태가 혼재되어 나타났다. 나폴레옹의 의의는 이런 지역에서 '소유 및 영유'의 개념이 표준화되고 근대국가의 개념이 보급된 것에 있다. 이때 국민국가를 제국으로 바꾸어도 무방하다고는 하지만, 나폴레옹을 거치면서 유럽은 일종의 보편적 가치를 공유하는 지역이 되었다.

나폴레옹이 목표한 것이 국민국가가 아닌 **제국**이었다는 것, 그리고 그러한 제국이 국민국가를 성립한 근대와 얼마만큼 같고 다른지는 주의 깊게 검토해보아야 할 과제다. 하지만 이 글에서는 근대의 성립에 나폴레옹이 미친 역할을 대단히 개념적으로 설명할 수밖에 없어 아쉽다. 어쨌든 **'근대'는 다양한 출발점을 가지고 있었기 때문에, 이후 21세기까지의 긴 기간 동안 세계를 석권하기 위해서는** 어디에선가 표준화될 필요가 있었다. 또 근대의 모습이 매번 정해진 형태로 나타난 것이 아니라 역사의 우연에 의해 정해졌다는 것을 생각해보면, **소유 개념의 표준화와 보급에 영향을 미치는 구조가 반드시 필요했음을 알 수 있다. 따라서 도넛의 구멍은 근대가 구현화된 것이라 할 수 있다.**

참고문헌

▪ 아사다 아키라, 『구조와 힘: 기호론을 넘어서』, 게이소쇼보, 1983.
▪ 베니딕트 앤더슨, 『상상의 공동체: 내셔널리즘의 기원과 유행(증보)』, NTT출판, 1997.
▪ Benedict Anderson, *Imagined Communities: Reflections on the Origin and Spread of Nationalism*, Revised Edition, Verso, 1991.
▪ David A. Taylor, The History of Dough-nut: A Look Back at the Men, Women and Machines that made America's Favorite Treat Possible, *Smithsonian Magazine*, March 1998. http://www.smithsonianmag.com/history-archaeology/object_mar98.html (2013년 8월 24일자 참조)
▪ 예웅유에만·윙카잉 편, 『홍콩공영서방 오십년』, 중문대학출판사, 2003.

알기 쉬운 근대 이야기

야스미치 하루나 保道晴奈
오사카대 외국어학부 2학년

이번 장에서는 '도넛으로부터 근대를 생각하다'라는 주제를 다루었습니다. 그런데 '메스티소' '웨스트팔리아 체제' 같이 독자 여러분에게 생소한 용어가 나와 당황했을 수도 있겠네요. 그래도 이건 모두 고등학교 세계사 시간에 배운 용어들입니다. 혹시 '프랑스혁명'에 대해 명확하게 설명할 수 있으신지요? 고등학교 때 세계사를 열심히 공부했다면 프랑스혁명도 손쉽게 설명할 수 있겠지요.

이런 용어들과 배경지식을 알아두면 '도넛의 근대'에 대해 좀 더 깊게 이해할 수 있을 것입니다. 만약 앞의 글을 이해하기 어려웠다면, 대항해 시대부터 근대까지의 서양사회에 대해 고등학교 세계사 수준으로 알기 쉽게 풀어 쓴 이 칼럼을 읽어봐주시기 바랍니다.

종교개혁과 대항해 시대

15세기 유럽에서는 '바다 너머의 세계'를 향한 관심이 높아졌습니다. 향신료나 금을 찾아서, 그리고 기독교의 새로운 포교처를 찾아내기 위해 포르투갈과 스페인은 적극적으로 항해에 나섰습니다. 그 결과 이 두 나라의 배가 미국과 남미의 여러 지역에 도착하게 됩니다. 지금의 브라질에는 포르투갈 사람인 카브랄, 지금의 멕시코에는 스페인 사람인 콜테스, 칠레에는 스페인 사람인 피사로가 도착했습니다. 그 후 남미는 포르투갈과 스페인의 식민지가 되었습니다. 그리고 유럽에서 이민 온 백인과 원주민의 피가 섞여서 소위 '인종의 도가니'라고 불리는 현상이 나타나게 됩니다. 다양한 혼혈이 태어나면서 이들을 지칭하는 용어들도 생겨났는데, 식민지 태생의 백인을 크리올, 백인과 원주민의 혼혈을 메스티소, 백인과 흑인의 혼혈을 물라토라고 불렀습니다.

한편 당시 기독교 사회에서는 가톨릭교회를 향한 비판이 높아졌고, 1517년 독일에서 루터가 95개조의 논제를 발표하면서 종교개혁이 시작되었습니다. 루터는 가톨릭교회의 면죄부를 비판하고, 성서에 의거해 기독교를 믿을 것을 주창했습니다. 스위스에서도 츠빙글리가 종교개혁을 일으켰고, 이들의 주장에 감화된 수많은 사람이 종교개혁에 동조하게 되었습니다. 이때부터 기존의 가톨릭교를 믿는 구교도와 가톨릭교회를 탈퇴해 기독교를 믿게 된 신교도(프로테스탄트)의 대립이 격화되었습니다. 결과적으로 가톨릭교회가 지배적이었던 유럽 사회에 프로테스탄트라는 새로운 세력이 태어난 것입니다.

유럽 주권국가 체제로의 이행 과정

16세기 유럽 국가는 절대왕정이라 불린 중앙집권 체제를 이루고 있었습니다. 이는 왕이 절대 권력을 쥐고 일정한 영역을 지배하는 체제를 말합니다. 그중에서도 강대한 권력을 가지고 있던 가문이 부르봉 왕가와 합스부르크 왕가입니다. 합스부르크 왕가는 오스트리아 지역(오스트리아계)과 스페인, 남 이탈리아, 현재의 벨기에 및 네덜란드 지역(스페인계)을 지배하고 있었습니다.

상업이 발달하고 신교도가 많았던 네덜란드는 1581년 독립을 선언합니다. 그리고 1609년에 네덜란드 독립전쟁에 승리하면서 비로소 완전한 독립을 쟁취하게 됩니다.

구교 국가였던 프랑스에서도 위그노라 불리는 신교도 세력이 무시할 수 없을 만큼 커져 위그노전쟁이 발발했습니다. 결국 프랑스의 부르봉 왕가는 위그노에게 신앙의 자유를 부여하고 전쟁을 끝냈습니다. 이후 '태양왕'이라 불린 루이 14세가 즉위하면서 왕의 권력은 한층 더 강화됩니다.

프랑스에서 절대왕정이 강화되어가는 시기에, 신성로마제국은 독특한 모습을 하고 있었습니다. 현재의 독일에 해당하는 신성로마제국은 왕이 절대적 권력을 갖는 것이 아니라, 영주가 각자 영방을 소유하고 통치를 행하는 형태였습니다. 국가는 제국이라는 느슨한 지배권만을 가지고 있었죠.

17세기에 들어서면서 16세기에 계속되던 경제성장이 멈추자 유럽 사회 전체가 위기에 빠졌습니다. 이런 상황 속에서 오스트리아의 속령인 뵈멘(보헤미아)의 신교도들이 합스부르크 왕가가 가톨릭 신앙을 강제하는 것에 반항하면서 30년전쟁이 발발했습니다. 30년전쟁에서 대립축이 된 것은 신교와 구교였습니다. 신교와 구교 측의 국가를 각각 정리해봅시다.

- 신교 측: 영국, 네덜란드, 스웨덴, 덴마크, 프랑스(프랑스는 구교 국가였지만 신교 측에 합세함).
- 구교 측: 합스부르크 왕가(오스트리아와 스페인).

즉, 이 대립은 프랑스와 합스부르크 왕가의 대립이라고도 할 수 있습니다.

30년전쟁은 웨스트팔리아 조약에 의해 종결되었습니다. 웨스트팔리아 조약에서 스위스와 네덜란드의 독립이 국제적으로 승인되고, 독일 연방의 완전한 주권이 인정되었습니다. 이에 따라 신성로마제국은 사실상 해체되었으며 유럽에 주권국가 체제가 확립되었습니다.

유럽 주권국가 체제로부터 프랑스혁명으로

30년전쟁을 거쳐 왕이 주권을 가지는 국가가 확립된 유럽에서는, 국가가 경제에 직접 개입하는 중상주의 정책이 취해졌습니다.

프랑스에서는 루이 14세가 절대적인 권력을 휘둘렀습니다. 루이 14세의 왕비는 스페인의 왕녀였습니다. 1700년에 스페인의 합스부르크 왕가의 대가 끊기자, 프랑스가 왕비의 출신을 내세워 스페인 왕위에 대한 부르봉 왕가의 계승권을 주장하면서 합스부르크 왕가와 대립하게 됩니다. 이것이 스페인 계승전쟁입니다. 최종적으로 스페인과 프랑스가 합치지 않는다는 조건으로 부르봉 왕가가 합스부르크 왕가의 계승권을 인정받으면서 전쟁은 종결되었습니다. 그러나 전쟁 기간 동안 일반 국민은 불황으로 큰 고통을 받을 수밖에 없었습니다. 또한 신교를 믿을 자유 또한 인정되지 않았기 때문에, 신교도인 상공업자 중 다수가 다른 나라로 망명하는 일이 벌어졌습니다. 이 때문에 불황이 더욱 깊어지면서 경제 상황은 최악으로 치달았습니다.

이즈음 유럽 국가들은 대항해 시대보다 더 많이 해외에 진출했습니다. 스페인은 필리핀의 마닐라를 거점으로 두고 아시아와 무역을 했고, 네덜란드는 동인도회사를 설립하여 인도네시아의 바타비아(현재의 자카르타)에서 무역을 했습니다. 네덜란드는 당시 쇄국 정책을 취하고 있던 에도 시대의 일본과도 무역을 할 만큼 무역 대국으로 성장해 있었습니다.

18세기에는 영국과 스페인, 프랑스의 식민지였던 북아메리카가 독립을 선언했습니다. 이후 약 10년에 걸쳐 독립전쟁을 치렀고, 미합중국은 독립을 승인받았습니다.

18세기 후반의 프랑스는 강력한 절대왕정이 널리 퍼진 국가였습니다. 하지만 프랑스혁명이 일어나면서 커다란 변화를 겪게 되었죠. 혁명 이전에 국민은 3개의 신분으로 나뉘어 있었습니다. 제1신분인 성직자와 제2신분인 귀족이 대부분의 부를 쥐고 있었고 제3신분인 농민 및 일반 국민은 궁핍한 생활에 허덕이고 있었습니다. 한편 제3신분 중 상공업자는 부를 쌓고 있었는데, 이처럼 재산을 가진 제3시민은 자신의 실력에 합당한 대우를 받지 못하는 데에 불만을 느끼고 있었습니다.

당시 프랑스 왕가의 재산은 바닥을 보이고 있었습니다. 1789년 3개 계급의 국민이 모두 모인 삼부회가 소집되었으나, 제1신분 및 제2신분과 제3신분 간에 의결 방식에 차별을 두는 데 격노한 제3신분의 의원들이 따로 모였습니다. 이들은 자신들이 진정한 의미에서 국민을 대표하는 국민의회라고 선언했는데, 이것을 '테니스 코트의 서약'이라고 부릅니다.

설상가상으로 제1·제2신분 가운데에서도 국민의회에 동조하는 자들이 나타나자, 국왕도 더는 이런 움직임을 무시할 수 없게 되었습니다. 국왕은 무력으로 국민의회를 탄압하려 했으나, 국민의회는 이에 반발해 바스티유 감옥을 습격했습니다. 이를 계기로 제3신분에 의한 저항운동이 프랑스 전역으로 퍼졌습니다.

국민의회는 지금까지의 불공정한 제도를 일신하고자 프랑스 인권선언을 채택했습니다. 프랑스 인권선언에서는 모든 인간의 자유와 평등, 언론의 자유, 사유재산의 불가침 등 근대사회에서 당연하게 인정되는 권리를 언급하고 있습니다.

프랑스 시민은 베르사유로 진격하여 왕가를 파리로 옮기고 왕가의 모든 권력을 빼앗았습니다. 국왕은 도주하려다 실패하면서 오히려 신뢰를 잃었고, 왕권 정치는 힘을 잃고 말았습니다.

후에 프랑스에서는 공화정이 세워져 왕에 의한 정치가 아닌 의회에 의한 정치 체제가 펼쳐졌습니다. 프랑스는 한발 앞서 민주주의에 기초한 정치를 이룬 국가라고 말할 수 있을 것입니다.

어떠신가요? 고등학교 세계사를 떠올리면 '외우기 어려운 과목'이라는 이미지가 남아 있겠지만, 이렇게 먼저 알아보니 새로운 세계가 펼쳐지지 않나요?

여기에서 언급한 역사는 인류 역사 중 아주 작은 일부분에 지나지 않습니다. 역사에 흥미가 생겼다면 부디 역사책을 한 권 더, 도넛을 먹으면서 읽어주시길 바랍니다.

11

법의 구멍과 법 규제의 패러독스: 자유의 법적 규제는 어느 선까지 가능한가?

세토야마 고이치 瀬戸山晃一

오사카대 미래전략기구 제1부문 특임교수(상근)

히로시마 출신으로 오사카대 대학원 법학연구과를 졸업하고 법학박사 학위를 받았다. 1998~2004년에 미국 위스콘신대 메디슨교 로스쿨에서 M.L.I., LL.M., S.J.D 과정을 밟은 후 오사카대 대학원 법학연구과 전임강사, 오사카대 유학생 센터 및 국제교육교류센터 준교수를 거쳐 2013년 4월부터 특임교수로 임용돼 재직하고 있다. 오사카대 고등사법연구과 초빙교수, 대학원 법학연구과 초빙교수. 교토대 재생의학연구소 물리─세포 통합 시스템 거점 및 iPS 세포연구소 합동 '의_医의 윤리위원회' 위원이며, 2010년부터는 오사카대 부속병원 임상실험심사위원회 및 임상연구윤리심사위원회 위원으로도 활동하고 있다.

전공 분야는 의료와 법, 생명윤리학, 법철학 및 법리학, 법과 행동경제학이다. 2011년 12월부터 오사카대 리딩대학원 초역이노베이션 박사과정 프로그램의 운영을 맡고 있다. 2004년도 제2학기에 수업한 '현대 의료와 법' 강의로 오사카대 공통 교육상을 수상했고, 2005년 이래 수차례 '명문대의 명물 수업'에 선정되었다. 그 밖에 영어로 강의가 진행되는 '국제교류 과목' 및 법과 대학원 수업인 '생명윤리와 법' 등을 가르치고 있다.

시작하며   ○

어떠한 사회에나 규칙 또는 법과 같은 제도가 필요하다는 것은 역사적으로 증명되어 있다. 하지만 무엇을, 어디까지, 인간이 만들어낸 법이라는 도구로써 규제할 것인가에 대한 판단은 나라나 사회, 시대에 따라 다르다. 이런 이유로 법 규제의 범위에 대한 논쟁이 끊임없이 반복되었다. 부작용이 없는 약이 없는 것처럼 법 규제 역시 현실 사회의 여러 문제를 해결하는 처방전이 되는 동시에, 의도하지 않은 결과나 역기능처럼 이른바 **앎의 구멍**이라 부를 수 있을 딜레마 구조를 지니고 있는 경우가 많다. 그야말로 '도넛을 구멍만 남기고 먹는' 것과 같은 상황에 직면하는 경우가 적지 않은 것이다. 이번 장에서는 과학기술의 발전과 글로벌화가 빠르게 이루어지고 있는 현대에서 **'법 역할의 의의와 한계'**에 대해 여러 각도에서 생각해보기 위한 지적인 틀을 제공하고자 한다. 자유론에는 스스로의 자유나 자율을 침해하는 결과로 되돌아올 선택이나 행동의 자유를 어디까지 인정해야 하는가와 같은 역설적인 아포리아(해결이 곤란한 문제)가 포함되어 있다. 이 글에서는 필자가 연구해왔던, 개인의 자유를 규제하고 제약하는 법적 퍼터널리즘paternalism(온정적 간섭주의)과 행동경제학의 지식 및 통찰을 통해, **법적인 앎의 구멍**이라 할 수 있는 아포리아에 대한 지적 처방전을 찾아내는 것을 목적으로 할 것이다.

법의 세계는 개념과 패러독스로 가득하다　○

도시를 벗어나 시골로 가면 "공기가 맛있네" 하고 말하는 경우가 있다. 그러나 보통 공기는 코로 냄새를 맡을 수는 있지만 물리적으로 먹을 수는 없다. 어쨌든 맛있는 공기 속에서는 식욕이 생기기 때문에 도넛이 특별히 더 맛있게 느껴질 수도 있겠다. 하지만 도넛의 구멍이 크림 등으로 메워져 있다면 모를까, 도넛의 구멍은 단순한 공간이기에 실제로 먹을 수 없다.

그렇지만 우리는 도넛의 구멍이라는 '**개념**'을 만들었으며, 이 문제를 둘러싸고 여러 가지 방면에서 고민한 끝에 이 책을 만들었다. 개념이란 인간이 만들어낸 것이며, 이로써 인간의 행동이나 판단, 그리고 생각이 크게 좌우된다. 사상가나 소설가의 말을 일일이 인용하지 않더라도 '죽음'이나 '국가' '연애' '브랜드'는 어떤 의미에서는 모두 환상일 수 있다. 인간은 여러 가지 개념을 만들어내서 세상의 부조리를 납득시키려 하거나, 공동 환상을 통해 질서유지를 꾀하거나, 사람들의 행동을 억제하려 한다.

법의 세계는 개념이 북적거리는 개념 천국이다. 그래서 아무리 기억력이 좋다 하더라도, 개념을 잘 이해하지 못하고 개념 조작을 할 수 없다면 사법시험에 합격할 수 없다.

법학부 학생이 아니더라도 교양 수업 등에서 법학이라는 학문을 접해본 적이 있는 사람이라면 **법해석학**이 법학의 핵심 부분이라는 사실을 알 것이다. 이번 장에서는 '도넛을 구멍만 남기고 먹는 방법'이라는 역설적인 개념 명제를 해석하면서 특히 규칙과 규제, 그리고 자유의 문제를 생각해보도록 하자.

일반적으로 정중앙에 구멍이 뚫린 도넛을 모두 먹어버리면 구멍 주변을 덮고 있는 테두리가 없어져 구멍이 사라져버리게 된다. 따라서 이 명제는 역설적인 아포리아 중 하나로 해석할 수 있다.

법에는 많은 패러독스가 존재한다. 예컨대 여러 가지 법을 둘러싼 논의나 논쟁의 근저에서도 인간의 자유와 평등이 문제가 되는 경우가 많다. **법에는 '앎의 맹점**blind spot**'이라고 할 수 있는 지적인 구멍**hole**이 있다.** 악의를 가진 범죄자가 아니더라도, 합리적 이익 추구자는 법망을 피해 돈을 벌고자 한다. 법은 인간이 만든 제도이며 완전한 것이 아니기 때문에 맹점(법적 사각)이 존재하고, 이를 통해 법 규제를 벗어나는 경우를 없애기 위해 또 다른 법이 만들어지기도 한다. 이처럼 법 규제라는 약물이 남용되면서 자유가 더욱 제한될 위험성도 있다.

자유를 규제하는 법 정책은 정당한 목적에서 사람의 행동을 제한하지만, 의도하지 않은 부작용이나 결과를 낳을 가능성이 있다. 법은 약처럼 부작용이 따르는 경우가 많기 때문에, 규제 목적이 합리적이라 하더라도 **수단의 정당성**과 법의 **장기적 파급효과 및 역기능**을 생각할 필요가 있다.

이번 장에서는 **법 규제나 규제의 여러 가지 구멍, 즉 패러독스와 역기능에 대해 생각해보고자 한다.** 특히 장래의 자유를 침해할 수 있는 자기결정이나 선택 및 행동의 자유를 어느 정도로 인정해야 하는가라는, 자유에 내재된 아포리아를 행동경제학과 퍼터널리즘의 관점에서 요리해 독자 여러분들께 맛보여드리고 싶다. 이를 통해 법이라고 하는, 인간이 만들어내고 운용하는 제도의 의미와 역할을 탐구하는 지적 영양분을 독자들에게 전달할 수 있다면 더 바랄 게 없다.

자유와 평등 중 무엇을 우선해야 하는가?　　　○

자유와 평등은 예로부터 법이 추구해야 할 중요한 가치로 꼽혀왔다. 그러나 **자유와 평등은 종종 서로 대립한다.** 이런 이유로 사람의 자유를 인정하면 인정할수록 능력 있는 사람과 그렇지 못한 사람, 강자와 약자의 격차가 벌어지고 착취 구조가 생겨나서, 결과적으로 평등이 침해되는 경우가 빈번하게 발생한다. 그러므로 격차를 시정하고 평등을 실현하기 위해서는 개개인의 자유를 제한할 필요가 있다.

자유에는 적극적 자유와 소극적 자유처럼 여러 가지 종류의 자유가 있고, 어떤 자유를 우선하는가에 따라 해석이나 대응이 달라질 수 있다. 마찬가지로 평등도 시작의 평등과 결과의 평등, 형식적 평등과 실질적 평등, 기회의 평등과 능력의 평등 가운데에서 무엇을 중요하게 생각하는가에 따라 정책이 달라진다. 어떤 측면에서의 평등이 다른 측면에서의 불평등을 조장하는 결과를 낳는 경우도 드물지 않다. 스포츠 경기에서 체력이나 평균적 운동 능력이 다른 남녀를 나누어 경쟁시키는 것이 평등한 것일까? 소득수준에 따라 세금을 누진적으로 과세하는 것은 평등할까? 출신 대학 등의 학력만으로 취직에서 우대하는 것은 평등한 일일까? 자신의 노력으로는 어쩔 수 없는 유전자의 우열(즉 장래에 병이 발생할 리스크의 정도)에 기초하여 승진 평가나 보험료가 정해지는 것은 불평등일까?

이렇듯 자유와 평등은 어느 쪽이 우선되면 다른 쪽이 뒤로 밀리는 트레이드오프trade off의 관계에 있다. 뿐만 아니라 평등 가운데에서도 어느 측면에서의 평등을 중시하는가, 혹은 자유 중 어떤 자유를 더 중시하는가에 따라 **같은 개념 내에서도 이익이 상반되는 트레이드오프의 관계가 발생한**

다는 것을 이해해야 한다. 이런 논점을 둘러싸고 예전부터 정치철학자와 법철학자, 복지국가의 필요성과 복지를 위한 부의 재분배를 인정하는 평등주의적 **'자유주의(리버럴리즘)'**와 자유시장에 대한 법 규제에 비판적이며 최소국가를 주창하는 **'자유지상주의(리버테리어니즘)'** 간의 격렬한 논쟁이 꾸준히 이어져왔다. 둘 다 매력적인 주장을 제시하고 있기에 간단히 한쪽의 손을 들어주기는 쉽지 않다. 그러니 어느 쪽이 더 매력적으로 느껴지는지 법철학과 정치철학을 다루는 책을 직접 읽어보고 판단해주길 바란다.

평등과 불평등: 어퍼머티브 액션과 역차별　　　　　　○

어퍼머티브 액션affirmative action(적극적 우대 조치) 혹은 포지티브 액션positive action이란, 예컨대 선택이 아니라 선택할 수 없는 부분, 즉 인종이나 성별 등의 요인으로 인해 마이너리티(다른 사람들과 구별되어 불평등하게 차별 대우를 받는 사람들)가 된 사람들이나, 사회적으로 약자인 여성 등이 일정 직종에 진입하여 일할 수 있도록 적극적 우대 정책을 도입하는 것을 가리킨다. 차별을 시정하고 평등을 실현하기 위해 이런 정책을 도입하지만, 종종 같은 능력이나 결과를 이끌어낸 메이저리티나 남성이 정책적으로 불리하게 대우받는 결과가 나타나기도 한다. 이런 이유로 **역차별**이라 비판받기도 한다.

　어퍼머티브 액션을 다른 각도에서 생각해보면, 새로운 관점이 드러난다. 즉, 흑인 같은 특정한 인종이나 여성처럼 본인이 선택하지 않은 '속성'에 의해 차별 대우를 받는 카테고리의 사람들에 대해, **그 카테고리에 속했다는**

이유만으로 우대 조치를 취하는 정책인 것이다.

다시 말하면 누군가는 자신의 선택이 아니라 우연히 백인이거나, 남성이거나, 다수파거나, 지배적 인종 및 젠더라는 카테고리에 속해 있기 때문에 불리하게 대우받을 수도 있다는 말이 된다. 따라서 어퍼머티브 액션과 같은 적극적 시정 조치는 **불평등(격차)을 불평등하게 다루는 정책으로 해결하고자 하는, 본질적으로 모순을 품고 있는 정책이라고 할 수 있다.**

그러나 특정한 인종의 환자나 피해자, 피고인이 일정 수를 넘기 때문에, 일정한 비율의 인종 변호사나 의사에 대한 사회적 필요를 무시할 수는 없다. 또한 오랫동안 차별이 고착화되어 현대에 들어서도 차별적 구조에서 탈피하지 못한 사회가 과도기적으로 채용한 필요악 또는 희생의 도구로 허용할 수 있다고 보는 견해도 있다. 한편 신규 채용이나 인사이동을 결정할 때 흑인이나 여성을 우대하여 채용 또는 기용하는 어퍼머티브 액션 제도를 의무적으로 시행하게 하면, 여러 가지 부작용이 나타날 수 있다. 예컨대 사실은 실력으로 전혀 모자람이 없는(자력으로도 충분히 그 자리를 얻을 수 있는) 흑인이나 여성이 어퍼머티브 액션으로 인해 특혜를 받았다는 불필요한 오해를 받을 수도 있다. 이것은 또 다른 편견을 조장하는 결과를 불러온다.

법의 역기능: 법 규제의 의도하지 않은 파급효과　　○

불평등을 시정하거나 인권을 보호하기 위한 목적에서 도입된 법 규제가 **역기능이나 예상하지 못한 파급효과를 낳는 경우**가 간혹 있다. 이에 대한 몇 가지 예를 아래에서 소개하고자 한다.

하나는 여성의 사회참여를 촉진하기 위해 시행된 적극적인 우대 정책이나 보호 정책이 결과적으로 여성 차별을 조장하게 되는 경우이다. 일본은 올해(2013년 기준―옮긴이) 세계 성격차지수Gender Gap Index에서 130개국 중 105위라는 낮은 순위에 머물렀다. 이런 상황을 해소하기 위해서는 일하는 여성을 응원하고 여성의 사회참여를 촉진하기 위한 정책을 시행해야할 것이다. 가령 긴 육아휴직 제도를 마련하거나 일과 가정을 양립할 수 있도록 배려하는 제도를 법적으로 의무화하는 방법을 고민해야 한다. 정책의 목적이 올바르기 때문에, 이를 시행하면 일정 정도의 효과를 기대할수 있을 것이다. 그러나 기업에 일률적으로 법적 의무를 부과해 따르지 않는 사업주에게 페널티를 가하는 정책은, 결과적으로 채용 과정에서 여성지원자가 불리한 대우를 받는 결과를 가져올 위험이 있다.

기업은 영리를 추구하기 때문에 회사에 어떤 측면으로든 리스크가 되지 않을 사람을 채용하려고 한다. 또한 남녀 모두가 육아휴직을 쓸 수 있도록 법에 명시되어 있더라도, 실질적으로는 대부분 여성이 육아휴직을 사용한다. 따라서 출산 가능한 연령기의 여성을 채용하는 것은 결혼 후 퇴직할 리스크까지 감안해볼 때 기업에 커다란 위험이 될 수 있다. 이런 이유로 경영자나 인사 담당자는 채용 시 통계적으로 리스크가 적은 남성 지원자에게 인센티브를 부여하게 된다. 이로 인해 '취업 활동에 나선 대학생인 여성'은 채용 단계에서부터 불리한 상황에 놓이게 되고, 결과적으로 차별을 받게 될 가능성이 높다.

또 일정한 임금 이하로 근로시키는 것을 금지하는 최저임금제에도 문제점이 존재한다. 그 임금에 맞는 노동력을 제공할 수 없는 잠재적 노동자가 시장으로부터 완전히 외면받는 일이 발생할 수 있기 때문이다.

가령 비정규직 직원이 정규직 직원에 비해 받는 차별(취약한 처우와 낮은 임금)을 방지하고자 시행된 노동자 보호 정책이, 원래 의도와는 반대로 비정규직 노동자의 고용 상태를 더욱더 불안정하게 만들기도 한다. 2013년 4월에 일본의 노동계약법이 개정되면서 계약직 사원, 촉탁직 직원, 아르바이트나 파트타이머, 비상근 직원과 그 밖의 기간이 정해진 유기노동계약의 경우 계약을 갱신해서 통산 5년 이상 계속 고용(한국의 경우는 2년 이상 고용—옮긴이)할 경우 무기노동계약으로 전환해야 한다는 내용이 법으로 명시되었다. 이는 불안정한 유기계약을 반복해야 하는 비정규직 노동자에게 고용의 안정성을 제공하고, 불합리한 노동조건을 부과하지 못하도록 법으로 규정함으로써 노동자를 보호하는 것이 목적이었다.

그러나 이 법은 유기계약으로라도 계속 일하고 싶다는 노동자와 유기계약에 불만이 없는 노동자를 계속 고용하고 싶어하는 사용자의 의사는 생각하지 않은 것이었다. 결국 노동자와 사용자의 의사와는 무관하게, 무기계약으로 전환하지 않으면 5년 후에는 일괄적으로 계약을 해지해야만 하는 부작용을 낳게 되었다. 유기계약으로 고용을 계속 이어갈 수 있는 기회를 법으로 박탈해버린 것이다.

그 외에 법이 제정될 당시에는 고려하지 않았던 사례나 상황이 새롭게 발생해서, 법을 그대로 사례에 적용하면 명백히 정의나 공평, 평등의 관점에서 부당하다 생각되는 경우가 발생할 수도 있다. 이런 문제점을 보완하기 위해 법원에서는 법을 운용하는 과정에 **예외 사항 등을 두고 입법 취지(목적)에 반하지 않는 한도 내에서 유연하게 대응할 수 있도록 하는 대책도 채택하고 있다.** 어쨌거나 법 제도나 정책은 인간이 만든 것이기 때문에 완벽하지 않다. 따라서 어떤 목적은 달성하지만, 특정한 사람에게는 규제에 따르는 불합리가 전가(비용의 전가)되는 부작용이 적지 않게 발생한다. 그렇다면 **부작용을 줄이기 위해서 어떻게 해야 할까?**

앞서 언급한 여성 차별의 사례에서는 다음과 같은 방법을 실시할 수 있다. 이미 채용된 여성을 보호한 결과 채용 전의 여성이 불리해지는 부작용을 방지하기 위해서는, 육아휴직을 자주적으로 장려한 기업에 세제 혜택을 주고 국가가 육아휴직에 따르는 손실 비용에 보조금을 지급하여 기업의 부담을 덜어주는 방법을 생각해볼 수 있다. 기업에 강제하는 것이 아니라 자주적으로 도입한 기업에 인센티브를 부여하는 정책을 도입함으로써, 자연스럽게 제도를 도입하는 기업을 증가시키는 것이다. 이처럼 역기능을 해결할 가장 바람직한 대안은 법적인 강제나 금지 등와 같은 **부정적 제재** 대신 육아휴직 제도나 비정규직 직원을 정규직 직원으로 전환하는 시스템을 도입한 기업에 세제 혜택이나 보조금 지원 등으로 우대하는, 이른바 **포지티브한 우대 조치 정책**을 실시하는 것이다. 이렇게 강제가 아닌 혜택을 주는 규제 수단을 고안함으로써 목적을 달성함과 동시에 부작용을 방지하거나 경감시킬 수 있다.

법 규제의 한계(법의 구멍)라는 문제도 생각해볼 필요가 있다. 예컨대 현대에 들어 급격하게 발전하고 있는 생식 의료 기술의 이용에 대해 생각해보자. 일본에서는 대리출산이 불법이지만, 부유한 사람들은 손쉽게 법망을 뚫고 원하는 바를 손에 넣는다. 가령 대리출산이 합법인 나라를 찾아갈 수도 있고, 불법이더라도 암시장을 통해 쉽게 대리모를 구할 수 있는 나라나 지역을 찾아가기도 한다. 장기 매매나 의료 관광이라는 단어가 낯설지 않을 만큼, 법의 사각지대에서는 이런 불법 의료 행위가 매우 빈번히 이루어지고 있다. 또한 이에 소요되는 비용도 많이 낮아졌기 때문에, 불법을 감수하고서라도 원하는 것을 얻으려는 사람들의 행동을 완전히 규제할수 없게 되었다.

일본에서 생화학 무기의 개발이나 유도만능줄기세포iPS cell 기술에 의한생식세포의 배양 및 수정란의 착상과 같은 의학 연구를 금지한다면, 다른나라에서 이 같은 연구를 진행해 특허가 취득되었을 때 일본은 연구나 안전보장의 측면에서 후진국으로 전락할지도 모른다. 이런 이유로 글로벌 시대에 첨단 의료 연구를 윤리적인 측면에서 어느 정도로 법으로 규제해야하는가는 지극히 판단하기 어려운 문제다.

법 이념: 범죄자를 줄이는 가장 빠른 방법은?　○

법의 세계가 전문용어(개념어)로 가득 차 있다는 사실은 학생들에게 다음의 질문을 던져보면 쉽게 알 수 있다.

'범죄자 수를 줄이기 위해서는 어떻게 해야 하나요?'

이에 대해 대부분의 학생은 경찰의 단속 기능을 강화하거나 처벌 수위를 높여야 한다고 대답한다. 그러나 법학에서는 완전히 거꾸로 대답한다. 범죄자 수를 줄이기 위해서는 탈형벌화하고, 반사회적 행위를 한 자를 범죄의 대상으로 보지 않으며, 경찰 권력을 약화시켜 형법을 위반한 자를 체포하지 못하게 하면 범죄자 수는 극적으로 줄어든다는 것이다. 형법의 기본 원칙에 '**죄형법정주의**'라는 것이 있다. 무엇이 죄가 되며, 이 죄에 어떤형벌을 가하는가를 미리 법률로써 명시해야 한다는 것이다. 한 나라에서 형벌로 처벌하는 행위가 다른 나라에서는 처벌의 대상이 아닌 경우도 더러 있다. 미국에서는 주에 따라 형법이 다르기 때문에, 가령 위스콘신 주에서는 범죄인 행위가 이웃인 일리노이 주에서는 범죄가 아닐 수도 있다. 또한 주에 따라 강간의 정의(연령이나 동의 요건 등 범죄 구성 요소나 **위법성 조각** 요건)도 다르기 때문에 어느 주에서는 강간인 행위가 다른 주에서는 강간이 되지 않는 경우도 있다. 또 시대가 변화하면 같은 나라나 주에서도 범죄를 구성하는 요건이 달라지기도 한다.

결혼한 사람이 바람을 피우면 사형에 처하는 나라도 있다. 범죄란 형법 법전의 구성요건에 해당하는 반사회적인 행위이며, **책임능력**이 인정되는 경우에 유죄가 되어 형벌이 부과된다. 하지만 자신이나 제3자를 지키기 위하여 행한 **정당방위**나 **긴급피난**의 경우 행위의 위법성이 조각된다. 무엇이 범죄를 구성하는 요건이 되는지는 시대나 사회에 따라 다르다. 가령 이른바 스토커법이나 학대방지법, 민폐방지 조례가 제정되기 전에는 이 같은 행위를 한 자를 처벌할 수 없었다. 따라서 범죄자도, 지금의 사회 속에서 **어떠한 행위나 행동을 범죄로 할 것인지를 정하는 제도에 따라 정의되고 규정(딱지를 붙임)되는 것인 이상, 그야말로 사회가 범죄를 만들어냈다**고도 할 수 있다. 또 형법은 과거의 행위에도 법을 적용하는 소급 적용을 금지하고 있다. 만약 대학이 만 20세 미만(일본의 경우 합법적 음주 가능 연령은 만 20세이다 — 옮긴이)의 학생이 술을 마시면 예외 없이 퇴학을 명한다는 규칙을 정하고, 이를 소급 적용한다면 많은 대학생이 퇴학을 당하게 될 것이다. 그러면 학생 수가 격감하고 대학 경영에 문제가 생길 수 있다.

자유의 규제 원리와 퍼터널리즘, 그리고 행동경제학 ○

이제까지 우리가 내린 여러 가지 자기결정과 판단의 결과 지금의 내가 있으며, 과거 자기결정의 집합은 현재의 자유 범위와 가치관, 자기결정의 판단에 매우 강하게 영향을 끼친다. 사람들의 자유는 어디까지 인정받고 존중되어야 하는 것일까? 자유를 침해하고 감소시키는 자기결정 및 선택과 행동의 자유를 어디까지 인정해야 할까? 자살할 자유나 마약을 즐길 자유, 도박이나 매년 일정 수의 사망자가 발생하는 겨울 산 등반 같은 위험한 레저 스포츠 또는 불륜의 자유처럼, 자유를 인정하면 할수록 이후 본인의 자유를 빼앗기거나 선택지를 잃어버리게 되는 케이스는 현실에 셀 수 없을 만큼 많이 있다. 이처럼 오히려 **자유를 해치고 잃어버리게 할 위험성이 높은 자유는 어디까지 보장해야 하는가?** 자유를 소중히 여기는 사람은 누구나 이 아포리아에 대해 진지하게 생각할 필요가 있다. 여기에는 그야말로 도넛 구멍의 명제와 같은 역설적인 구조가 존재한다. 지금부터는 이 문제에 대해 조금 더 진지하게 생각해보도록 하자.

현대사회에서 법의 중요한 가치로 여겨지는 자기결정이나 자유를 규제하고 제한하기 위해서는 무엇보다 정당한 목적과 의도가 있어야 한다. 그리고 이런 관점에서 법적 규제의 목적 검증이 이뤄진다. 자기결정을 제약하는 주된 **법적 규제 원리**에 대해 간단히 살펴보자.

타인에게 손해를 입힐 수 있는 자유나 행위가 법적 금지의 대상이 되어야 한다는 주장은 자유론의 시조인 존 스튜어트 밀이 19세기에 주창한 것이다. 첫 번째 원리는 **위해 방지의 원리**로, 타인에게 해를 가하거나 타인의 자유를 침해하면서 자기의 자유를 추구하는 것은 자유론의 입장에서 용

서받을 수 없는 행위다. 두 번째 원리는 **불쾌 방지의 원리**로 타인에게 위해를 가한다고는 할 수 없으나 불쾌offence를 유발하는 행동을 방지하기 위해 필요한 규제다. 예컨대 공연음란죄가 이에 해당하며, 담배 연기가 불쾌하기 때문에 흡연을 제한하거나 흡연구역을 설치하는 것도 이 범주에 속한다. 세 번째로는 누군가의 행위가 사회도덕에 반하고 부도덕하기 때문에 금지한다는 **도덕주의적 원리**가 있다. 민법에서 정한 '선량한 풍속'과 같은 일반 조항 규정이 여기에 해당한다. 그 외에 자기 자신을 위해 바람직하지 않을 경우, 해당 행동이나 선택을 규제하는 **퍼터널리즘**(키워드 참조) 원리가 있다. 이를테면 안전벨트나 헬멧 착용 의무, 마약 금지 및 미성년자 보호를 위한 행동 규제, 장기 매매 금지처럼 자발적인 동의나 승인이 있는, 즉 피해자가 없더라도 자기 자신을 지키기 위한 규제가 있다. 다시 말해 타인에 위해를 끼치지 않더라도 그 자유를 인정함으로써 이후 그 본인의 자유나 이익이 현저히 침해될 것이 확실한 경우, 이를 규제하려는 것이 퍼터널리즘 원리다.

누구나 한번쯤 부모나 주위 어른들로부터 공부를 열심히 해야 한다는 잔소리를 들어본 적이 있을 것이다. 이 말을 듣고 놀고 싶은 마음을 꾹 참은 채 공부를 했다면, 본인의 장래를 위해서 스스로 그 순간의 자유를 제한했다는 점에서 퍼터널리즘의 전형이라고 할 수 있다. 이러한 의미에서 예의범절을 가르치는 것도 퍼터널리즘적인 제도가 된다. 한편 일찍이 사회 문제가 되었던 미성년자의 원조교제에 대해 강제된 것이 아니라 상호 동의에 기초해 이루어진 행위라면 자유계약의 원칙에 부합하기 때문에 인정해야 한다는 의견이 제기된 적이 있다. 그러나 그들은 미성년자이고 아직 비판 능력이 충분하지 않기 때문에 성적으로 착취당하는 일이 발생하며, 이는 청소년의 건강한 성장을 방해한다. 따라서 퍼터널리즘은 이러한 경우를 규제해야 한다고 주장한다. 일반적으로 미성년자에 대한 규제에는 퍼터널리즘적인 목적의 규제가 많고, 노동법이나 사회보장법에서도 퍼터널리즘에 기초한 규제를 많이 볼 수 있다.

자유를 제약하는 법적 규제의 옳고 그름을 판단할 때는 규제 목적이 이처럼 여러 가지로 중복되어 존재하는 경우가 있다는 것을 염두에 두고, 규제 중에 어떤 목적이 가장 중요한지를 생각해봐야 한다. '자유를 침해하는 자유를 어디까지 법으로 규제해야 하는가?'라는 아포리아를 생각할 때 가장 중요한 규제 원칙은 사실상 퍼터널리즘이라 할 수 있다.

처음으로 사귀, 가장 신뢰하고 있던 연인에게 실연을 당한 한 대학생이 절망한 나머지 자살을 선택하거나, 사고나 수술 때문에 수혈을 받아야 하지만 종교적 이유에서 이를 거부하여 목숨을 잃게 되는 경우를 어떻게 생각해야 할까? 또 병의 고통으로부터 해방되기 위해 안락사나 존엄사를 선택할 권리를 인정해야 할까?

이 중 실연으로 자살을 택하려 하는 경우를 생각해보자. 과거에 실연을 겪은 뒤 새롭게 사랑하는 사람을 만나 연애해본 경험이 있는 사람이라면, 자살을 생각하는 젊은이에게 단념하라고 퍼터널리즘적으로 설득할 것이다.

그렇다면 장래의 자유를 보호하기 위해서는 현재의 행동이나 선택의 자유를 퍼터널리즘적으로 얼마만큼 규제하거나 제한해야 하는가? 이때 연령이나 그 밖의 어떤 요소를 고려해야 할까? 자유지상주의자의 관점에서 퍼터널리즘은 쓸데없는 참견이자 괜한 간섭이며, 일방적으로 자신의 가치관을 강요하는 폭력과도 같은 일이다. 아마 독자들도 사랑에 기초한 부모의 퍼터널리즘적인 규제나 언동에 대해 비슷한 생각을 해본 적이 있을 것이다. 그러나 자유나 자기결정에 대한 퍼터널리즘적인 제한과 배려가 **좀 더 많은 자유를 향유하고 선택지를 늘리며 장기적 측면에서 진정한 법률을 배양한다는 의미에서 필요하다**는 것은 분명한 사실이다.

자살처럼 미래의 자유를 불가역적으로 말소하는 극단적 예가 아니더라도, 일상 행동 수준에서 일정한 퍼터널리즘이 요구되는 이유에 대해서는 **행동경제학**(키워드 참조)이 설명해주고 있다. 행동경제학에서는 인지심리학의 연구 성과에 착안해서 이렇게 설명한다. 인간은 자기 스스로 결정할 때 **여러 가지 인지 바이어스**bias**(선입견)가 작용한다. 그 결과 전통적인 경제학이 말하는 '스스로의 이익에 대한 합리적 판단'에서 벗어나는 경우가 어느 정도 예측된다고 지적한다.** 인간은 다이어트를 해야겠다고 생각하면서도 다이어트를 하지 못하거나 금연하겠다고 생각하면서도 담배를 끊지 못하는 것처럼 의지력에도 한계가 있고, 대부분 근시안적이며 리스크를 과소평가한다. 행동경제학은 사람이 얼마나 많은 경우에서 자신의 이익을 침해하는 판단을 내리는지를 일상 행동을 통해 실증적으로 명확히 밝히고 있다. 이와 같은 지식은 퍼터널리즘적인 법적 배려가 필요함을 보여준다. 이를테면 의료보험이나 자동차보험 가입 또는 국민연금을 의무화하는 제도 역시 퍼터널리즘적 근거에 기초한 제도이다.

미국 오바마 정권의 브레인 중 한 사람인 하버드대 로스쿨 캐스 선스타인 교수는 행동경제학의 지식을 도입한 '**자유지상주의적 퍼터널리즘**libertarian paternalism'(키워드 참조)의 입장에서 다음과 같이 주장했다. "강제가 아닌 우대 조치를 취해 정책을 수용하도록 하는 것처럼, 비강제적 방법이나 넛지(키워드 참조)를 활용함으로써 동일한 목적을 달성할 수 있다." 이처럼 행동경제학은 다양하고 흥미로운 지적 통찰과 정책 제언을 하고 있지만,

이 글에서 다룬 것은 극히 일부분에 불과하다. 이에 대한 자세한 내용은 이번 장 끝에 적어둔 관련 문헌을 참고해 공부해주길 바란다.

법적 사고의 레토릭 게임: 사법 판단은 객관적인가? ○

법으로 금지해야만 하는 차별 대우에 대해서는 '부당한 차별'이라는 딱지를 붙이지만, 법으로 금지할 필요가 없는 것에는 '합리적 구별'이라는 말을 쓴다. 같은 현상이더라도 가치 판단이 개입되고 비판이 필요할 때는 이를 정당화하는 논리(로직)로 설득할 필요가 있다. 법학에서는 개념 혹은 법적 사고가 그러한 역할을 한다. 전후 일본 법학계에서는 **법은 과학인가**라는 논쟁이 벌어졌다. 미국의 법 역사에서는 **법적 리얼리즘**이나 **비판적 법학 연구**라 불리는, 법의 운용 상황이나 법관의 사법 판단(법 해석)을 분석하는 운동을 통해 **법의 자의성과 비객관성**을 폭로하고, **법관의 판결에 개인적 가치 판단이 들어갈 위험성**을 지적해왔다. 여러분은 어떻게 생각하는가? 사법 판단이 객관적이라면 한 문제에 대한 판단 결과가 똑같이 도출될 것이다. 하지만 실질적으로는 법관이나 법학자에 따라 법률 조문의 해석과 적용이 다른 경우가 발생하며, 첨예하게 대립하는 경우도 드물지 않게 생긴다. 그렇다면 사법 판단은 법관의 개인적인 가치관이나 전문가로서의 경험에 의한 암묵지에 기초해 대답을 먼저 도출하고 이를 법적 판단으로 정당화한 것일까? 혹은 법적인 속박을 벗어나지 않도록 일정한 제한을 가하기 위해, 다양한 법률적 전문용어(개념)를 동원해 만든 법적 레토릭 게임 rhetoric game에 지나지 않는 것일까? 일본에 재판원제도가 도입되면서 20세

이상의 선거권을 가진 시민은 누구라도 재판원으로 선출될 가능성이 있다. 따라서 남의 일이라 생각하지 말고, 부디 사법 판단에 대해서 진지하게 생각해봤으면 한다.

쓴 식후주

법은 인간이 만들고 운용해온 제도나 규칙이며, 완전하지 않을뿐더러 약처럼 효과와 동시에 적지 않은 부작용을 유발하기도 한다. 이를 검증하기 위해 법의 목적에만 집중하면 지적인 맹점(구멍=지적 사각)에 빠지게 된다. 목적의 정당성뿐 아니라 이를 달성할 수단으로써 어떠한 선택지를 생각해볼 수 있을까, 즉 가능한 한 자유를 제한하지 않고 부작용이 적은 목적 달성 수단에 대해 깊이 탐구해볼 필요가 있다. 또한 미래지향적이고 장기적인 관점에서 자유와 평등, 공정(정의)을 실현하는 데 가장 타당하다고 생각되는 법 정책을 이끌어내야 한다. 이를 위해서는 법의 판단 과정에서 다양한 지적 맹점이 끼어들 가능성이 있다는 것을 알고 있고 이에 민감한, 법조인(법관·검사·변호사)과 입법자(정치인) 그리고 행정관(공무원)이 반드시 필요하다. 그러나 이것만으로는 충분하지 않다. 민주주의 국가의 유권자라면 투표를 통해, 혹시 아직 유권자가 아니더라도 한 국가의 국민이라면 **사회문제에 대한 활발한 토론과 의견 개진을 통해, 시민의 목소리를 정치에 반영해야 할 의무를 짊어지고 있다는 것을 자각해야 한다. 이것은 우리가 자손과 미래 세대를 위해 반드시 행해야 할 의무임을 기억하자.**

이 글에서는 법학 분야에서 나타나는 여러 가지 지적 맹점에 대해 생각해보았다. 그중에서도 자유에 관한 풀기 어려운 문제(패러독스)에 대해 맛을 보았다. 식후주는 그라파처럼 달지도 않고, 설교 같은 말로 끝나버렸지만, 법은 전문가뿐만 아니라 바로 **우리 자신이 만들고 운용하며 개혁해가는 제도**임에 틀림없다. 이 사실을 기억해주었으면 한다.

키워드

법적 퍼터널리즘(온정적 개입주의) 선택이나 행동의 자기결정을 자유의 규제 근거로 보는 원리 중 하나다. 즉, 자기 자신을 위해 제약이나 금지를 행하는 규제 원리를 가리킨다. 과거에 퍼터널리즘은 자유와 자율을 제한하는 권위주의적인 원리라고 비판받았지만, 오늘날에는 장래의 자유와 자율을 보장하기 위해 현재의 자기결정이나 자유에 퍼터널리즘적인 규제를 가해야 하는 경우가 분명히 존재한다. 하지만 강제적으로 정보를 명시하고 자기결정을 해야만 한다는 것은 오히려 자기결정을 강요하는 것이 되고, 모르고 있을 권리를 침해할 우려도 있다.

법과 행동경제학 지식심리학의 통찰과 지식을 경제학에 도입한 실험경제학 및 행동경제학은 현실을 인간 행동을 통해 설명한다. 또한 인간의 인지나 판단에 속에 존재하는 여러 선입견을 지적하고, 이에 영향을 받은 행동을 명확히 설명하고 있다. 따라서 일상적인 행동이나 연애 및 결혼처럼 인생의 중요한 결단에도 응용할 수 있는 풍부한 지식을 제공한다. 이를 법 제도나 법 정책 분야의 고찰에 도입한 것이 법의 행동경제학적 분석이다.

자유지상주의적 퍼터널리즘과 넛지 인간은 여러 가지 인지적 선입견의 영향을 받기 때문에, 자신의 행동이 불러올 리스크와 이득의 판단에서 종종 오류를 범한다. 따라서 인간을 좀 더 건전하고 바람직한 방향으로 인도하기 위해서는 법적 금지나 벌칙을 부과하여 강제하는 것보다 최종 판단을 본인의 자유로운 생각에 맡길 여지를 남겨주는 것이 좋다. 이것이 자유주의적 퍼터널리즘이다. 넛지는 옆구리를 팔꿈치로 살짝 치거나 가볍게 두드리는 것으로 타인의 주의를 환기시키거나 눈치를 주고 경고하는 것을 가리킨다. 이런 가벼운 경고를 통해 선택을 금지하는 것은, 경제적인 인센티브를 크게 바꾸지 않으면서 사람의 행동을 예측 가능한 형태로 바꾸는 효과적인 방법이다. 물론 이 방법은 순수한 넛지라고 보기에 무리가 있지만, 게임에서 불합리한 선택을 할 가능성을 적은 비용으로 낮출 수 있다는 점에서 효과적이다. 이는 규제를 가능한 한 배제하고 작은 국가를 주장하며 자유를 존중하는 자유지상주의자도 충분히 수용할 수 있는 방법이기 때문에, 자유지상주의적 퍼터널리즘의 규제 방법이라 할 수 있다.

북가이드

■ 『현대사회고찰: 앞으로를 살아가기 위한 23가지 관점』, 스이요우샤, 2013.
종교학자, 철학자, 정치학자, 문학인류학자, 의사, 르포 기자 등 여러 분야의 지식인이 각자의 전공 지식을 통해 규제와 정보, 건강 등에 관한 현대의 여러 문제를 파헤친다. 이 책에서 필자는 '법 정책에 대해 생각하다' '법 규제와 자유 지상주의 퍼터널리즘'을 기고하고 법 규제의 부작용이나 비용 전가의 문제 및 담배 규제 등에 대해 알기 쉽게 설명해두었다.
■ 캐스 선스타인·리처드 세일러, 『실적행동경제학: 건강, 부, 행복으로의 총명한 선택』, 엔도 마키 옮김, 닛케이BP샤, 2009년.
오바마 정부의 브레인 중 한 사람이었던 하버드대 로스쿨의 캐스 선스타인 교수와 시카고 대학 비즈니스 스쿨 교수인 리처드 세일러가 공저한 책으로 전미 베스트셀러가 되었다.
■ 댄 애리얼리, 『예상대로의 불합리: 행동경제학이 밝히는 '당신이 그것을 고르는 이유'』, 구마가이 준코 옮김, 하야가와논픽션분코, 2013.
행동경제학 연구의 일인자이며 미국 듀크대 교수인 댄 애리얼리가 쓴 책으로, 영문 원서는 '아마존닷컴 2008년 비즈니스서 부문 최고의 책'으로 선정되었다. 행동경제학에 대해 재미있고 알기 쉽게 설명해 입문서로 이용하기 좋은 책이다. 번역문고판에는 부학장인 오다케 후미오 선생의 추천사와 해설이 함께 실려 있다.
■ 하워드 던퍼드, 『불합리한 지구인: 돈과 마음의 행동경제학』, 아사히신분출판, 2010.
인간의 선택 행동 등의 사례를 행동경제학의 관점에서 분석한 것으로 플레밍 효과나 하딩 효과, 휴리스틱 heuristic 등 행동경제학의 기본 개념을 대단히 알기 쉽고 흥미롭게 설명하고 있다.

그 외 행동경제학의 개념과 용어에 대해 그림을 이용해 알기 쉽게 설명한 책으로 다음을 들 수 있다.
■ 가와니시 사토시, 『그림으로 쉽게 알아보는 행동경제학: '불합리 행동'과 사귀는 법』, 슈와시스템, 2010.
■ 쓰쓰이 요우로·야마네 쓰구코, 『도해 잡학 시리즈 행동경제학』, 나쓰메샤, 2012.

미국의 '무차별 소송'과
그 배경:
맥도널드 커피 사건이
세상에 미친 영향

마쓰모토 미쓰오松本充郎
오사카대 대학원 국제공공정책연구과 준교수

1971년생으로 1996년 3월 도쿄대 법학부를 졸업하고 도시은행을 거쳐 2004년 3월 조치대 대학원 법학연구과에서 법률학을 전공해 법학석사 학위를 받았다. 이후 고치대 인문학부 강사와 준교수를 거쳐 2012년 4월부터 오사카대 교수로 재직 중이다. 2010년 3월~2011년 3월까지 캘리포니아대 버클리 캠퍼스에서 로스쿨 객원연구원으로 재직하기도 했다. 전공 분야는 행정법과 환경법이다.

"공해 문제에서 출발하는 일본의 환경법 연구는 미래를 대비한다는 점에서 매우 중요합니다. 나는 산, 강, 바다와 같은 자연환경을 지속적으로 이용 및 관리하는 구조, 특히 '수법'(물 문제에 관한 법)에 관심이 있습니다. 수자원의 유효적 이용과 홍수 피해의 절감, 그리고 생태계 보호를 통합시키는 일은 중요한 문제입니다. 또한 지표수와 지하수를 통합적으로 이용하는 방법을 만드는 것도 대단히 중요한 과제입니다. 동일본 대지진 이후부터 수력발전뿐만 아니라 원자력발전을 포함한 에너지법을 환경법과 연계해 발전시키는 것을 목표로 연구를 진행하고 있습니다."

시작하며 ○

처음 이 글을 의뢰하면서 쇼세키카 학생들이 내게 한 제안은 이런 것이었다. "'도넛을 구멍만 남기고 먹는 방법'이라는 책을 기획 중입니다. 미국 어딘가의 지자체 조례에 '도넛의 구멍을 팔아서는 안 된다'라는 조항이 있다는데, 해당 조례나 그 외의 조례에 관한 정보를 알려주실 수 있을까요?" 학생들의 말을 듣고 구글을 검색해보았더니 네브래스카 주 법과 리하이의 조례에서 '도넛의 구멍을 팔아서는 안 된다(라는데 진짜냐)'라는 취지의 글이 다수 검색됐다[1]. 그러나 같은 취지의 주법이나 조례를 주나 지자체의 홈페이지와 렉시스 넥시스Lexis-Nexis 등 정식 사법 검색 사이트에서는 발견할 수 없었다[2]. 또 아쉽게도 도넛에 관한 사건과 무차별 조례에 관한 일화도 찾을 수 없었다.

이번 장에서는 **'무차별 소송'으로 유명한 맥도널드 커피 사건** Lebeck V. McDonald's Restaurants**의 배경과 그 결과에 대해 검토해보도록 하겠다.** 본건은 맥도널드에서 구입한 뜨거운 커피를 엎질러 화상을 입은 여성에 대해 배심원

---

1 http://informationcentral0.tripod.com/id7.html을 참조.(2013년 6월 19일자 검색)
2 미국 법에 대해 법령이나 판례 등의 1차 자료나 논문 등의 2차 자료를 검색할 경우 렉시스 넥시스나 웨스트로Westlaw 등 유료 사이트에서 검색하는 것이 가장 효율적이다.

평결에서 총액 3억 엔 가까이의 배상을 맥도널드에 명한 것으로 유명하다.[3]

맥도널드 커피 사건 ○

신문 보도와 본건의 일반적 평결

1992년 2월 스텔라 리벡(당시 79세의 여성)은 맥도널드에서 주문한 고온의 커피를 무릎에 엎질러 3도의 화상을 입었다.[4] 리벡은 맥도널드에 손해배상을 요구했고 1994년 9월 17일 **배심원은 16만 달러의 손해배상과 270만 달러의 징벌적 손해배상을 합쳐 286만 달러**(1달러를 100엔으로 환산하면 2억 8600만 엔)**의 손해배상금을 인정했다.**[5]

당시 이 보도를 읽은 대중은 '커피야 당연히 뜨겁지' '자기가 커피를 엎질러놓고 손해배상을 요구하다니 괘씸하네. 소비자 책임이잖아?' '많은 고객들이 뜨거운 커피를 마시고 싶어하잖아' '미국의 불법행위법이 이상한 거 아니야?'처럼 리벡의 의도를 의심하는 숱한 의문을 제기했다.[6] 그러나 **이 사안이 합리적으로 해결되었다**는 견해도 다수 존재한다. 다음 내용을

---

3 사실관계에 대해서는 다음의 문헌을 참조. Michael McCann, William Haltom, and Anne Bloom, *Java Jive: Genealogy of a Juridical Icon [Java Jive]*(University of Miami Law Review, 2001), p. 113. ; Kevin G. Cain, And Now, The Rest of the Story ⋯ About the McDonald's Coffee Lawsuit [The Rest of the Story], *Journal of Consumer & Commercial Law*(Fall 2007), P. 14. ; 히구치 노리오, 『처음 만나는 미국 법』(유히카쿠, 2010), pp. 120~128.
4 가장 심한 정도의 화상으로, 표피에서 피하조직에 이르기까지 켈로이드와 흉터가 남았다.
5 See Associated Press, Woman Burned By Hot McDonald's Coffee Gets $2.9 Milion(August 18, 1994).
6 See Java jive, *supra note 2*, pp. 123~126.

검토해보자.

보충적 '사실'과 화해의 합리성

1992년 2월 리벡은 손자가 운전하는 차를 타고 맥도널드의 드라이브 스루 drive through에서 에그머핀 세트를 주문했다. 정차 중에 커피에 우유와 설탕을 넣으려 뚜껑을 연 순간 커피를 무릎에 엎질러 심한 화상을 입었다. 리벡은 몸 표면 중 사타구니와 엉덩이 부분을 포함한 6퍼센트에 3도의 화상을 입었고, 약 16퍼센트에 이르는 부위에는 경도의 화상을 입었다. 결국 그녀는 치료를 위해 8일 동안 입원해야 했다. 리벡은 공화당 가정에서 태어나 자랐으며 **그때까지 한 번도 소송을 제기해본 적이 없었다.** 본건에서도 처음에는 변호사를 선임하지 않은 채 맥도널드에 다음의 세 가지 문제에 대해 답변을 요구했다. (1)커피머신이나 커피를 내리는 과정에 문제가 있었던 것은 아닌지 점검하고, (2)고객에게 커피를 제공할 때의 온도 기준을 재검토하고, (3)피부 이식수술에 소요되는 비용과 기타 부수적 비용을 부담할 것 등이다. 그 후 리벡은 (3)에 대해 구체적으로 금액을 산정하여 1만~1만 5000달러의 치료비와 부수적 비용을 포함해 2만 달러(약 200만 엔)를 맥도널드에 청구했다. 요약하자면 **당초에 리벡은 법을 넘어선 배상금이 아니라, 직원 수를 늘릴 것과 재발 방지라는 성의 있는 대응을 요구했던 것에 불과하다.** 그러나 6개월 후 맥도널드는 '개인배상은 800달러 한도 내'에서만 가능하다고 답변했다.

리벡은 맥도널드의 제안을 단호히 거절하고, 비슷한 사건을 다룬 경험이 있는 리드 모건 변호사에게 소송대리를 의뢰하여 1993년 뉴멕시코 주 지방법원에 제소했다. 주 지법은 판결 전에 조정을 명했고, 조정인은 배심원

신청과 같은 금액인 22.5만 달러(2250만 엔)로 화해를 권고했다. 그러나 맥도널드는 이 권고를 거부했다.[7] 이때 처음으로 원고는 2만 달러의 손해배상과 270만 달러의 징벌배상을 청구했다(맥도널드 전체 매장의 이틀치 커피판매액에 상당하는 액수). 징벌배상은 불법행위가 고의나 사기와 같은 나쁜 동기에서 행해졌거나, 타인이 해를 입을 가능성을 무시하고 행동하는 등 가해자의 악질적 의도가 명백한 경우에 인정된다. 청구에 징벌배상 부분이 포함되어 있었기 때문에 배심재판이 열렸다.[8]

모건 변호사는 맥도널드 측의 책임을 언급하며 다음과 같이 주장했다. 보통 가정에서 내리는 커피 온도는 화씨 135~140도(섭씨 60도 전후)인 반면, 맥도널드는 화씨 180~190도(섭씨 82~88도)로 커피를 내리며 고객이 입에 대는 단계에서는 화씨 165~170도(섭씨 75도 전후)가 된다. 또한 커피가 엎질러지는 일은 일상적으로 일어나며, 엎지르면 2~7초 만에 화상을 입기 때문에 옷을 벗을 새가 없다. 대부분의 소비자는 이 온도의 커피가 얼마나 위험한지 알지 못했으나, **맥도널드는 이 사건까지 포함해 과거 10년간 700건이나 되는 고객 불만을 접수받았기 때문에 위험성을 알고 있었다. 따라서 맥도널드는 문자의 크기, 색, 표현 등을 활용해 소비자가 알기 쉽도록 주의 문구를 표시하여 위험성을 알리거나, 커피의 온도를 낮추어야 했**

---

7 See Gregory Nathan Hoole, In the Wake of Seemingly Exorbitant Punitive Damage Awards America Demands Caps on Punitive Damages—Are We Barking Up the Wrong Tree?, 22 J. CONTEMP.L. 459, 471(1996).

8 징벌배상(징벌적 손해배상)이란 가해자의 행위가 고의적 및 악의적이고 반사회적일 경우 피해자가 입은 재산상의 손해 원금과 이자에 형벌적 요소로서의 금액을 추가적으로 포함시켜 배상하도록 한 제도다. 과정적으로는 배심재판에서 인정되나 판사 재량으로 징벌배상액을 손해배상액의 3배 정도로 감액할 수도 있다. 다나카 히데오, 『영국법총론(하)』(도쿄대 출판부, 1980, 545~551항) 참조.

으나 이에 태만했다.[9]

배심원들은 원고 측에도 일부 과실이 있다는 점을 인정했지만, 큰 틀에서 원고의 청구를 인정하는 방향으로 평결을 내렸다. 즉 원고 측이 (정차 중이었다고는 하나) 뜨거운 커피를 부주의하게 다룬 과실이 일부 인정되므로, 처음 배심원단이 정했던 20만 달러의 손해배상액에서 20퍼센트를 과실 상계한 16만 달러의 손해배상 및 270만 달러의 징벌배상을 인정했다. 배심원 평결에 대해 주 지법 판사는 주법에 기초하여 **징벌배상액을 손해배상액의 3배인 48만 달러로 감액하고, 항소하지 않고 화해할 것을 권고했다.** 그리고 다음 날 권고에 따라 화해가 이루어졌다(실제 합의한 액수는 16만 달러와 48만 달러를 합친 64만 달러를 하회하는 40만~60만 달러 사이로 추정된다[10]).

사건 및 신문 보도에 대한 학술 논문의 평가

이 사건은 다음 측면에서 대단히 상징적이다. 한 학술 논문에 따르면, 신문 보도를 망라하여 검증한 결과 보도상의 '사실'은 상해의 정도, 맥도널드 커피의 온도, 커피를 엎질렀다는 사실, 배심원의 평결이 명한 배상금의 합계라는 네 부분에 집중되어 있었다.[11] 이에 반해 논문에서 논한 '사실'은 배심원의 평결 결과를 좌우할 만한 중요한 내용이었지만, 신문 보도에서는 생략되어 있었다. 첫째로 75도 전후에서는 옷을 벗기 전에 화상을 크

---

9 원고 측의 감정인이 해당 변호사의 주장을 과학적으로 뒷받침하여 피고 측도 이를 인정했다. See Ralph Nader and Wesley Smith, *No Contest: Corporate Lawyers and the Perversion of Justice in America* (Random House, 1997), pp. 270~271.

10 See The Rest of the Story, *supra note 2*, p. 17.

11 See Java Jive, *supra note 2*, pp. 140~141.

게 입는다. 둘째로 맥도널드는 뜨거운 커피의 위험성을 알고 있었음에도 소비자에게 이를 알리기 위해 유효한 표시도, 온도를 낮추는 일도 하지 않았다. 셋째로 판사가 징벌배상액이 과하다고 판단하면 주법에 기초하여 배상금액을 손해배상액의 3배로 감액할 수 있기 때문에 이번 건에서도 감액이 이루어졌으며, 이 선에서 합의가 이루어졌다. 넷째로 이 사건 후 맥도널드는 큰 글씨로 커피 잔 표면에 'Hot, Hot, Hot'이라는 표시를 넣게 되었다. 이 사건에 대해 많은 학술 논문이 미디어 보도의 대부분이 이처럼 중요한 '사실'을 생략하고, '무책임한 원고가 트집을 잡아 대기업을 상대로 거액의 배상금을 가로챘다'라는 이미지를 만들어냈다고 평가하고 있다.[12]

결론: 남겨진 수수께끼 ○

이번 장에서 소개한 것처럼 신문 보도는 사건을 뒷받침하는 과학적·법적 증거나 고액의 징벌배상을 억제할 구조, 사건의 해결, 그리고 사건의 사회적 영향에 대해 논하지 않으면 안 된다. 신문이 이를 다루지 않으면, 이번 건처럼 **미국의 불법행위법에 대한 대중의 생각이 왜곡될 가능성이 높다.** 언론, 특히 신문은 대중에게 한정된 지면을 통해 사실을 전달해야 하는 사명이 있지만, 지면 사정과 기술적 논점이라는 이유로 이를 생략해버리면 큰 문제를 일으킬 수도 있다. 실제로 일부 학술 논문은 '맥도널드 커피 사건'의 판결이 합리적 결론이었다고 인정하고 있다(단 과실 비율 즉, 원고인 리

---

[12] See Java Jive *supra note 2*, P, 143, and The Rest of the Story, *supra note 2*, p. 17.

벡의 과실과 피고인 맥도널드의 과실이 어느 정도로 화상과 연결되는가에 대해서는 다양한 주장이 제기되었다).

이번 사건에 대해서 사건번호가 할당되고, 판결 이후 종종 인용되고 있음에도 불구하고[13] 렉시스 넥시스나 뉴멕시코 주 법원의 인터넷 사이트에서는 판결문에 접속할 수 없다. 또한 합의 금액이 공표된 흔적도 전혀 없다. 유명한 사건으로서는 이례적인데, 결국 이 사건이 '무차별 소송'인지 아닌지에 대해서는 판결문이나 합의문으로는 검증할 수 없다. 그렇다면 **'무차별 소송'이라는 이미지는 사건의 근저에 있는 진실이 제대로 해명되어 있지 않기 때문에 제멋대로 생겨난 것은 아닐까?** 소송을 하게 된 소비자의 입장에 억측(리벡의 경우처럼, 자신의 과실을 기업에 덮어씌워 고액의 배상금을 타내려 한다는 의혹)이 더해질수록, 지극히 상식적인 평결에도 대중의 시각은 차가워질 수 있다. 이런 일이 반복되면 사실관계를 정확히 알지 못하는 대중은 힘없는 개인(소비자)에게 비난을 쏟아내게 된다. 기업은 이러한 대중의 법 감정을 이용해 소비자의 정당한 문제 제기를 무시하고, 기업의 잘못이 명백한 사건마저 '무차별 소송'이라는 이미지를 씌움으로써 소송을 유리하게 풀어간다.[14] 이것이 '무차별 소송' 뒤에 감춰진 숨은 진실이다. 이런 여러 가지 이유로 필자는 '무차별 소송에는 감춰진 뒤가 있다'는 교훈을 전달하고 싶다.

---

13 See Liebeck v. McDonald's Restaurants, P.T.S., Inc., No. D-202 CV-93-02419, 1995, WL 360309(Bernalillo County, N.M. Dist. Ct. August 18, 1994). 히구치(2010)에는 재인용되어 있지만, 『미국 불법행위법』(고분도, 2009)에는 본건이 인용되어 있지 않다.

14 그 배경에 대해서는 『Hot Coffee』(수전 샐러도프 감독, 2011)라는 영화를 참고하길 바란다.

맺는 글

『도넛을 구멍만 남기고 먹는 방법』의
뒷면에는

이 세상에는 사람의 손으로 만든 정교하고 화려한 작품이 가득합니다. TV 광고나 영화 같은 영상은 컴퓨터그래픽 기술을 이용해 그야말로 입체적이고 다채로운 표현을 할 수 있게 되었습니다. 만화나 잡지도 눈길을 사로잡는 화려한 일러스트나 레이아웃, 풍부한 색채로 표현됩니다. 이에 비해 이번에 우리가 만든 작품은 다소 평면적입니다. 흑백인 데다 페이지 대부분이 글자로 구성되어 있어 소리도 없고, 멋진 일러스트도 찾아볼 수 없는 '책'입니다. 그래요, 책은 일단 만들어지면 단순한 글자의 집합에 불과합니다.

컴퓨터로 빠르게 문서를 작성할 수 있는 요즘, 고작 300쪽 정도의 책을 컴퓨터로 치는 데는 긴 시간이 걸리지 않을 겁니다. 쇼세키카 프로젝트에 참여하기 전에는 책을 만드는 일을 '글자를 계속 적는 단순한 작업'에 지나지 않는다고 생각했던 적도 있습니다. 하지만 이 책을 만들면서 한 권의 책을 만드는 데 상상을 초월하는 시간과 노력이 든다는 것을 알게 되었습니다.

쇼세키카 프로젝트에서 '도넛을 구멍만 남기고 먹는 방법'이라는 기획안을 책으로 만들기로 결정하기까지 걸린 시간은 겨우 3개월이었습니다. 그 사이 여러 가지 기획안이 제출되었지만 선택받지 못했죠. 이번에 집필에 참여해주신 열두 분의 선생님과 '세계의 도넛'과 관련해 인터뷰에 응해주신 아홉 분의 선생님들은 처음부터 참여하기로 계획되었던 분들이 아니었습니다. 쇼세키카 소속 학생들이 몇천 명이나 되는 오사카대 교수진 가운데에서 손수 찾아내 섭외한 분들입니다. 사실, 이보다 훨씬 많은 선생님들께 메일을 드려 면담 약속을 잡고, 집필을 부탁드렸습니다. 그중 최종적으로 합류를 결정해주신 선생님이 위의 스물한 분입니다. 집필 과정도 쉽지 않았어요. 집필의뢰서를 보내드린 후에도 여러 번 선생님들을 찾아가 귀찮게 해드렸지요. 첫 원고를 보내주셨을 때는, 쇼세키카 학생 모두가 원고를 살펴보고 몇 번이나 회의를 했습니다. 그리고 어렵다고 생각되는 용어나 표현을 고치거나 다시 써주십사 부탁드렸습니다. 이런 작업을 몇 번 반복했는데, 어떤 선생님의 경우에는 네 번이나 글을 고쳐주셨습니다. 책의 디자인도 몇 번이나 고쳐서 지금의 모습으로 정해졌습니다. 결코 한번에 결정된 것이 아닙니다.

하루 만에 다 읽을 수 있는 한 권의 책. 이 한 권의 책을 만들기 위해 1년이 넘는 시간이 걸렸습니다. 수십 명의 학생, 교수, 출판부 직원들이 힘을 모아 고민에 고민을 거듭한 끝에 탄생한 책이 『도넛을 구멍만 남기고 먹는 방법』입니다. 이 책뿐만 아니라 서점에 진열되어 있는 모든 책들도 이런 고된 과정을 거쳐 만들어졌을 것입니다.

책에서 전하고 싶은 것

제목을 보고 이 책이 재미있어 보여 선택한 분들 가운데는 '뭐야, 완전 교과서 같잖아' 하고 생각하는 분도 계실지 모르겠습니다. 보통 이런 내용의 책을 읽는 데 익숙하지 않으신 분에게는 이해가 가지 않는 부분도 있을 것입니다. 그렇지만 이 책은 전문 지식에 거부감이 있는 독자를 위해 만들어졌다고 해도 과언이 아닙니다.

'공부'나 '학문'이라는 단어를 아주 싫어하는 독자도 분명히 있을 것입니다. 이런 분들은 이해하기 어려운 내용을 굳이 읽어야 할 이유가 있느냐고 생각할 것입니다. 그런데 생각해보면, 주변 사람들이 그렇게 생각하니까 자신도 모르게 그런 생각을 품고 있을 수도 있습니다. 막상 읽어보면 뭔가 다른 생각이 들 수도 있는데 말이죠.

부디 어려워 보인다는 이유만으로 이 책을 멀리하지는 말아주세요. 생각 외로 학문적 탐구에 흥미가 생길 수도 있습니다. 이 책의 기획 의도 중 하나는 좀 더 많은 독자가 학문적 탐구에 관심을 갖도록 돕자는 것입니다. 그래서 가령 문과 전공자가 가까이하기 어려운 수학의 '차원'이나 화학을 다루는 장의 말미에는 쇼세키카 멤버가 학생의 눈높이에서 쓴 해설을 배치해두었습니다. 조금이라도 이해를 돕기 위해서입니다. 또한 전공과 관계없이 누구나 재미있게 읽을 수 있는 내용도 다수 실려 있습니다. 도넛을 통해 여러 분야의 학문을 소개하고 있죠. 이 중에서 독자 여러분의 흥미를 끄는 학문을 단 하나라도 발견하게 된다면, 쇼세키카 학생 모두는 더할 나위 없이 기쁠 것입니다.

당신의 곁으로 가기까지

쇼세키카 프로젝트의 활동 내용은 책의 기획과 제작에 국한되지 않았습니다. 좀 더 많은 사람이 이 책을 읽어보기를 바라는 마음에서, 광고 및 홍보 활동에도 대단히 열정적으로 참여했습니다. SNS(트위터, 페이스북)에 매일같이 글을 올렸고 신문, 라디오, TV 같은 매체에 홍보글을 지속적으로 보냈습니다. 그러다 라디오와 TV에는 직접 출연을 하기도 했었지요. 또한 인터넷에 '오사카대 학생이 만든 100권'이라는 서평사이트도 개설했습니다.

이런 광고 및 홍보 활동은 책을 좀 더 많은 사람에게 알린다는 의미에서 중요한 과정입니다. 기획부터 홍보까지 출판의 전 과정을 학생들이 주도하는 것, 이것이 쇼세키카 프로젝트의 특징입니다. 또한 쇼세키카 학생들이 남몰래 자랑스러워하는 부분이기도 합니다.

책을 만들다 : 오사카대학 쇼세키카 프로젝트

이 글을 쓰다 보니 프로젝트를 시작하고 『도넛을 구멍만 남기고 먹는 방법』을 출판하기까지 걸린 2년여의 시간이 주마등처럼 스쳐갑니다. '책값이 아깝지 않을 만큼의 가치가 담긴 책을 만들어야 한다' '자기만족으로 끝나서는 안 된다'는 생각을 염두에 두고, 끊임없이 고민했던 시간이었습니다.

이 책이 무사히 출간된 데는 쇼세키카 학생들의 고민을 누구보다 잘 이해하고 지지해주신 많은 분의 격려가 큰 도움이 되었습니다. 먼저 원고를 집필해주신 선생님들과 인터뷰에 응해주신 선생님들께 감사드립니다. 그리고 학교 안팎에서 홍보와 판매에 많은 도움을 주신 기업 및 단체 관계자들과 강의를 통해 출판에 대해 많은 지식을 전달해주신 출판계 관계자들, 그리고 쇼세키카 취재를 위해 방문했던 기자분들께도 감사 인사를 전합니다. 마지막으로 매번 회의에 참석해서 학생들과 진지하게 토론해주신 프로젝트 담당 교수님과 오사카대 출판부 직원 여러분께도 감사의 뜻을 전합니다. 출판에 대해 아무것도 몰랐던 우리를 인생의 선배로서 그리고 전문가로서 지지하고 이끌어주신 이분들이 없었더라면, 이 프로젝트는 실패했을지도 모릅니다.

쇼세키카 프로젝트의 바탕에는 '책'이라는 매체를 통해 '앎의 세계'에 접할 기회를 좀 더 많은 사람들에게 제공하고 싶다는 생각이 깔려 있습니다. 독자 여러분이 이 책을 읽고 '대학에서는 이렇게 재미있는 것을 배우는구나!' 하고 생각해주신다면, 이 프로젝트가 성공했다고 말할 수 있겠지요.

『도넛을 구멍만 남기고 먹는 방법』도 책장에 꽂히면 수많은 책 가운데 한 권의 책에 지나지 않을 것입니다. 그렇지만 이 책은 수없이 많은 학생이 참여해 만든, 남다른 생각들이 소용돌이쳐서 만들어진 책입니다. 이 소용돌이의 중심은 도넛의 구멍처럼 비어 있습니다. 이 구멍을 메우는 것은 독자 여러분의 몫입니다. 이 책을 읽고 지식을 얻은 뒤에 어떻게 할 것인가를 생각해주세요. 구멍을 구멍으로 내버려두는 것도 괜찮겠지만, 기왕이면 메우는 편이 재미있지 않을까요? 메워진 구멍 위에 서서 주변의 소용돌이를 바라보면 지금까지 눈치 채지 못했던 새로운 세계가 보일 것입니다. 이 책이 일상의 자극제가 되어 여러분이 무엇인가를 생각하고 행동할 기회가 만들어졌으면 하는 게 쇼세키카 프로젝트 학생들의 가장 큰 바람입니다.

오사카대학 쇼세키카 프로젝트

학생 일동

옮긴이의 글

도넛 구멍의 의미

"도넛을 구멍만 남기고 먹으려면 어떻게 해야 할까요?"

『도넛을 구멍만 남기고 먹는 방법』을 번역하면서 지인을 만나면 꼭 한 번씩 이 질문을 던져보았습니다. 질문을 들은 사람들은 모두 약속이나 한 것처럼 같은 반응을 보입니다. "뭐야 그 질문은?" "그게 말이 돼?" 그러고는 어떻게 먹을 수 있는지 되물어봅니다. 그러면 대답해주지요. "사실 구멍을 남기고 먹으려면 말이야, 기계공학적으로는 이런 방법이 있고 미학적으로는 이런 방법이 있어……." 이야기를 들고 나면 다들 엉터리라며 웃습니다. 그러고는 말합니다. "참 기발하네! 다른 건 없어?" 이 책의 저자들이 들고 싶었던 것은 아마 이런 말이 아닐까 싶습니다.

정보가 넘쳐나는 세상이라고는 하지만 정작 우리는 아주 약간의 지식만을 접하면서 살아갑니다. 아무리 유익한 이야기라도 내가 당장 필요한 게 아니라면 쉽게 눈길을 끌지 못하고 금세 정보의 바다 저편으로 사라져버리고는 하지요. 재미가 없고 지루한 이야기, 이를테면 학문이라든가 공부와 관련된 내용은 시험에 나오지 않는 이상, 굳이 찾아볼 필요를 느끼지 못할 겁니다. 대학에서 가르치는 수많은 전공과목 중에서 우리가 졸업할 때까지 배우게 되는 것은 아주 작은 일부분에 불과합니다. 세상에는 지루해 보이지만 알고 보면 재미있는 학문들이 아직도 많이 있는데 말이지요.

『도넛을 구멍만 남기고 먹는 방법』은 이 정보의 바다에서 건져낸 쓰지만 몸에 좋은 지식을 구멍 속에 감추어놓고, 겉에는 밀가루 옷을 입혀 달콤한 설탕을 뿌린 하나의 도넛과도 같은 책입니다. 말도 안 된다고 생각할지 모르지만, 재미있는 제목에 끌려 한 장 두 장 페이지를 넘기다 보면 어느새 쓰기만 할 것 같은 학문도 달콤하게 먹을 수 있답니다. 또한 다양한 학문을 숨긴 이 맛 저 맛의 도넛을 먹다 보면, 아마 여러분은 평생 자신과는 인연이 없을 거라고 생각했던 낯선 학문에서도 색다른 재미를 찾을 수 있을 겁니다.

번역하면서 가장 어려움을 겪었던 것도 바로 이 부분이었습니다. 고등학교, 대학교, 대학원을 다니며 늘 인문·사회 분야의 학문만을 접해왔던 저에게 이 책에 등장하는 다양한 학문, 즉 기계공학, 수학, 화학의 세계는 어디부터 손을 대야 할지 모를 미지의 세계나 다름없었습니다. 이 자리를 빌려 전공 지식을 자문해주고 번역에 대한 조언을 해준 도쿄대 공학계연구과의 김선우 씨, 고려대 한국사학과의 이순영 씨에게 감사의 인사를 전합니다. 두 분 덕분에 깜깜했던 미지의 세계에서 랜턴을 들고 걸을 수 있었습니다. 그리고 좋은 책을 번역할 수 있는 기회를 주고 오랫동안 기다려주신 글항아리의 강성민 대표님, 노만수 기획위원님께도 감사하다는 말씀을 전합니다.

부디 이 책을 통해 독자 여러분께서도 도넛처럼 달콤한 학문의 즐거움을 조금이나마 맛볼 수 있었으면 하는 바람을 가져봅니다.

2016년 7월

옮긴이 김소연

쇼세키카의 발자취

| 제1기 |

프로젝트 활동부터 기초 세미나까지: '책을 만들다'

START!
학생×교수×출판부
의기투합! 책을 만들자!

기초세미나
'책을 만들다' 개강
(2012.10)
출판업계(서점·출판에이전시
·언론사 등)에서 강사를 초
빙해 강의를 수강. 이후 3개
반으로 갈라져 각자 기획안
을 작성.

프로젝트 시동 (2012.4)
오사카대 출판부가 개최한 출판
업계·편집·운영에 대한 강의를
듣고 판매 방법이나 장정에 대해
그룹으로 프레젠테이션을 함.

제1회 출판위원회
(2012.12)
'교수, 진지하게 합니다'는
일단 탈락. '도넛을 구멍만
남기고 먹는 방법'의 기획
안에 집중해 더 열심히 다
듬기.

중간발표 (2012.11)
발표에서 드러난 문
제점을 보완해 반마
다 안을 수정.

최종 기획 프레젠테이션 (2012.11.27)
'도넛을 구멍만 남기고 먹는 방법'과 '교
수, 진지하게 합니다'의 두 가지 안이 출
판위원회의 최종 심의 단계로 올라감.

제2회 출판위원회 (2013.3)
'도넛을 구멍만 남기고 먹는 방법' 심
의 통과! 출판 결정!

수업 종료 (2013.3)
수업 종료 후부터는 뜻 있는 사
람들이 남아 활동을 시작함. 좀
더 체계적인 프로젝트 진행을
위해 인원을 기획반, 영고반, 디
자인반으로 나눔.

| 제2기 |
프로젝트 본격화부터 출판까지

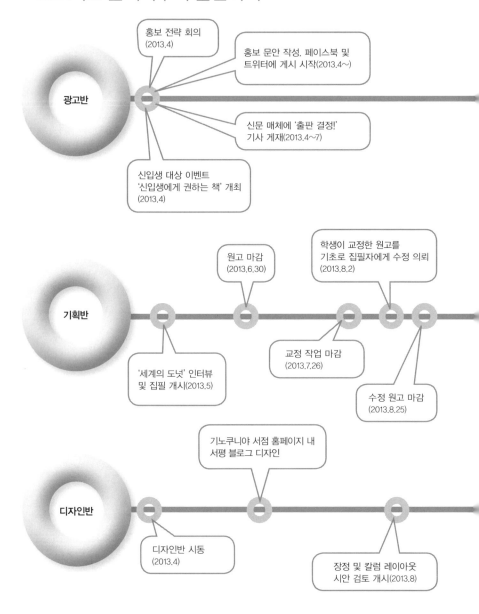

광고반

홍보 전략 회의
(2013.4)

홍보 문안 작성. 페이스북 및
트위터에 게시 시작(2013.4~)

신문 매체에 '출판 결정!'
기사 게재(2013.4~7)

신입생 대상 이벤트
'신입생에게 권하는 책' 개최
(2013.4)

기획반

원고 마감
(2013.6.30)

학생이 교정한 원고를
기초로 집필자에게 수정 의뢰
(2013.8.2)

'세계의 도넛' 인터뷰
및 집필 개시(2013.5)

교정 작업 마감
(2013.7.26)

수정 원고 마감
(2013.8.25)

디자인반

기노쿠니야 서점 홈페이지 내
서평 블로그 디자인

디자인반 시동
(2013.4)

장정 및 칼럼 레이아웃
시안 검토 개시(2013.8)

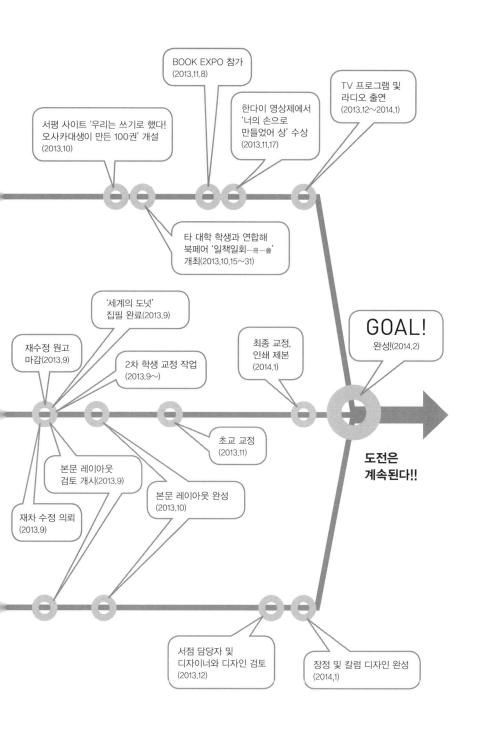

오사카대학 쇼세키카 프로젝트

교수
마쓰유키 데루마사(오사카대 학제융합교육연구센터 준교수)
나카무라 마사키(오사카대 전학교육추진기구 준교수)
핫토리 겐지(교토대 대학원 교육학 연구과 준교수 / 2013년 9월까지 오사카대 전학교육추진기구 준교수)

학생
이다 다쿠로·우메키 료·오나루 하루카·소네 지사토
다케다 마이·히라노 유타·야지마 이쓰미·야스미치 하루나
야마구치 히로키·야마시타 에리카

출판부
쓰치하시 요시아키·가와카미 노부요

오사카대 2012년도 후기 기초세미나 '책을 만들다' 수강생 일동
쇼세키카 프로젝트 학생 일동

도넛을 구멍만 남기고 먹는 방법

초판 인쇄　2016년 7월 29일
초판 발행　2016년 8월　5일

지은이　　오사카대학 쇼세키카 프로젝트
옮긴이　　김소연
펴낸이　　강성민
편집장　　이은혜
기획　　　노만수
편집　　　장보금 박세중 이두루 박은아 곽우정
편집보조　조은애 이수민
마케팅　　정민호 이연실 정현민 김도윤 양서연
홍보　　　김희숙 김상만 이천희

펴낸곳　　(주)글항아리 | 출판등록 2009년 1월 19일 제406-2009-000002호
주소　　　10881 경기도 파주시 회동길 210
전자우편　bookpot@hanmail.net
전화번호　031-955-8898(편집부) 031-955-8891(마케팅)
팩스　　　031-955-2557

ISBN　　　978-89-6735-336-0　03300

글항아리는 (주)문학동네의 계열사입니다.

이 도서의 국립중앙도서관 출판시도서목록(CIP)은 서지정보유통지원시스템 홈페이지
(http://seoji.nl.go.kr)와 국가자료공동목록시스템(http://www.nl.go.kr/kolisnet)에서
이용하실 수 있습니다. (CIP제어번호 : CIP2016014352)